Kurt Beck · Jan Ziekow (Hrsg.)

Mehr Bürgerbeteiligung wagen

Kurt Beck · Jan Ziekow (Hrsg.)

Mehr Bürger-
beteiligung wagen

Wege zur Vitalisierung
der Demokratie

VS VERLAG

Bibliografische Information der Deutschen Nationalbibliothek
Die Deutsche Nationalbibliothek verzeichnet diese Publikation in der
Deutschen Nationalbibliografie; detaillierte bibliografische Daten sind im Internet über
<http://dnb.d-nb.de> abrufbar.

1. Auflage 2011

Alle Rechte vorbehalten
© VS Verlag für Sozialwissenschaften | Springer Fachmedien Wiesbaden GmbH 2011

Lektorat: Dorothee Koch

VS Verlag für Sozialwissenschaften ist eine Marke von Springer Fachmedien.
Springer Fachmedien ist Teil der Fachverlagsgruppe Springer Science+Business Media.
www.vs-verlag.de

Umschlaggestaltung: KünkelLopka Medienentwicklung, Heidelberg
Gedruckt auf säurefreiem und chlorfrei gebleichtem Papier
Printed in Germany

ISBN 978-3-531-17861-5

Inhalt

III. Bürgerbeteiligung bei Kommunalreformen

IV. Bilanz und Perspektiven

Vorwort

„All politics is local" – die politische Lebensweisheit des legendären Sprechers des amerikanischen Repräsentantenhauses Tipp O'Neill gilt auch und vielleicht erst Recht in den Zeiten der Globalisierung. Ständiger Kontakt mit den Menschen, die Berücksichtigung ihrer Interessen, Wünsche und Nöte – ich nenne das Erdung – ist für Politiker und die Realisierung von politischen Vorhaben unverzichtbar. Derzeit müssen wir allerdings einen weitreichenden Vertrauensverlust in das demokratische System konstatieren. Die Hälfte der Deutschen spricht der Demokratie ihre Funktionsfähigkeit ab, nur noch ein Fünftel hält die politischen Parteien für glaubwürdig. Was liegt also näher, als die Bürgerinnen und Bürger als Experten ihrer eigenen Lebensumwelt und Träger von wertvollem Erfahrungswissen einzubeziehen. Die Politik muss den durchaus bestehenden Wunsch der Bürgerinnen und Bürger nach Mitwirkung an konkreten politischen Projekten aufgreifen. Es geht um die Entwicklung einer neuen „Kultur der Teilhabe".

Seit über 10 Jahren kreisen die politischen Bemühungen zur Stärkung von Möglichkeiten der Mitgestaltung und Mitbestimmung unseres demokratischen Gemeinwesens um den Begriff der Bürgergesellschaft. Mit Bürgergesellschaft verbinde ich eine gesellschaftliche Vision und Zielperspektive politischen Handelns, die gesamtgesellschaftlich zwar noch nicht verwirklicht wurde, jedoch als Projekt für eine schrittweise Erweiterung demokratischer Partizipation steht, in der bürgerschaftliches Engagement ebenso seinen Platz hat wie die Zunahme politischer Beteiligung und Mitsprache der Bürgerinnen und Bürger oder die vermehrte Nutzung direktdemokratischer Verfahren. Bürgergesellschaft steht damit für die Idee von Selbstbestimmung, Teilhabe und gesellschaftlicher Verantwortungsübernahme.

Während wir auf allen föderalen Ebenen im Bereich der Förderung des bürgerschaftlichen Engagements und des Ehrenamtes in der zurückliegenden Dekade ein beachtliches Stück vorangekommen sind, bleibt hingegen auf dem Feld der politischen Partizipation noch viel zu tun. Mit der Entscheidung, der Stimme der Bürgerinnen und Bürger bei der Kommunal- und Verwaltungsreform in Rheinland-Pfalz einen hohen Stellenwert einzuräumen, hat die Landesregierung ein deutliches Signal für eine verstärkte Partizipation der Bürgerinnen und Bürger gesetzt, die bundesweit in dieser Form einmalig ist. Mit einer Reihe von Bürgerkonferenzen und Planungszellen, einer Repräsentativbefragung sowie einer offenen Online-Befragung wurden Vorschläge und Ideen für eine moderne, effiziente und bürgernahe Verwaltung gesammelt, die sich in den beiden verabschiedeten Landesgesetzen zur Kommunal- und Verwaltungsreform sowie in weiteren Vorhaben der Landesregierung niedergeschlagen haben. Die Bürgerbeteiligung wurde durch die Universität Koblenz-Landau wissenschaftlich begleitet und dem Land von unabhängigen Experten und Fachpolitikern hierbei ein positives Zeugnis ausgestellt.

Die intensive Bürgerbeteiligung im Rahmen der rheinland-pfälzischen Kommunal- und Verwaltungsreform war Anlass dafür, die hierbei gemachten Erfahrungen einem breiteren Publikum aus Politik, Wissenschaft und Praxis vorzustellen und zu diskutieren. So entstand die Idee für eine bundesweite Fachtagung, die die Staatskanzlei Rheinland-Pfalz in Kooperation mit dem Deutschen Forschungsinstitut für Öffentliche Verwaltung Speyer unter der dem Titel „Meine Meinung zählt!" am 6. September 2010 in Berlin durchführte. Auf Einladung des Unterausschusses „Bürgerschaftliches Engagement" des Deutschen Bundestages fand die Veranstaltung im Reichstagsgebäude statt; ganz sicher ein besonders angemessener Ort, wenn man sich Fragen der Weiterentwicklung unserer Demokratie stellt. Dass dies möglich war, ist in besonderer Weise Ute Kumpf zu verdanken. Sie war Mitglied der Enquete-Kommission „Zukunft des Bürgerschaftlichen Engagements" des Deutschen Bundestages, ist Mitglied des Unterausschusses „Bürgerschaftliches Engagement" und langjährige Vorsitzende der Arbeitsgruppe der SPD-Bundestagfraktion zu diesem Themenbereich. Mit ihrem Grußwort eröffnete sie die Tagung nicht nur, sondern führte darin auch eindrucksvoll vor Augen, wie vielschichtig die Diskussionen rund um die Themen Bürgergesellschaft und bürgerschaftliches Engagement in Deutschland inzwischen sind.

Die Fachtagung verfolgte das Ziel, den aktuellen Stand von Bürgerbeteiligung und Bürgerengagement in Deutschland zu reflektieren. Chancen und Perspektiven für eine Vitalisierung der Demokratie durch mehr Partizipation wurden diskutiert und unterschiedliche Facetten von Engagement- und Demokratiepolitik aus verschiedenen Perspektiven und wissenschaftlichen Disziplinen beleuchtet. Der vorliegende Band dokumentiert die Tagung, an der zahlreiche namhafte Vertreterinnen und Vertreter aus Politik und Wissenschaft mitgewirkt haben. Die hier versammelten Beiträge geben einen beeindruckenden Überblick über aktuelle Diskussionen und Entwicklungen im Bereich der Engagement- und Demokratiepolitik sowie wichtige Impulse für die Weiterentwicklung unseres demokratischen Gemeinwesens.

Die Kommunalpolitik ist ein besonders geeignetes Spielfeld der Bürgerbeteiligung, denn in den Städten und Gemeinden treffen die Bürger ganz unmittelbar mit staatlichen Institutionen zusammen. Der rheinland-pfälzische Innenminister Karl Peter Bruch beschreibt den Weg der Kommunal- und Verwaltungsreform in Rheinland-Pfalz von ihrem Auslöser, dem Rückgang der Bevölkerung und der notwendigen Änderung des Spektrums der öffentlichen Aufgaben, bis hin zu den beiden Landesgesetzen, die Gebietsänderungen und Zuständigkeitsverlagerungen neu bestimmen. Erstmalig sei eine Kommunalreform ergebnisoffen und unter einer breiten Bürgerbeteiligung umgesetzt worden, konstatiert Hans-Liudger Dienel, der mit 140 im Zufallsprinzip ausgewählten Bürgerinnen und Bürgern sogenannten Planungszellen durchführte, bei denen diese sich in Kleingruppendiskussionen eine Meinung darüber bildeten, was bei der Kommunal- und Verwaltungsreform besonders beachtet werden sollte. Die Ergebnisse wurden in einem „Bürgergutachten" zusammen gefasst. Der Landauer Politologe Ullrich Sarcinelli hat den gesamten Reformprozess wissenschaftlich begleitet. Es habe sich um den Versuch einer Reformpolitik auf „leisen Sohlen" gehandelt, ein Politikstil, bei dem es unter Einsatz diskursiver Praktiken um „weiche Steuerung" und um Legitimitätsgewinn gegangen sei. Hellmut Wollmann, Emeritus an der Berliner Humboldt Universität, stellt das rheinland-pfälzische Reformprojekt in den Kontext deutscher Kommunalreformen seit den 60er und 70er Jahren. Die Einführung der Bürgerentscheide habe das kommunalpolitische „Machtverhältnis" zwischen Bürger, Kommunalvertretung und Bürgermeister nachhaltig verändert, lautet sein Fazit.

Der Abschlussbericht der Enquete-Kommission „Zukunft des Bürgerschaftlichen Engagements" aus dem Jahr 2002 markiert zweifelsohne einen Einschnitt in der Debatte um die Bürgerbeteiligung. Ihr Vorsitzender Michael Bürsch beschreibt als Leitbild die Vision von einem neuen Gesellschaftsvertrag, in dem Staat, Bürgergesellschaft und auch die Wirtschaft einen jeweils tragenden Part übernehmen. Wie die Landespolitik das bürgerschaftliche Engagement als eigenständiges Politikfeld entdeckt hat, beschreibt in vielen Facetten der Leiter der Leitstelle Bürgerschaftliches Engagement und Ehrenamt in der rheinland-pfälzischen Staatskanzlei, Frank Heuberger. Für Ansgar Klein vom Bundesnetzwerk Bürgerschaftliches Engagement fällt die Bilanz des Projekts Bürgergesellschaft bisher bescheiden aus; gleichwohl benennt er sichtbare Erfolge und Meilensteine auf dem Weg der Umsetzung dieses umfassenden und anspruchsvollen Reformkonzepts. Er setzt ehrgeizig auf die Weiterentwicklung einer Engagementpolitik als Gemeinschaftsaufgabe der drei gesellschaftlichen Sektoren Staat, Zivilgesellschaft und Wirtschaft. Eine Möglichkeit, die Kluft zwischen den Parallelwelten von Verwaltern und Entscheidern einerseits und Bürgerinnen und Bürgern andererseits, also die oft gescholtene Zuschauerdemokratie, zu überwinden, sieht der Speyerer Verwaltungswissenschaftler Helmut Klages im Bürgerpanel. Dieser Ansatz ermögliche ein komplexes Beteiligungskonzept jenseits des „single shot"-Niveaus.

Man sieht, Bürgerbeteiligung kann ein demokratisches Gemeinwesens beleben und den sozialen Zusammenhalt stärken. Kann sie aber auch dazu beitragen, die repräsentative Demokratie insgesamt zu vitalisieren? Auf der Berliner Fachtagung fielen die Meinungen hierzu durchaus differenziert aus. Der Direktor des Deutschen Forschungsinstituts für Öffentliche Verwaltung Speyer Jan Ziekow sieht durchaus die Gefahr einer Verhaftung des Gemeinwohls durch eine aktive Minderheit. Engagementpolitik müsse deshalb inkludierend sein und sich auf die Einbeziehung engagementferner Bevölkerungsgruppen richten. Roland Roth von der Hochschule Magdeburg-Stendal benennt eine ganze Reihe von Angeboten, die auf der Baustelle des Projektes Bürgerdemokratie noch zu bewältigen seien. Der Speyerer Verwaltungswissenschaftler Hermann Hill verweist auf die Verwaltungskultur im angelsächsischen und skandinavischen Raum, die beispielsweise hinsichtlich der Einsichtsmöglichkeiten in Behördenakten der Entwicklung in Deutschland weit voraus sei. Die erfolgreiche Umsetzung von Open Government sei aber nötig, um Bürgerbeteiligung für das Gemeinwesen fruchtbar zu machen. Heike Walk von der Technischen Universität Berlin fokussiert die Diskussion auf den Governmentbegriff. Der Staat sei nicht mehr steuerndes Zentrum, sondern Interdepedenzmanager zwischen unterschiedlichen Interessen.

Nationalrat Andreas Gross glaubt, mit Hilfe der direkten Demokratie könne die doppelte Krise der europäischen Demokratien überwunden werden. Deutschland könne also von schweizerischen und kalifornischen Erfahrungen lernen, wobei die direkte Demokratie der Schweiz weniger Vorbild als vielmehr Inspirationsquelle für Deutschland sein solle. Um den vielen Missverständnissen rund um die direkte Demokratie begegnen zu können, benennt er 13 auf den Marburger Philosophen Friedrich Albert Lange zurückgehende Thesen.

In dem Paradoxon, dass die repräsentative Demokratie nicht durch ihre Feinde, sondern durch die Freunde der direkten Demokratie delegitimiert werde, fasste der Publizist und erfahrene Politikberater Warnfried Dettling die Beiträge des Tages pointiert zusammen. Wie kann es gelingen, die Demokratie lebendig zu halten und sie vor einer Korrosion von innen zu bewahren, fragt er. Die Neuordnung der Beziehungen zwischen Bürger und Staat verlange ein neues Denken über die öffentlichen, gemeinsamen Angelegenheiten, das von der republikanischen Tradition vom Bürger ausgehe. Der Düsseldorfer Parteienforscher Ulrich von Alemann lädt abschließend zu einem Streifzug durch 40 Jahre Bürgerbeteiligung ein. Der Brandt'sche Ausspruch habe nichts von seiner Aktualität eingebüßt: Die Demokratie bleibe ein Wagnis, meint von Alemann und fordert: Wagen wir doch mehr Demokratie!

Ich will mich diesem Wagnis nicht verschließen. Im Gegenteil: Unsere positiven Erfahrungen mit Bürgerbeteiligung zeigen, dass es durchaus gelingen kann, auch bei komplexen politischen Vorhaben der Stimme der Bürgerinnen und Bürger größeres Gewicht einzuräumen als wir es in den vergangenen Jahrzehnten getan haben. Dabei erleben wir eindrucksvoll, dass die Suche nach angemessenen und klugen Lösungen für gesellschaftliche Probleme und Herausforderungen bereichert wird; die getroffenen Entscheidungen sind häufig besser, finden eine breitere Akzeptanz und werden so von den Menschen vor Ort mitgetragen.

Dies gilt nicht nur für kommunale Fragen und Angelegenheiten mit einem überschaubaren Ausmaß, sondern auch für politische Reformvorhaben wie etwa einer Kommunal- und Verwaltungsreform oder die Planung und Umsetzung von großen Infrastrukturprojekten wie etwa dem Bau eines Flughafens, einer Brücke oder eines Bahnhofs. Die Auseinandersetzungen um das Bahnhofsprojekt „Stuttgart 21" haben uns vor Augen geführt, dass es hier dringenden Nachholbedarf gibt. Ohne größere Transparenz und ohne den aktiven Einbezug der Bürgerinnen und Bürger wird es immer schwieriger werden, solche, für unser Land zweifelsohne wichtigen und notwendigen Projekte umzusetzen.

Ich bin der Meinung, dass uns dies durchaus gelingen kann. Und ich glaube auch nicht, dass mehr Bürgerbeteiligung bei Großprojekten zwangsläufig eine Verlängerung und Verkomplizierung von Genehmigungsverfahren nach sich zieht. Notwendig ist daher die Entwicklung eines integrierten Kommunikations- und Dialogkonzepts, das die Menschen frühzeitig und in allen Phasen des Planungs- und Entscheidungsprozesses umfassend informiert und ihnen Möglichkeiten der Mitsprache einräumt. Bereits im Vorfeld des eigentlichen, juristisch weitgehend durchregelten Planungsverfahrens müssen die Menschen mit ihren Vorstellungen und ihrer Kritik zu Wort kommen können. Hier konkretisieren sich die politischen Absichten zur Realisierung eines Projekts, und bereits in dieser Phase brauchen wir mehr Bürgerbeteiligung. Ich habe dafür den Begriff der Absichtsbürgerbeteiligung – oder kurz Bürger-Planung – vorgeschlagen. Aber auch in den weiteren Planungs- und Entscheidungsschritten brauchen wir mehr Transparenz und Mitsprachemöglichkeiten. Konsultative Verfahren der Beteiligung, aber auch die Möglichkeit direktdemokratischer Entscheidungen sollten diese Prozesse künftig begleiten. Hierfür scheint die Überprüfung unseres Planungsrechts angezeigt. Wenn wir es mit der Bürgerbeteiligung wirklich ernst meinen, dann gehören auch die rechtlichen Regelungen, die uns bislang daran hindern, auf den Prüfstand.

Die Gretchenfrage der Bürgerbeteiligung lautet, zählt meine Meinung wirklich? Der britische Politikwissenschaftler Colin Crouch sieht unsere Gesellschaften im Stadium der „Postdemokratie", in dem zwar nach wie vor Wahlen abgehalten werden, die Mehrheit der Bürger aber in eine passive, schweigende, ja sogar apathische Rolle gedrängt wurde. Was ist zu tun, fragt er. Meine Antwort lautet, Stimme und Meinung der Bürgerinnen und Bürger soll und kann durchaus zählen. Es mangelt nicht an dafür angemessenen Instrumenten und Verfahren. Erfahrungen auf kommunaler aber auch auf Landesebene bestärken uns darin, mehr Bürgerbeteiligung zu wagen. Gleichwohl haben wir noch einen Weg mit sicher harten Diskussionen und Auseinandersetzungen vor uns, wollen wir unser bewährtes System der repräsentativen Demokratie durch mehr Bürgerbeteiligung spürbar vitalisieren. Die aktuelle öffentliche Debatte ist hierfür eine große Chance.

Mein besonderer Dank gilt dem Mitherausgeber des vorliegenden Bandes, Jan Ziekow, und seinen Mitarbeitern am Deutschen Forschungsinstitut für öffentliche Verwaltung in Speyer, die den Großteil der Kärrnerarbeit für die Publikation zu leisten hatten. Danken will ich auch Christoph Charlier, Birger Hartnuß und Frank Heuberger aus der rheinland-pfälzischen Staatskanzlei für ihre engagierte Mitwirkung bei der inhaltlichen Planung, Durchführung und Auswertung der Tagung. Mein herzlicher Dank gilt nicht zuletzt den Referentinnen und Referenten der Fachtagung, die ihre Beiträge zur Veröffentlichung in diesem Band zur Verfügung gestellt haben.

Mainz, im Dezember 2010   Kurt Beck

Mehr direkte Demokratie wagen!

Ute Kumpf

„Bürger-Alarm in Deutschland!" kommentierte eine Tageszeitung zu Volksentscheiden in Deutschland. In Bayern sorgt die Abstimmung zum Nichtraucherschutz noch immer für Nachbeben. In Hamburg wurde mit einem Bürgerentscheid erfolgreich gegen die Bildungspolitik des Senats mobil gemacht. Auch in Berlin haben Volksentscheide über die Zukunft des Flughafen Tempelhofs und den Ethikunterricht an Schulen zu öffentlichen Diskussionen geführt. In Stuttgart prallen Befürworter und Gegner des Projektes Stuttgart 21 aufeinander. Wer behauptet, die Bürger seien politikverdrossen und ziehen sich ins Private zurück, wird von den aktuellen Vorgängen widerlegt.

Die Fachtagung „Meine Meinung zählt" hat Raum gegeben, aktuelle Entwicklungen und Ereignisse rund um das Thema Bürgerbeteiligung zu diskutieren und zu vertiefen. Die Veranstaltung fand auf Einladung des Unterausschuss „Bürgerschaftliches Engagement" in den Räumen des Deutschen Bundestages, im Fraktionssaal der SPD-Bundestagsfraktion, statt. Die Fachtagung war eine intensive Bestandsaufnahme, die Politik und Wissenschaft einige Hausaufgaben aufgegeben hat.

1. Entwicklung von Partizipation und Beteiligung

Bürgerinnen und Bürger wollen mitreden und gehen notfalls auch auf die Straße wenn es um Entscheidungen geht, die direkten Einfluss auf die eigene Lebenssituation haben. Das Interesse, sich aktiv zu beteiligen und einzubringen, ist groß. Willy Brandt ist mit seiner Aufforderung „Wir wollen mehr Demokratie wagen" aktueller denn je. Er hat den Anstoß gegeben zu einer neuen Kultur der Beteiligung und der Einmischung: „Die Regierung kann in der Demokratie nur erfolgreich wirken, wenn sie getragen wird vom demokratischen Engagement der Bürger (...)", und weiter: „Wir wollen die demokratische Gesellschaft, zu der alle mit ihren Gedanken zu einer erweiterten Mitverantwortung und Mitbestimmung beitragen sollen. Wir suchen keine Bewunderer; wir brauchen Menschen, die kritisch mitdenken, mitentscheiden und mit verantworten."

In den letzten 40 Jahren hat sich viel bewegt. Die Beteiligungsmöglichkeiten in Planungsprozessen in unterschiedlichen Fachpolitiken sind ausgebaut und Gemeindeordnungen reformiert worden. Auch die Reform des Bundesbaugesetzes fällt in diese Zeit. Diese frühen Entwicklungen habe ich als Kommunalpolitikerin Mitte der 70er Jahre in Karlsruhe miterlebt. Mittlerweile sind Bürgerentscheide in allen Bundesländern möglich, nur der Bund fehlt noch. Für eine Verfassungsänderung und Einführung von Elementen der direkten Demokratie auf Bundesebene setzt sich die SPD seit mehreren Legislaturperioden ein. Vor zwanzig Jahren hat außerdem – das darf an dieser Stelle nicht vergessen werden – ein breiter Bürgerprotest unter dem Leitspruch „Wir sind das Volk" ein ganzes politisches System zu Fall gebracht.

Hier im Bundestag wurde in den letzten zehn Jahren dem Engagement der über 23 Millionen Menschen in Deutschland Rechnung getragen: erst durch die Enquete-Kommission „Zur Zukunft des bürgerschaftlichen Engagements", die 1999 ihre Arbeit aufgenommen hat, und im Anschluss seit 2002 durch den Unterausschuss „Bürgerschaftliches Engagement". In diesen zehn Jahren ist viel an der Ermöglichung von bürgerschaftlichem Engagement von politischer Seite erreicht worden. Durch Verbesserung der gesetzlichen und finanziellen Rahmenbedingungen im Vereins- und Stiftungsrecht, durch Ausbau der Freiwilligendienste, durch Modellprojekte, um Ältere wie Jüngere und Migrantinnen und Migranten für das Engagement zu gewinnen. Das Bundesnetzwerk Bürgerschaftliches Engagement (BBE) ist Plattform und Netzwerk im Bund seit über 8 Jahren. Aktueller Schlussstein dieser Entwicklung ist die Diskussion um eine nationale Engagementstrategie. Für eine beteiligungsoffene Vorbereitung und Entwicklung der Strategie haben wir das Nationale Forum für Engagement und Partizipation, geleitet vom Bundesnetzwerk Bürgerschaftliches Engagement, ins Leben gerufen.

2.   Ungleichheit und Eigensinn in der Bürgergesellschaft

Aber nicht alles was glänzt ist Gold. Demokratie und Bürgerbeteiligung stehen auch vor großen Herausforderungen. Die Formen des Protests sind nicht immer ein Paradebeispiel für eine gelebte demokratische Kultur. So erfreulich das Engagement aus der Mitte der Gesellschaft ist, so bedauerlich ist, dass es zu den Rändern hin ausdünnt. Wir alle sind gefordert darauf zu achten, dass vor allem nicht nur jene ihre politische Anliegen vorbringen und durchsetzen, die über die höchsten Selbstorganisationspotentiale verfügen. Und dafür jene das Nachsehen haben, die sich weniger gut artikulieren und in die öffentliche Wahrnehmung bringen können: Migrantinnen und Migranten, sozial schwächer Gestellte, Jugendliche und Kinder und erst recht die kommenden Generationen.

Bürgerschaftliches Engagement und Demokratie gehört für uns Sozialdemokratinnen und Sozialdemokraten zusammen. Bürgerschaftliches Engagement ist unverzichtbar, wenn es darum geht, Werte wie Freiheit, Gerechtigkeit, Solidarität, Eigenverantwortung und Teilhabe in unserer Gesellschaft zu aktivieren und zu pflegen. Denn für die Demokratie ist eine lebendige Bürgergesellschaft von entscheidender Bedeutung.

Bürgerschaftliches Engagement kann nicht verordnet werden, es muss eigensinnig sein. Auch wenn es manchmal weh tut. Jeder muss für sich entscheiden können, wo und wie er sich engagiert, wo er sich und sein Engagement einbringen will. Ich weiß aus meinen eigenen politischen Erfahrungen: Menschen spüren ganz genau, wenn sie missbraucht werden, weil gerade die Kassen leer sind. So können Menschen nicht davon überzeugt werden, dass sie tatsächlich etwas für das Gemeinwohl tun.

Demokratie ist mehr als die Summe staatlicher Institutionen und Parlamente. Demokratie muss im Alltag erlebbar und erfahrbar sein. Es ist wichtig, dass man in seiner Biographie schon früh mit Engagement in Berührung kommt. Demokratie und Beteiligung muss daher schon in der Schule gelernt werden. Projekte, die sich im Schulunterricht und im Bereich Bildung etabliert haben, sind daher von herausragender Bedeutung. Das muss auch Folgen für bildungs- und Erziehungseinrichtungen nach sich ziehen. Aber nicht nur Kindergarten, Schulen und Universitäten, sondern auch Unternehmen und Verwaltungen tragen hier Verantwortung.

Demokratische Lernchancen sind immer auch Chancen zum Lernen von Demokratie. Alltagserfahrungen bilden so etwas wie ein „heimliches Curriculum" (Roland Roth). Bei der Weiterentwicklung und Reform unserer Bildungseinrichtungen müssen wir diesen Zusammenhang immer im Blick behalten. Bürgergesellschaft muss daher auch in die Schulen kommen, damit sich Schule anders anfühlt. Das darf aber nicht heißen, Lernbegleiter an Schulen zu holen, um Lehrer zu sparen, wie von Baden-Württemberg praktiziert. Beispielhaft ist hingegen das Vorgehen in Rheinland-Pfalz, wo sich Schulen für die Bürgergesellschaft öffnen.

3. Demokratie muss mit dem gesellschaftlichen Wandel Schritt halten

Damit unsere Demokratie vital und lebendig bleibt, muss sie sich dem gesellschaftlichen wie dem demographischen Wandel stellen. Das betrifft nicht nur die wachsende Zahl der Älteren in unserer Gesellschaft, sondern auch die Frage, wie

wir Menschen mit anderen kulturellen Wurzeln für das Engagement gewinnen können.
Migrantinnen und Migranten müssen die Chance erhalten, von Einwohnern zu Bürgern zu werden. Das setzt in erster Linie Rechte voraus. Ich kann mich nur als Bürger fühlen und Verantwortung übernehmen, wenn ich willkommen bin und Rechte habe. Die Politik muss dafür die Voraussetzungen für die Übernahme von Verantwortung schaffen, ökonomische, soziale und rechtliche Voraussetzungen. Auch das gilt es zu bedenken: Wer unter existentieller Unsicherheit leidet, investiert seine freie Zeit nicht in Engagement für Andere. Mindestlöhne, Kündigungsschutz und tarifrechtlich abgesicherte Rahmenbedingungen der eigenen Arbeit, gerade auch in Sachen Arbeitszeit, haben daher mehr mit Engagementförderung zu tun als es auf den ersten Blick scheint. Demokratie heißt nach Max Frisch, sich in seine eigenen Angelegenheiten einzumischen. Dazu wollen wir alle mitnehmen und zum Sich-einmischen befähigen, auch die, die bislang noch am Rand stehen.

4. Parlamentarische und direkte Demokratie miteinander versöhnen

Die Wahl zum Bundespräsidenten vor wenigen Wochen hat zu einer intensiven öffentlichen Debatte geführt. Die Kandidaten wurden dabei häufig unterschieden nach einem Kandidaten der Parteien und einem der Bürger. Das ist nur ein Beispiel für eine Tendenz, Parteien und Demokratie in ein Spannungsverhältnis zu setzen.

Parteien und ihren Vertretern wird nicht selten jene politische Legitimation abgesprochen, die andererseits Bürgern, ihren Anliegen und Initiativen per se zugesprochen wird. Was von den Bürgern direkt kommt, verfügt in der öffentlichen Wahrnehmung oft über eine Legitimation, die parlamentarische Entscheidungen in Frage stellt.

Giovanni di Lorenzo hat diese Tendenz in einem aktuellen Artikel in der Zeit zum Ausdruck gebracht und schreibt: „Das Problem dabei ist nicht die Kritik, sondern die allgemeine Verachtung, in die sie vielerorts umgeschlagen ist: Nicht die Regierung allein sei schlecht, sondern alle Parteien seien inzwischen unwählbar." Dabei mahnt er an, was eigentlich wichtig ist sei, dass alle ein gemeinsames Ziel verfolgen: „Die parlamentarische Demokratie zu stärken. Denn ohne sie ist alles andere auch nichts."

Diesem Ziel schließe ich mich an. Bürgergesellschaft und staatliche Politik müssen Partner auf Augenhöhe und in gleicher Verantwortung sein. Der Ausbau von Bürgerbeteiligung und demokratischen Mitbestimmungsrechten darf nicht in eine Schwächung von Parteien und eine Abwertung parlamentarischer Verfahren münden. Repräsentative Verfahren, Elemente direkter Demokratie und die informelle politische Partizipation von Bürgerinnen und Bürgern müssen in eine Balance gebracht werden und sich gegenseitig befruchten.

Bürgerengagement und Bürgerbeteiligung
– Neue Chancen für die Demokratie

Kurt Beck

Nicht erst seit den massiven Protesten gegen das Bahnhofsprojekt Stuttgart 21 oder dem erfolgreichen Bürgerentscheid gegen die Schulpolitik des Hamburger Senats wird der Ruf nach stärkerer Beteiligung der Bürger laut. Seit vielen Jahren schon vertritt die Mehrheit der Bürgerinnen und Bürger, wie das Allensbach-Institut ermittelt hat, die Auffassung: In einer echten Demokratie müssen wichtige politische Fragen vom Volk und nicht von Politikern entschieden werden. Der Wunsch sich einzubringen, der Wunsch nach Beteiligung und Mitwirkung an den gesellschaftlichen und politischen Entscheidungen ist in den letzten zehn Jahren nach meinem Eindruck gewachsen, nicht etwa zurückgegangen. Noch wenig weit entwickelt sind hingegen die Überlegungen, wie das Verlangen nach Bürgerbeteiligung wirklich aufgenommen werden kann. Ich will in drei Schritten erstens die programmatische Grundlegung der Bürgerbeteiligung skizzieren, zweitens Maßnahmen und Wege der Förderung von Bürgerengagement in Rheinland-Pfalz benennen und drittens beispielhaft das konkrete Verfahren der Bürgerbeteiligung bei der Kommunalreform in dem Land, für das ich Verantwortung trage, darstellen. Daraus lassen sich, so ist meine Hoffnung, neue Ansätze für eine bessere Akzeptanz unseres politischen Systems, für eine stärkere Einbeziehung der Bürgerinnen und Bürger, kurz für eine Vitalisierung der Demokratie ableiten. Ganz persönlich sehe ich darin die Umsetzung meines politischen Leitmotivs, „nah bei den Menschen" zu sein.

1. Bürger, Staat und Bürgergesellschaft

Ein Gemeinwesen ist immer so stark und lebendig, wie sich Menschen zusammenfinden und über ihre gesetzlichen Pflichten hinaus bereit sind, sich füreinander einzusetzen. Seit jeher haben sich Menschen füreinander verantwortlich gefühlt, für ihre Angehörigen, für die Nachbarn, für andere, die in Not sind und Hilfe benötigen. Dass Menschen aufeinander zugehen, versuchen zu helfen, nicht einfach passiv am Rande stehen, ist ein Wesenszug und eine tragende Säule unserer Gesellschaft.

Die deutsche Sozialdemokratie steht in der republikanischen Tradition des Diskurses über Ehrenamt und bürgerschaftliches Engagement. Mit Bürgersinn und Gemeinwohl verbinden wir politische Werte und Tugenden, die für die Sozialdemokratie von ihren Ursprüngen an zu den Grundfesten gehören. Ja, sie sind sozusagen eine Definition all dessen, was diese Partei und die Ideen, die sie tragen, bestimmt. Aber auch Elend und Hilflosigkeit, Gewalt, Krieg und Erniedrigung, die erlebt wurden, ebenso wie die Erfahrung, nicht teilhaben zu können und ausgegrenzt zu sein, sind Wurzeln sozialdemokratischer Politik in Deutschland.

Heute ist uns bewusster denn je, dass der demokratische Staat und die solidarische Bürgergesellschaft eng miteinander verbunden sind. Wenn wir den demokratischen Staat nicht nur als Ausdrucksform einer staatlichen Beteiligung, einer formalen Beteiligung, sehen und begreifen wollen, dann ist es sogar eine Klammer, die wir setzen dürfen. Demokratischer Staat und solidarische Bürgergesellschaft ergänzen sich und können einander stärken, ersetzen können sie sich gegenseitig jedoch nicht.

Dem Staat kommt für die Entfaltung der Bürgergesellschaft eine wichtige, aktivierende Rolle zu, auf die sich die Politik stärker konzentrieren sollte. Mit Aktivierung meine ich, die Vielfalt der Fähigkeiten und Möglichkeiten der Menschen anzuerkennen, sie anzuregen, mitzunehmen und ihnen einen verlässlichen Rahmen sowie Chancen zu geben, ihre Kreativität in die Gestaltung unseres Gemeinwesens aktiv einbringen zu können. Ich denke, dass dies auch eine ganz deutliche Antwort, eine Alternative ist zu dem, was in den letzten Jahren von neoliberaler Seite immerzu wiederholt wurde. Man müsse nur die Individualität fördern und die so genannten freien Kräfte des Marktes spielen lassen. Je mehr Freiraum, umso besser würde es am Ende allen gehen. Diese Auffassung kann als gescheitert betrachtet werden.

In der Zeit meines Parteivorsitzes hat sich die SPD auf dem Hamburger Parteitag im Jahr 2007 intensiv mit der Frage auseinandergesetzt, wie wir sicherstellen können, dass der Staat seinen Beitrag leistet, um Vorsorge für die Menschen zu treffen, um die Risiken des Alters, der Krankheit, der Arbeitslosigkeit und der Pflegebedürftigkeit nicht einfach dem Einzelnen aufzubürden, sondern sie solidarisch abzusichern. Zugleich mussten wir uns der Frage stellen, was der Staat vorsorgend tun kann – etwa durch Bildung und durch persönliche, individuelle Förderung –, damit das, was wir gemeinschaftlich abfedern müssen, nicht überbordend und der Staat nicht überfordert wird. Eine gelungene Balance zwischen Eigenverantwortung und staatlicher Unterstützung ist aber nur zu erreichen, wenn auch die Bürgerinnen und Bürger sich mit ihrem Engagement der Gemeinwohlverantwortung stellen und ihren Anteil dabei erbringen. Wir haben diese Diskussion mit dem Stichwort des „aktivierenden Sozialstaates" charakterisiert.

Das Hamburger Programm definiert den demokratischen Staat als die politische Selbstorganisation der Bürgerinnen und Bürger, als Bürgergesellschaft: „Die Demokratie lebt durch das Engagement der Bürgerinnen und Bürger. Darum wollen wir eine starke, lebendige Bürgergesellschaft, in der die Menschen die Freiheit der Meinung, der Vereinigung und der Versammlung nutzen." Anders als im Obrigkeitsstaat hat in der Bürgergesellschaft der Einzelne eine aktive, mit gestaltende Rolle: „Eine lebendige Bürgergesellschaft kann und soll staatliches Handeln kontrollieren, korrigieren, anspornen, entlasten und ergänzen. Ersetzen kann sie es nicht. ... In der Bürgergesellschaft übernehmen Menschen aus eigenem Antrieb Verantwortung für andere, wirken im Sinne des Gemeinwohls. Oft bemerken sie früher als Behörden wo Abhilfe nötig ist."

Ich will aber auch deutlich machen, dass angesichts der Aufgaben, vor denen wir in Gegenwart und Zukunft stehen, ein starker Staat unabdingbar ist. Stark heißt nicht, sich in alles einzumischen und alles regeln zu wollen. Aber stark heißt, die Herausforderungen jeweils so miteinander anzugehen und zu bewältigen, dass wiederum auf dieser Basis Chancengerechtigkeit entsteht, die Menschen sich orientieren können und für sich selber, ihre Familien und eben auch für die Gemeinschaft sorgen können.

Mit diesen Aussagen zeigt sich das Hamburger Programm auf der Höhe der Zeit. Keine der großen gesellschaftlichen Herausforderungen, vor denen wir stehen, sei es der demografische Wandel, die Reform unseres Bildungssystems, die Auseinandersetzung mit Rechtsextremismus und Fremdenfeindlichkeit, die Integration von Migrantinnen und Migranten oder der Umbau unserer sozialen Sicherungssysteme, wird ohne die aktive Einbeziehung und kreativen Potenziale der Bürgerinnen und Bürger bewältigt werden können. Dafür brauchen wir den Ausbau und die Förderung von Möglichkeiten des Engagements und die Beteiligung der Menschen in unserem Land. Demokratie verträgt keine Ohnmacht. Für mich gilt, Gestalten geht vor Erdulden.

2. Bürgerschaftliches Engagement in Rheinland-Pfalz

Wenn man den Umfragen und den Untersuchungen glauben darf, gibt es in Deutschland rund 24 Millionen Menschen, die sich auf die eine oder andere Weise bürgerschaftlich engagieren. Wenn also gut ein Drittel der Bürgerinnen und Bürger heute freiwillig etwas über die beruflichen Pflichten hinaus für die Gemeinschaft tut, und ein weiteres Drittel sagt, wir können uns das durchaus vorstellen, dann haben wir ein beachtliches Potenzial, auf dem die Idee einer aktiven Bürgergesellschaft aufbauen und zu einer breiten Wirkung gebracht werden kann.

Mit Bürgergesellschaft verbinde ich eine gesellschaftliche Vision und Zielperspektive politischen Handelns, die gesamtgesellschaftlich noch nicht verwirklicht wurde, jedoch als Projekt für eine schrittweise Erweiterung demokratischer Partizipation steht, in der bürgerschaftliches Engagement ebenso seinen Platz hat wie die Zunahme politischer Beteiligung und Mitsprache der Bürgerinnen und Bürger in den Kommunen oder die vermehrte Nutzung direktdemokratischer Verfahren auf Landes- und in Zukunft hoffentlich auch auf Bundesebene. Bürgergesellschaft steht damit für die Idee von Selbstbestimmung, Teilhabe und gesellschaftlicher Verantwortungsübernahme.

Nicht ganz ohne Stolz will ich darauf verweisen, dass dort, wo Politik in Ländern und in Kommunen besonders viel zur Förderung des Ehrenamtes und des bürgerschaftlichen Engagements tut, auch überdurchschnittlich viele Menschen für eine aktive Mitwirkung gewonnen werden können. In Rheinland-Pfalz engagieren sich derzeit 41 Prozent der Bürgerinnen und Bürger. Im bundesweiten Durchschnitt sind es 36 Prozent. Im Ländervergleich liegt Rheinland-Pfalz damit gemeinsam mit Niedersachsen und Baden-Württemberg auf dem ersten Platz.

Diese Zahlen sind ein Spiegelbild dessen, wie vielfältig die Möglichkeiten und Angebote sind, sich in unserer Gesellschaft zu engagieren. Neben den Kirchen und den kirchlichen Organisationen, den Jugendorganisationen, den karitativen Einrichtungen, den Verbänden der Wohlfahrtspflege, den Hilfs- und Rettungsdiensten sind es vor allem auch die vielen kleinen und größeren Vereine, Initiativen und Projekte, die unser Gemeinwesen lebendig machen. Dabei denke ich insbesondere an die vielen Selbsthilfeorganisationen, die Unschätzbares im sozialen und im Gesundheitsbereich leisten und deren Hilfe durch keine noch so gute staatliche Einrichtung ersetzt werden könnte.

Auch im bürgerschaftlichen Engagement hinterlassen gesellschaftliche Veränderungen ihre Spuren. Bedingt durch den demographischen Wandel hat es in den letzten Jahren einen besonders großen Zuwachs im Engagement der sogenannten „jungen Alten" gegeben. Diese zunehmend größer werdende Gruppe von Menschen macht deutlich, dass in gesellschaftlichen Veränderungen nicht nur Probleme und Risiken, sondern ebenso auch neue Chancen stecken, die es so vielleicht noch nie gegeben hat. Das Engagement von Seniorinnen und Senioren bietet ein unglaubliches Erfahrungswissen und fachliche Kompetenzen gepaart mit dem Wunsch und der Bereitschaft, dieses der Gesellschaft zur Verfügung zu stellen.

Aber auch bei jüngeren Menschen ist vielen Unkenrufen zum Trotz die Bereitschaft, sich zu engagieren, sehr groß. Wenn man mit Menschen redet, die sich engagieren, stößt man häufig darauf, dass sie sich schon in der Jugend eingebracht haben und ihr Engagement nicht selten in unterschiedlichen Organisationen ein Leben lang anhält. Die frühe Förderung von Kindern und Jugendlichen ist uns daher besonders wichtig. Wir sollten schon früh die Bereitschaft für ein Engagement wecken, es fördern, es aber auch würdigen und anerkennen. Gerade bei jüngeren Leuten kommen unterschiedliche Motive im Engagement zusammen: Zum einen, etwas für andere tun zu wollen, zum anderen aber auch der Anspruch, persönlich etwas davon zu haben, eventuell verbunden mit der Erwartung, dass das Engagement hilft in der Schule oder beim Studium oder im Beruf. Wenn der Gemeinschaftsgedanke und der Wunsch, davon selber auch zu profitieren, miteinander verbunden sind, es also keine rein egoistische Motivation ist, dann ist das durchaus eine gute Voraussetzung für ein harmonisches und solidarisches Zusammenleben.

Obwohl in Rheinland-Pfalz das Engagement bereits sehr hoch ist, erklären weitere 34 Prozent der Menschen, dass sie sich durchaus vorstellen könnten, ein Ehrenamt zu übernehmen. Dieses Potenzial zur Entfaltung zu bringen, wird eine Aufgabe der Politik der nächsten Jahre sein. Unser Augenmerk liegt dabei auch auf dem weiteren Ausbau einer nachhaltigen Infrastruktur, die den Menschen Information, Beratung und auch Vermittlung in ein Ehrenamt bietet. Freiwilligenagenturen und Ehrenamtsbörsen, Seniorenbüros und Selbsthilfekontaktstellen sind Anlaufstellen in den Kommunen, die sich in den vergangenen Jahren zu wichtigen Knotenpunkten der Engagementförderung entwickelt haben. Auch in der Gründung von Bürgerstiftungen steckt eine riesige Chance, sowohl für das lokale Gemeinwesen als auch für Menschen, die vielleicht kein großes Vermögen haben, sich dafür aber als Person mit ihrem Engagement für eine gute Idee einbringen wollen. Alle diese Entwicklungen auf der lokalen Ebene unterstützen wir von Landesseite aus, und ich denke, wir sind hier bereits ein gutes Stück vorangekommen. Auch feste Ansprechpartner und verlässliche Serviceleistungen seitens der Landespolitik sind Teil dieser nachhaltigen Infrastruktur. Seit 2006 wird dies durch die „Leitstelle Bürgergesellschaft und Ehrenamt" in der Staatskanzlei sichergestellt. Sie kümmert sich um die Koordinierung und Abstimmung engagementfördernder Aktivitäten über die Grenzen der Ressorts hinweg und setzt sich für die Stärkung von Beteiligungsmöglichkeiten der Bürgerinnen und Bürger ein.

Auch wenn bürgerschaftliches Engagement grundsätzlich freiwillig ist und freiwillig bleiben muss, so gibt es für die Politik doch noch viel zu tun, um die Bedingungen für Ehrenamt und Bürgerengagement zu verbessern. Engagement heißt stets: Mitmachen und Mitbestimmen. Wir können auf eine solide Beteiligungsbereitschaft der Menschen aufbauen, aber wir müssen es auch verstehen, interessante und ernst gemeinte Mitmach- und Beteiligungsangebote bereit zu stellen. Darin liegt eine große Chance für die Vitalisierung unserer Demokratie und die Stärkung des Gemeinwesens.

3. Bürgerbeteiligung konkret

Großen Entwicklungsbedarf sehe ich noch auf dem Feld der politischen Partizipation. Dies gilt für die kommunale Ebene ebenso wie für die Länder und den Bund. Mit der Entscheidung, der Stimme der Bürgerinnen und Bürger bei der Kommunal- und Verwaltungsreform in Rheinland-Pfalz einen hohen Stellenwert einzuräumen, hat die Landesregierung ein deutliches Signal für eine verstärkte Partizipation gesetzt. Auf die positiven Erfahrungen, die wir hierbei sammeln konnten, möchte ich etwas näher eingehen.

Wie eine moderne und effiziente Verwaltung in Zukunft aussehen soll, ist keine Frage, über die politische Mandats- und Funktionsträger allein beraten und entscheiden sollten. Mir ist besonders wichtig, dass sich die Bürgerinnen und Bürger selbst aktiv an der Reformdiskussion beteiligen können, denn in den Gemeinden begegnet der Staat den Bürgerinnen und Bürgern zuerst. Verwaltung muss kooperativ und bürgernah sein. Ich habe deshalb in meiner Regierungserklärung zu Beginn der Legislaturperiode nicht nur die Landtagsfraktionen zur Zusammenarbeit bei der Kommunalreform eingeladen, sondern mich ausdrücklich für eine Beteiligung der Bürger an diesem Prozess ausgesprochen. In der Folge wurde dann ein breit angelegter Beteiligungsprozess initiiert, der in dieser Form bundesweit bislang einmalig ist.

Dabei wurden drei unterschiedliche Verfahren der Bürgerbeteiligung durchgeführt: Nachdem zunächst in neun Regionalkonferenzen vor allem die kommunalen Entscheidungsträger über das Reformvorhaben informiert wurden, konnten sich die Bürgerinnen und Bürger in fünf ganztägigen Bürgerkongressen selbst zu Wort melden. In sechs so genannten Planungszellen entwickelten dann 140 nach Zufallsprinzip ausgewählte Bürgerinnen und Bürger in viertägiger Klausur ihre Vorstellungen, die in einem 200-seitigen „Bürgergutachten" zusammengefasst wurden. In einer auf diese konsultative Phase folgenden zweiten Stufe der Bürgerbeteiligung erhielten die Bürger die Gelegenheit, sich in einer repräsentativen telefonischen Befragung sowie in einer Online-Befragung zu den von der Landesregierung formulierten Eckpunkten der Kommunalreform zu äußern.

Ich habe mir natürlich auch die Frage gestellt, wie die Bürgerinnen und Bürger von Rheinland-Pfalz über eine repräsentative Befragung hinaus in einer

Volksbefragung beteiligt werden könnten. Ein von der Staatskanzlei in Auftrag gegebenes Gutachten kam zu dem Ergebnis, dass eine Befragung der Bevölkerung zu den Eckpunkten der Kommunalreform in Form der Partizipation oder Bürgerbeteiligung rechtlich durchaus möglich sei. Der Kreis der Befragten sollte dabei nicht mit dem zu Landtagswahlen wahlberechtigten Aktivvolk identisch sein. Vielmehr sollte der Kreis der Adressaten um Ausländer, Zweitwohnsitzinhaber und Unter-18-Jährige erweitert werden. Dagegen wurde eingewandt, dass konsultative Volksbefragungen die Entscheidungsfreiheit des Parlaments faktisch erheblich einschränken und präjudizieren. Auch ein unverbindliches Votum der Bürger entfalte im Vergleich zu anderen Einflussnahmen unvergleichlich höhere Kraft, weshalb es einer besonderen verfassungsrechtlichen Grundlage bedürfe. Die Diskussion über diese Fragen ist noch lange nicht zu Ende. Ich meine, der Verbindung von aktivierendem Staat und aktiver Zivilgesellschaft dient auch die direkte Mitsprache der Bürgerinnen und Bürger durch Volksbegehren und Volksentscheide. In gesetzlich noch festzulegenden Grenzen sollen sie die parlamentarische Demokratie ergänzen, auch im Bund.

In dem Beteiligungsverfahren zur Kommunalreform in Rheinland-Pfalz brachten die Bürgerinnen und Bürger ihre Erfahrungen und Kritik, ihre Wünsche und Vorschläge für eine moderne, bürgernahe und effiziente Verwaltung ein. Entgegen mancher Befürchtung haben sie weder Pauschalkritik geäußert noch Fantasie-Forderungen gestellt. Sie haben sich vielmehr mit Sachverstand und Weitblick, als Expertinnen und Experten in eigener Sache, zu Wort gemeldet und sich an der Suche nach tragfähigen Lösungen für eine bürgernahe, effiziente und zugleich kostengünstige Verwaltung beteiligt.

Mit diesem politischen Partizipationsangebot haben wir Neuland betreten. Nirgends gab es bislang Vorbilder dafür, wie Bürgerbeteiligung auf Landesebene, schon gar nicht bei einem derart umfänglichen Thema wie einer Kommunal- und Verwaltungsreform, organisiert werden kann. Dafür haben wir auch Kritik einstecken müssen. Die Politik selbst war in diesem Prozess in einer lernenden Rolle. Die außerordentlich produktiven Ergebnisse belegen jedoch eindeutig, dass wir auf dem richtigen Weg sind.

Zu Beginn des Beteiligungsverfahrens waren die teilnehmenden Bürgerinnen und Bürger skeptisch, es gab Zweifel an der Ernsthaftigkeit des Verfahrens. Nicht zuletzt deshalb habe ich wiederholt zum direkten Gespräch eingeladen und wir haben detailliert Rechenschaft darüber abgelegt, wie sich ihre Vorschläge und Empfehlungen in dem Reformwerk niedergeschlagen haben. So haben wir beispielsweise die Verlagerung von Aufgabenzuständigkeiten des Landes auf die Kommunen in vielen Bereichen in Angriff genommen, ebenso wie die sensible Veränderung bei den Gemeindegrößen. Auch hier sind wir der Empfehlung der Bürgerinnen und Bürger gefolgt, behutsam vorzugehen, gewachsene Strukturen

und Traditionen zu berücksichtigen, aber dennoch notwendige Änderungen anzugehen. Mit einer Freiwilligkeitsphase für Fusionen haben wir diese Hinweise
sehr ernst genommen. Auch der Ausbau des Bürgerservices der Kommunalverwaltungen ist auf die Agenda gekommen. Zusätzliche stationäre Bürgerbüros,
die Erprobung eines mobilen Bürgerservices und erweiterte E-Government-
Angebote sind Ergebnisse des Beteiligungsprozesses. Aber auch erweiterte Möglichkeiten der unmittelbaren Mitwirkung der Bürgerinnen und Bürger in kommunalen Angelegenheiten werden mit der Reform umgesetzt. Nicht zuletzt sind
wir dem Wunsch vieler Bürgerinnen und Bürger nachgekommen und haben die
Bedingungen für eine direktdemokratische Beteiligung verbessert, in dem wir
die Quoren für Bürgerbegehren und Bürgerentscheide gesenkt und den sogenannten Positivkatalog aus der Gemeindeordnung gestrichen haben. In diesem
Sinne verabschiedete der Landtag im September 2010 die Landesgesetze zur
Kommunal- und Verwaltungsreform. Der gesamte Beteiligungsprozess fand von
Anfang an unter wissenschaftlicher Begleitung und ständiger Evaluation statt.

Bürgerbeteiligung ist, das sollte deutlich geworden sein, kein schmückendes
Beiwerk oder eine Alibiveranstaltung. Sie ist ein entscheidender Faktor für den
Erfolg unserer reformpolitischen Bemühungen. Dies gilt in besonderer Weise für
eine Kommunal- und Verwaltungsreform. Hier wird der Alltag geregelt, hier
wird die Daseinsvorsorge organisiert. Durch die Ideen und Vorschläge der Bürger wurde die Reform besser, unsere Lösungen sind passgenauer und nachhaltiger, treffen auf größere Akzeptanz und sparen uns im Endeffekt sogar Geld. Ich
bin mir sicher, dass die guten Erfahrungen mit der Bürgerbeteiligung bei diesem
Reformprojekt dazu beitragen werden, die Stimme der Bürgerinnen und Bürger
auch künftig bei politischen Vorhaben und notwendigen Reformen stärker einzubeziehen. Vor allem in den Kommunen findet die solidarische Bürgergesellschaft ihren Ort.

4.   Die Absichtsbürgerbeteiligung

Nicht selten passiert aber genau das Gegenteil, wenn etwa bei öffentlichen Auf-
trägen raumplanerische Großprojekte zum Zankapfel zwischen planender Verwaltung und betroffenen Anwohnern werden. Meistens liegt die Wurzel des
Übels in ungenügender Kommunikation. Oft erfolgt sie viel zu spät, oft liegen
bei Großprojekten zwischen Start und deren Realisierung Jahrzehnte. Das macht
deren Vermittlung nicht leichter. In Zukunft sollte daher verstärkt an einem Dia-
logkonzept zur Beteiligung der Bürgerinnen und Bürger an Großvorhaben gearbeitet werden, einem Konzept, das nicht erst dann greift, wenn das Kind schon in
den Brunnen gefallen ist, ein Konflikt also droht, das Projekt scheitern zu lassen.

Vielmehr brauchen wir direkten Dialog und eine Bürgerbeteiligung, die den ganzen Prozess der Durchführung eines Großvorhabens im Blick hat. Möglichkeiten zur Bürgerbeteiligung sehe ich an drei Stellen: Erstens, bei der Einbindung der Bürgerinnen und Bürger in den Prozess der politischen Entscheidung zu einem Großprojekt. Ich nenne das Absichts-Bürgerbeteiligung. Hier sehe ich den größten Spielraum, ein Projekt in seiner Entstehungsphase durch den erklärten Willen der Bürgerinnen und Bürger mit gestalten zu lassen. Zweitens beim Planungsprozess eines Vorhabens, der durch viele gesetzliche Regelungen bereits vordeterminiert ist, aber durchaus noch Spielraum zur Beteiligung bietet. Drittens im eigentlichen Genehmigungsverfahren, in dem eine verstärkte Öffentlichkeitsarbeit unabdingbar und entscheidend ist. Aber auch hier steht einer förmlichen Bürgerbeteiligung nichts entgegen. Auf jeder dieser Beteiligungsebenen ist in dem Bereich, in dem das Vorhaben Wirkung entfaltet, am Ende ein Bürgerentscheid möglich. Die dafür erforderlichen Quoren sollen umgekehrt proportional zur Größe des betroffenen Gebiets und der jeweiligen Bevölkerungszahl bemessen sein.

Natürlich höre ich schon die Stimmen, die sagen, damit werde jedes Großprojekt auf den St. Nimmerleinstag verschoben. Rheinland-Pfalz hat andere Erfahrungen gemacht. Bereits in den 90er Jahren haben wir uns intensiv um die Beschleunigung von Genehmigungsverfahren bemüht und es bundesweit mit den am schnellsten erteilten Genehmigungen auf den ersten Platz geschafft. Durch wirkliche Bürgerbeteiligung können solche Verfahren, das ist meine Überzeugung, nicht nur im Ergebnis kostengünstiger und schneller erzielt werden, sondern vor allem auch – und das ist für mich das Entscheidende – nachhaltiger und im Konsens mit der Bevölkerung. Am Ende müssen die legale Entscheidung und die Bürgerakzeptanz wieder zusammengebunden werden.

Mit den beschriebenen Ansätzen und Instrumenten haben wir – sowohl im Bereich des Ehrenamtes und des freiwilligen Engagements als auch im Bereich der politischen Partizipation – viele Möglichkeiten, Bürgerinnen und Bürger ganz praktisch zu beteiligen und ihre Ideen, ihre Vorstellungen in Politik einzubeziehen. Die engagementpolitischen Bemühungen des Landes finden einen breiten, auch parteiübergreifenden Konsens. Den beschrittenen Weg der Förderung und Unterstützung des bürgerschaftlichen Engagements werden wir fortsetzen.

Meine Hoffnung ist, dass sich auf diesem Weg auch ein neuer Politikstil etablieren lässt, der bürgerschaftliche Mitwirkung und Beteiligung als konstitutive Bestandteile unserer Demokratie begreift. Ich bin sicher, dass wir auf diesem Weg eine gute Chance haben, die Beteiligung an unserer demokratischen Gesellschaft und die Mitwirkung an der Ausgestaltung unseres Gemeinwesens wieder zu intensivieren. Dies gehört für mich zu einem Politikverständnis, das auf der einen Seite die staatliche Verantwortung nicht negiert, sie nicht kleinschreibt, aber auf der anderen Seite bürgerschaftliche Mitwirkungen ebenso wie die gesellschaftliche Verantwortung von Unternehmen einbezieht. Auf diese Weise können wir vielleicht auch wieder neuen Schwung in unsere Demokratie bringen und die „Basta-Politik" hinter uns lassen.

I. Moderne Demokratie und Bürgerbeteiligung

Bürgerbeteiligung und Bürgerengagement in der verfassten Demokratie

Jan Ziekow

1. Zum verfassungsrechtlichen Problemzugang

Fragt man einen Juristen zur Thema „Bürgerbeteiligung und Bürgerengagement in der verfassten Demokratie", so kann es schwierig werden. Je nachdem, wen man fragt, kann es zu Antworten wie diesen kommen: „Das Grundgesetz bildet die institutionalisierte Absage an eine unmittelbare Bürgerverantwortung ... für das Ganze des demokratischen Verfassungsstaates."[1] „Direkte und unvermittelte Bürgerverantwortung erweist sich ... als buchstäblich verantwortungslos."[2] Dabei handelt es sich durchaus um keine randständige Stimme, sondern um einen Vortrag eines bekannten Staatsrechtslehrers im Rahmen der renommierten und einflussreichen „Vereinigung der Deutschen Staatsrechtslehrer". Natürlich gibt es auch unter Rechtswissenschaftlern andere Auffassungen, wobei ich nicht verhehlen will, dass ich die typischerweise vorgetragene Antwort, bürgerschaftliches Engagement sei die existenzielle Grundlage einer verfassten demokratischen Ordnung[3], etwas konturenlos finde.

Ein Kern des Problems dürfte darin bestehen, dass es sich bei dem Begriff der Demokratie um einen verfassungsrechtlichen handelt (Art. 20 GG), was für die Begriffe Bürgerbeteiligung und Bürgerengagement nicht gilt. Selbstverständlich sind der Rechtsordnung verschiedene Verfahren zur Beteiligung der Bürger bzw. der Öffentlichkeit an staatlichen Entscheidungsprozessen bekannt, beispielsweise bei der Aufstellung von Plänen (vgl. nur § 3 BauGB). Eine verfassungsrechtliche Kategorie ist dies jedoch nicht. Auf verfassungsrechtlicher Ebene finden wir - sieht man zur Pflicht zur Übernahme von Ehrenämtern ab (vgl. Art. 21 Abs. 1 LV RP), die einen anderen Ansatz darstellt als ihn die Engagementpolitik verfolgt - nur die Instrumente des Volksbegehrens und Volksentscheids (vgl. Art. 29 GG, Art. 109 LV RP) sowie der Volksinitiative (vgl. Art. 108a LV RP). „Bürgerengagement" ist ein außerrechtlicher Begriff. Die juristi-

---

1 Depenheuer 1996: 124.
2 Depenheuer 1996: 104.
3 Volkmann 2001: Rdnr. 20.

sche Methode ist jedoch an eine klare Begrifflichkeit gebunden; dass dies nichts mit Paragraphenhuberei zu tun hat, sondern eine unverzichtbare Voraussetzung für eine Freiheit und Gleichheit sichernde Rechtsanwendung ist, hat auch das Gutachten zu den rechtlichen Rahmenbedingungen bürgerschaftlichen Engagements für die Enquete-Kommission völlig zu Recht hervorgehoben[4].

Allerdings kann es nicht etwa darum gehen, subsumtionsscharfe Definitionen von Bürgerbeteiligung und Bürgerengagement zu entwickeln. Dies würde der Entwicklungsoffenheit dieses Feldes kaum Rechnung tragen. Erforderlich sind daher lediglich Arbeitsbegriffe, die zur Umreissung des Problemhorizonts geeignet sind. In diesem Sinne wird folgendes Begriffsverständnis zugrunde gelegt:

▪ Der weitere, den Begriff der Bürgerbeteiligung teilweise einschließende Terminus ist der des Bürgerengagements. Er bezeichnet das von den Bürgern selbst ausgehende, also freiwillige, nicht-kommerzielle und gemeinwohlorientierte Handeln von Bürgern zur Erreichung gemeinsamer Ziele.[5]
▪ Jedenfalls nach dem in Deutschland vorherrschenden Verständnis beschreibt der Begriff Bürgerbeteiligung eine sich in unterschiedlichen Formen vollziehende Einbeziehung von Bürgern in staatliche und kommunale Entscheidungsprozesse.[6]

Bereits diese unscharfen Abgrenzungen machen Einiges deutlich, so z. B. dass die sich häufig findende Verengung des Themas Bürgerbeteiligung und -engagement auf das Thema Bürgerbegehren und Bürgerentscheidende der Breite des Spektrums der Engagementpolitik unangemessen ist oder dass Beteiligung und Engagement prospektiv-gestaltend ausgerichtet und von Verfahren zur Wahrung individueller Interessen zu unterscheiden sind.

In vorliegendem Zusammenhang recht unproblematisch ist die Einnahme der Perspektive der konstitutionellen Grundlagen von Bürgerbeteiligung und Bürgerengagement. Das sind zum einen die Grundrechte, insbesondere - aber nicht nur - diejenigen, die die Beteiligung am politischen Diskurs betreffen, zum anderen diejenigen Bestimmungen, die die Einbeziehung des Bürgers in die Staatswillensbildung ermöglichen. Hier aber geht es schwerpunktmäßig um etwas anderes, nämlich die Engagementpolitik, also das engagementfördernde Handeln des Staates oder der Kommunen.

---

4   Igl 2002: 47.
5   Heinze/Olk 2001: 16; Igl 2002: 48 ff.
6   Holtkamp/Bogumil/Kißler 2006: 12; Klages/Keppler/Masser 2009: 6.

2. Befürchtete Friktionen

Und hier laufen die befürchteten Friktionen mit der verfassten Demokratie: Dass sich Bürger von sich aus engagieren, macht ihnen niemand streitig. Dass aber der Staat selbst gleichsam eine Parallelwelt zu den Institutionen der repräsentativen Demokratie schafft, weckt Befürchtungen, die bekannt sind und die deshalb nur kurz zusammengefasst werden sollen[7]:

1. Befürchtung:
Legitimation: Die institutionelle Initiierung von nicht-repräsentativen Engagements- und Beteiligungsformen könnte zu Legitimationsdefiziten führen. Verfassungsrechtlich wird Legitimation im Bild einer Legitimationskette vom Volk über das von diesem gewählte Parlament und die wiederum dem Parlament verantwortliche Regierung bis zu den weiteren Organen und Amtswaltern hergestellt, und zwar in personeller wie sachlich-inhaltlicher Hinsicht. Bürgerengagement (im weiteren Sinne) könnte faktisch einen zweiten Legitimationsstrang eröffnen, der den durch die Verfassung vorgesehenen aushöhlen könnte.

2. Befürchtung:
Verantwortung: Diese Befürchtung richtet sich auf eine Beeinträchtigung der Verantwortung der gewählten Regierung durch Bürgerengagement, indem das Handeln der Regierung an eigener Gestaltungskraft und Zeitgerechtigkeit verliere, wenn es durch andere Handlungszusammenhänge konterkariert werde.

3. Befürchtung:
Indienstnahme des Staates: Wenn staatliche Institutionen Bürgerengagement förderten, so bestünde die vielfach beschriebene Gefahr, dass der Staat von selbst ernannten Eliten für ihre Betrachtungsweise, was das Gemeinwohl zu sein hat und wie es zu verwirklichen ist, gleichsam gefangen genommen werde.

Dass diese Gefahren bestehen und auch durchaus real sind, lässt sich nicht wegdiskutieren. Gleichwohl scheinen mir diese Befürchtungen doch ein Denken von den Grenzen her zu vertreten, dass erstens die bestehenden Möglichkeiten vernachlässigt, zweitens dem verfassungstheoretischen Wandel der letzten 15 bis 20 Jahre nicht gerecht wird und drittens die weltweite Diskussion über eine veränderte Rolle des Staates und das sich daraus ergebende gewandelte Verständnis der Rollen von Bürger und Staat nicht rezipiert hat.

---

7   Zusammenfassend Bourgon 2007.

3. Wandel des Verständnisses der Rollen von Bürger und Staat

Zu diesen Groß-Diskussionen müssen an dieser Stelle einige Bemerkungen genügen, wobei ich mich im Wesentlichen an der deutschen Diskussion orientiere, um die Komplexität nicht weiter zu erhöhen.

Die deutsche Diskussion um den Gewährleistungsstaat lässt sich erstens in der - in Deutschland allerdings bereits bis in den Frühkonstitutionalismus rückverfolgbaren - Erkenntnis kondensieren, dass es kein Monopol des Staates zur Gemeinwohlkonkretisierung gibt, sondern staatliche und private Akteure hierbei zusammenwirken.[8] Zweitens löst sich das Konzept des Gewährleistungsstaates aus dem problematischen Versuch einer materiellen Gemeinwohlbestimmung und trägt der Einsicht Rechnung, dass der notwendigen Unbestimmtheit und Offenheit des Gemeinwohlbegriffs[9] seine Angewiesenheit auf prozedurale und kompetentielle Konkretisierungsarrangements korreliert[10].

Seinen Erfolg verdankt das Konzept seiner Anschluss- und Aufnahmefähigkeit für verschiedene Leitbilder und Diskussionskontexte[11]: Einerseits wird die Rolle privaten Engagements betont, das bisher staatlicherseits wahrgenommene Aufgabenerfüllungen übernimmt, anderseits aber die überwölbende Verantwortung des Staates betont. Da es dem Gewährleistungsstaat nicht um „billiger", sondern um „besser" im Sinne einer Optimierung der Gemeinwohlverwirklichung zu tun ist, geht es ihm zentral um die Verteilung der Rollen bei der Erfüllung öffentlicher Aufgaben. Der Gedanke der Verantwortungsteilung knüpft an die Einsicht an, dass der vom Grundgesetz verfasste Staat in einer Gesamtverantwortung mit der Gesellschaft zur Erfüllung der zu bewältigenden Aufgaben steht.[12] Insoweit lässt sich von einer Verantwortungsgemeinschaft von Staat und Bürgern sprechen.[13] Verantwortungsteilung beinhaltet mithin ein Zweifaches: eine Arbeitsteilung zwischen staatlichen, halbstaatlichen und privaten Akteuren bei der Erledigung von im öffentlichen Interesse liegenden Aufgaben sowie die Organisation von Kooperationsarenen zur Realisierung dieser Arbeitsteilung.[14] Verantwortungsteilung ist daher nicht statisch auf die einmalige Zuweisung von Aufgaben, sondern dynamisch auf die Koordinierung von durch unterschiedliche Handlungsrationalitäten geprägten Rollen angelegt,[15] ist kein Rückzug des Staates von der Aufgabenerfüllung, vielmehr ein „Formenwandel staatlicher Macht-

---

8 Ziekow 2009a.
9 Engel 2001: 23 ff.
10 Schuppert 2002: 25 ff.; Isensee 2004: 98-99.
11 Proeller/Schedler 2005: 97.
12 Pitschas 1990: 237-238; Saladin 1984: 161; Ziekow 1997: 386 ff.; Ziekow 2009b.
13 Pitschas 1990: 237-238.
14 Hoffmann-Riem 2000: 52; Trute 1999: 13.
15 Trute 1999: 13-14.

ausübung", der durch „das Zusammenwirken, die Kombination von gesellschaftlicher Selbstregelung und politischer Steuerung" bestimmt ist.[16]

Zwei Kernaussagen lassen sich dem Konzept des Gewährleistungsstaates für die Frage „Bürgerengagement" entnehmen: Erstens besteht eine originäre Verantwortung des Bürgers für die Verwirklichung des Gemeinwohls; Bürgerengagement ist also keine von staatlicher Gewährung abhängige Gratifikation, sondern originäres Recht, aber auch originäre Pflicht des Bürgers. Zweitens ist es Aufgabe des Staates, die Verantwortungsbeiträge staatlicher Institutionen und bürgerschaftlichen Tätigwerdens zu koordinieren. Die Folgerungen für eine Engagementpolitik des Staates sind offensichtlich.

Zur internationalen Relevanz dieses Ansatzes nur zwei Hinweise: Zum einen begegnet sich die skizzierte Aufgabe, sich mit der anzustrebenden Verteilung der Beiträge der verschiedenen Akteure sowie den zur Umsetzung dieser Verteilung erforderlichen Instrumenten auseinanderzusetzen, mit der Governance-Diskussion. Fokussiert man diese Diskussion bei allen Facetten im Einzelnen auf die „Orchestrierung" im Sinne der Struktur- und Prozessgestaltung der Steuerungs- und Regelungsbeiträge von staatlichen und privaten Akteuren[17], so stellt sich die vom Gewährleistungsstaat zu leistende Rollenverteilung als Governance-Aufgabe dar.[18] Zum anderen lässt sich der Gewährleistungsansatz in den neueren collaborative governance-Ansätzen in den USA spiegeln, und zwar sowohl hinsichtlich der „civic responsibility" als „the price of citizenship" als auch hinsichtlich der Aufgabe des Staates „encouraging participation"[19].

Diesen Überlegungen lassen sich weitere an die Seite stellen, die unter den Stichworten „Grenzen staatlicher Steuerungsfähigkeit" oder - in einem bestimmten Forschungsansatz - „Wandel der Staatlichkeit diskutiert werden. Zur Beschreibung des letztgenannten Ansatzes wurde eine starke Bildsprache gewählt: Ausgangspunkt soll danach das sog. „Goldene Zeitalter des Staates" in den 60er und 70er Jahren des 20. Jahrhunderts sein, in denen der sog. „Demokratische Rechts- und Interventionsstaat" die Letzt- und Alleinverantwortung für die Produktion normativer Güter getragen haben und deshalb ein „ganz besonderer Staat" gewesen sein soll.[20] Wichtiger ist das dann gewählte Bild des Wandels, der als „Zerfaserung von Staatlichkeit" beschrieben wird, sich abbildend in Prozessen der Internationalisierung und Privatisierung. Der „zerfasernde" Staat behält zwar die Letztverantwortung für die Erbringung normativer Güter und

---

16 Mayntz 1996: 163.
17 Benz 2004; von Blumenthal 2005: 1149 ff.; Franzius 2006: 186 ff.; König 2003: 45 ff.; Schuppert 2005; Seckelmann 2006: 108 ff.; Trute/Denkhaus/Kühlers 2004: 451 ff.
18 Hoffmann-Riem 2005: 195 ff.; Haus 2010: 210 ff.
19 Candler/Dumont 2010: 169 ff.
20 Genschel/Leibfried/Zangl 2006: 3.

wichtige Entscheidungs- und Organisationskompetenzen, teilt jedoch Entschei-
dungsverantwortung mit internationalen und Organisationsverantwortung mit
privaten Institutionen.[21] In einem weiteren Bild wird der Staat also „vom Herrschaftsmonopolisten zum Herrschaftsmanager", der privaten Akteuren einen
Entscheidungsrahmen vorgibt, damit diese sich in profitabler Weise für die Erfüllung öffentlicher Aufgaben in Dienst nehmen lassen und gleichzeitig im Interesse aller Bürger und nicht nur einzelner tätig werden.[22]

Ungeachtet der Frage der historischen Richtigkeit oder Angemessenheit
dieser Bildsprache ist im vorliegenden Zusammenhang Folgendes wichtig: Wenn
Staatlichkeit in diesem Sinne zerfasern sollte, dann kann der Staat seiner legiti-
matorischen Verantwortung für die Sicherstellung öffentlicher Güter nur gerecht
werden, wenn er supplementäre Arenen zur Wahrung seiner Legitimität errichtet.
Mit anderen Worten: Defiziten der Verantwortung der staatlichen Institutionen
für die Verwirklichung des Gemeinwohls muss durch die Erweiterung des Rahmens verantwortlicher Akteure Rechnung getragen werden. Zugespitzt: Die
prospektive Erhaltung der Legitimität der staatlichen Institutionen drängt auf die
Einbeziehung flankierender Legitimationsmuster unter der Letztverantwortung
des Staates.

In diese Richtung weisende Ansätze lassen sich im Übrigen auf EU-Ebene
beobachten: Hier haben wir es nach wie vor mit einem beträchtlichen Legitima-
tionsdefizit auf der Ebene der Repräsentation zu tun[23], das zumindest partiell zu
kompensieren der Lissabon-Vertrag verschiedene partizipatorische Elemente
implementiert hat[24]. Kaum etwas macht schlagender klar, dass Engagementpolitik nicht der Offenbarungseid, sondern eine Chance der Demokratie ist.

Zur Abrundung soll noch einmal der Faden zurück gesponnen werden zu
den verfassungsrechtlichen Anforderungen an durch das Demokratieprinzip
geforderte Legitimationszusammenhänge. Das Bundesverfassungsgericht stellt
bekanntlich nicht strikt auf bestimmte Legitimationsketten ab, sondern lässt das
Erreichen eines hinreichenden Legitimationsniveaus in einer Gesamtschau von
institutioneller, funktioneller, sachlich-inhaltlicher und personeller Legitimation
genügen[25]. Selbst wenn man akzeptiert, dass keine dieser Legitimationsformen
gänzlich fehlen darf, so bleiben doch Spielräume, diese Formen auf die verfassungsrechtlich zwingend gebotene Anbindung an den Willen des Souveräns

---

21 Genschel/Leibfried/Zangl 2006: 22 ff.
22 Genschel/Zangl 2008: 446 ff.
23 Hofmann 2010; Kirsch 2008; von Komorowski 2010.
24 Cuesta, The Lisbon Treaty's Provisions on Democratic Principles: A Legal Framework for
    Participatory Democracy,
    https://europe.umontreal.ca/download/.../victor_cuesta_paper.pdf?version=1; Mross 2010.
25 Sodan/Ziekow 2010: § 6 Rdnr. 21 ff.

zurückzunehmen und durch Legitimationsquellen zu ergänzen, die der Gemeinwohlverantwortung der Bürger Rechnung tragen.[26]

4. Folgerungen für die Engagementpolitik

Aus diesen Prämissen lassen sich einige Vorgaben für Engagementpolitik[27] unter dem Gesichtspunkt verfasster Demokratie ableiten, die im Folgenden thesenartig zusammengefasst werden sollen:

1. Engagementpolitik im Sinne einer staatlichen Initiierung, Förderung und Erleichterung bürgerschaftlichen Engagements wird durch das verfassungsrechtliche Demokratiegebot nicht nur nicht ausgeschlossen, sondern vielmehr gefordert. Es ist eine Kernaufgabe des Staates, die Beiträge staatlicher Institutionen und bürgerschaftlichen Engagements zur Gemeinwohlverwirklichung friktionsfrei zu halten und entstehenden Legitimationsdefiziten durch Aktivierung supplementärer Legitimationsstränge entgegenzuwirken.

2. Der genannten Befürchtung, die verfassungsmäßige Verantwortung der gewählten Regierung könnte durch Bürgerengagement beeinträchtigt werden, ist dadurch entgegenzutreten, dass bürgerschaftlichem Engagement die notwendigem Informationen zur Verfügung gestellt werden, die es ermöglichen, verantwortlich Engagement auszuüben, ohne die Regierungsfähigkeit zu schmälern. Verantwortliches Bürgerengagement erleichtert eine verantwortungsvolle Regierungsführung.

3. Die staatliche Verantwortung für eine aktive Engagementpolitik besteht nicht zuletzt auch deshalb, weil sonst in der Tat die Gefahr einer Verhaftung des Gemeinwohls durch eine aktive Minderheit besteht. Engagementpolitik muss deshalb inkludierend sein und sich insbesondere auch auf die Einbeziehung eher engagementsferner Bevölkerungsgruppen richten.

4. Engagementpolitik sollte die Möglichkeiten der Aktivierung ausschöpfen, muss aber die verfassungsrechtlichen Grenzen zwingend beachten. Die kooperative darf nicht zur totalen Demokratie, kein Gegenmodell werden; die Sicherungen und Neutralitäten der repräsentativen Demokratie dürfen nicht überspielt werden. Dies bedeutet auch, dass das Postulat bürgerschaftlichen Engagements politische Entscheidungen z.B. zur Frage der Leistungstiefe nicht einengen darf.

---

26   Volkmann 2001: Rdnr. 44 ff.
27   Olk/Klein/Hartnuß 2010.

So lassen sich Privatisierungsentscheidungen nicht mit dem Argument verhindern, nach einer Privatisierungspolitik bliebe „nichts mehr für eine Beteiligung übrig."

5. Die Notwendigkeit, die erwähnten Gesichtspunkte in eine Engagementpolitik zu integrieren, weist auf die Erforderlichkeit der Schaffung eines programmatischen Rahmens hin. Darüber hinaus sollten die Vorteile der Verankerung von Grundsätzen in einer normativen Rahmenordnung nicht unterschätzt werden. Unter Einbeziehung der Bereitstellungsfunktion des Rechts[28] enthält eine rechtsförmliche Grundlegung zum einen eine hohe Impuls- und Aktivierungsfunktion, die in der Anwendung bereichsspezifisch auszudifferenzieren ist, als auch die Gewährleistung von Verhaltenssicherheit für Entscheidungsträger.

5. Fazit

Zurückkommend auf das Kernthema meiner Überlegungen, das Verhältnis von Bürgerbeteiligung / Bürgerengagement und verfasster Demokratie, darf ich festhalten, dass Bürgerengagement und verfasste Demokratie nicht konfligieren, sondern korrelieren. Es hieße allerdings, diese Korrelation zu überschätzen, würde man sie sich selbst überlassen wollen. Erforderlich ist vielmehr eine Engagementpolitik, die die Sicherung der verfassungsrechtlichen Institutionen herausarbeitet, gleichzeitig aber die originäre Verantwortung des Bürgers für die Gemeinwohlverwirklichung ernst nimmt und fördert.

Literaturverzeichnis

von Arnim, Hans-Herbert/Sommermann, Karl-Peter (Hrsg.) (2004): Gemeinwohlgefährdung und Gemeinwohlsicherung. Berlin: Duncker & Humblot
Benz, Arthur (2004): Governance – Regieren in komplexen Regelsystemen. Wiesbaden: VS Verlag für Sozialwissenschaften
von Beyme, Klaus/Offe, Claus (Hrsg.) (1996): Politische Theorien in der Ära der Transformation. Opladen: Westdeutscher Verlag
Blanke, Bernhard/von Bandemer, Stephan/Nullmeier, Frank/Wewer, Göttrik (Hrsg.) (2005): Handbuch zur Verwaltungsreform. 3. Aufl., Wiesbaden: VS Verlag für Sozialwissenschaften

---

28   Schuppert 1993: 96-97.

von Blumenthal, Julia (2005): Governance – eine kritische Zwischenbilanz. In: ZfP 15 (2005), 1149 ff.

Bourgon, Jocelyne (2007): Why should governments engage citizens in service delivery an policy making?, presentation to the OECD Public Governance Committee Symposium on "Open and inclusive policy making" held on 16 October 2007 at the OECD, Paris

Candler, George/Dumont, Georgette (2010): The price of citizenship: Civic responsibility as the missing dimension of public administration theory. In: Public Administration Quarterly 2010. 169 ff.

Cuesta, Victor: The Lisbon Treaty's Provisions on Democratic Principles: A Legal Framework for Participatory Democracy, https://europe.umontreal.ca/download/.../victor_cuesta_paper.pdf?version=1

Depenheuer, Otto (1996): Bürgerverantwortung im demokratischen Verfassungsstaat. In: Veröffentlichungen der Vereinigung der Deutschen Staatsrechtslehrer 55. Berlin/New York: Walter de Gruyter. 90 ff.

Duss/Linder u. a. (Hrsg.) (2006): Rechtstransfer in der Geschichte. München: Meidenbauer

Engel, Christoph (2001): Offene Gemeinwohldefinitionen. In: Rechtstheorie 32 (2001). 23 ff.

Franzius, Claudio: Governance und Regelungsstrukturen. In: VerwArch 97 (2006). 186 ff.

Friauf/Höfling (Hrsg.) (2001): Berliner Kommentar zum Grundgesetz. Berlin: Erich Schmidt Verlag

Genschel Philipp/Zangl, Bernhard (2008): Metamorphosen des Staates – vom Herrschaftsmonopolisten zum Herrschaftsmanager. In: Leviathan 2008. 430

Genschel, Philipp/Leibfried, Stephan/Zangl, Bernhard (2006): Zerfaserung und Selbsttransformation – Das Forschungsprogramm „Staatlichkeit im Wandel". TransState Working Papers 45 Bremen: Universität Bremen. 3, 22 ff.

Haus, Michael (2010): Von government zu governance? Bürgergesellschaft und Engagementpolitik im Kontext neuer Formen des Regierens. In: Olk/Klein/Hartnuß (2010): 210 ff.

Heinze, Rolf G./Olk, Thomas (2001): Bürgerengagement in Deutschland - Zum Stand der wissenschaftlichen und politischen Diskussion, in: dies. (Hrsg.): Bürgerengagement in Deutschland - Bestandsaufnahme und Perspektiven. Opladen : Leske + Budrich: 11 ff.

Hofmann, Klaus (2010): Europäische Demokratie in guter Verfassung?. Baden-Baden: Nomos

Hoffmann-Riem, Wolfgang (2000): Verantwortungsteilung als Schlüsselbegriff moderner Staatlichkeit. In: Kirchhof/Lehner/Raupach/Rodi (2000): 47 ff.

Hoffmann-Riem, Wolfgang (2005): Governance im Gewährleistungsstaat. In: Schuppert (2005): 195 ff.

Hoffmann-Riem, Wolfgang/Schmidt-Aßmann, Eberhard/Schuppert, Gunnar Folke (Hrsg.) (1993). Reform des Allgemeinen Verwaltungsrechts. Baden-Baden: Nomos.

Holtkamp, Lars/Bogumil, Jörg/Kißler, Leo (2006): Kooperative Demokratie - Das politische Potenzial von Bürgerengagement. Frankfurt/New York: Campus Verlag

Igl, Gerhard (2002): Rechtliche Rahmenbedingungen bürgerschaftlichen Engagements, unter Mitarbeit von Monika Jachmann und Eberhard Eichenhofer. Opladen: Leske + Budrich

Isensee, Josef (2004): Konkretisierung des Gemeinwohls in der freiheitlichen Demokratie. In: von Arnim/Sommermann (Hrsg.). Gemeinwohlgefährdung und Gemeinwohlsicherung. Berlin: Duncker & Humblot: 95 ff.

Kirchhof, Paul/Lehner, Morris/Raupach, Arndt/Rodi, Michael (Hrsg.) (2000): Staat und Steuern. FS für Klaus Vogel zum 70. Geb. Heidelberg: C. F. Müller

Kirsch, Andrea (2008): Demokratie und Legitimation in der Europäischen Union. Baden-Baden: Nomos

Klages, Helmut/Keppler, Ralph/Masser, Kai (2009): Bürgerbeteiligung als Weg zur lebendigen Demokratie. Bonn: Stiftung MITARBEIT

Komorowski, Alexis von (2010): Demokratieprinzip und Europäische Union. Staatsverfassungsrechtliche Anforderungen an die demokratische Legitimation der EG-Rechtsetzung. Berlin: Duncker & Humblot

König, Klaus (2003): Governance im Mehrebenensystem. In: Sommermann (Hrsg.). Aktuelle Fragen zu Verfassung und Verwaltung im europäischen Mehrebenensystem. Speyerer Forschungsberichte Nr. 230. Speyer: Forschungsinstitut für öffentliche Verwaltung: 45 ff.

Mayntz, Renate (1996): Politische Steuerung: Aufstieg, Niedergang und Transformation einer Theorie. In: von Beyme/Offe (1996): 148 ff.

Mross, Oliver (2010): Bürgerbeteiligung am Rechtsetzungsprozess in der Europäischen Union. Ein Beitrag zur Stärkung der demokratischen Legitimation?. Berlin: Duncker & Humblot

Olk, Thomas/Klein, Ansgar/Hartnuß, Birger (Hrsg.) (2010): Engagementpolitik. Die Entwicklung der Zivilgesellschaft als politische Aufgabe. Wiesbaden: VS Verlag für Sozialwissenschaften

Pitschas, Rainer (1990): Verwaltungsverantwortung und Verwaltungsverfahren. München: Verlag C. H. Beck

Proeller, Isabella/Schedler, Kuno (2005): Verwaltung im Gewährleistungsstaat. In: Blanke/von Bandemer/Nullmeier/Wewer (2005): 94 ff.

Saladin, Peter (1984): Verantwortung als Staatsprinzip. Ein neuer Schlüssel zur Lehre vom modernen Rechtsstaat. Bern: Haupt

Schuppert, Gunnar Folke (1993): Verwaltungsrechtswissenschaft als Steuerungswissenschaft. In: Hoffmann-Riem/Schmidt-Aßmann/Schuppert (1993): 65 ff.

Schuppert, Gunnar F. (Hrsg.) (1999): Jenseits von Privatisierung und »schlankem« Staat. Baden-Baden: Nomos

Schuppert, Gunnar F. (2002): Gemeinwohl, das – Oder: Über die Schwierigkeiten, dem Gemeinwohlbegriff Konturen zu verleihen. In: Schuppert/Neidhardt (2002): 19 ff.

Schuppert, Gunnar Folke (Hrsg.) (2005): Governance-Forschung. Vergewisserung über Stand und Entwicklungslinien. Baden-Baden: Nomos

Schuppert, Gunnar F./Neidhardt, Friedhelm (Hrsg.) (2002): Gemeinwohl – Auf der Suche nach Substanz. Berlin: Ed. Sigma

Sommermann, Karl-Peter (Hrsg.) (2003): Aktuelle Fragen zu Verfassung und Verwaltung im europäischen Mehrebenensystem. Speyerer Forschungsberichte Nr. 230. Speyer: Forschungsinstitut für öffentliche Verwaltung

Seckelmann, Margrit (2006): Good Governance – Importe und Re-Importe. In: Duss/Linder u. a. (Hrsg.), Rechtstransfer in der Geschichte. München: Meidenbauer: 108 ff.

Sodan, Helge/Ziekow, Jan (2010): Grundkurs Öffentliches Recht. 4. Aufl. München: C. H. Beck

Trute, Hans-Heinrich/Denkhaus, Wolfgang /Kühlers, Doris (2004): Governance in der Verwaltungsrechtswissenschaft. In: Verw. 2004, 451 ff.

Trute, Hans-Heinrich (1999): Verantwortungsteilung als Schlüsselbegriff eines sich verändernden Verhältnisses von öffentlichem und privatem Sektor. In: Schuppert (1999): 13 ff.

Volkmann, Uwe (2001): Art. 20 3. Teil. In: Friauf/Höfling (Hrsg.), Berliner Kommentar zum Grundgesetz. Berlin: Erich Schmidt Verlag

Ziekow, Jan (1997): Über Freizügigkeit und Aufenthalt. Tübingen: Mohr Siebeck

Ziekow, Jan (2009a): Die Konkretisierung des Gemeinwohls durch Staat und Private. In: Osaka Law Review 59-1, 183-205

Ziekow, Jan (2009b): Gewährleistungsstaatliches Denken als Grundlage von Public Private Partnership? In: Kaihatsu Ronsyu 83-3, 223-239

Durch Beteiligung zur Bürgerdemokratie

Roland Roth

„Politik kann verkümmern und den Bezug zur gesellschaftlichen Wirklichkeit verlieren.
In Selbstinszenierungen kreist sie dann oft nur noch um sich selbst,
Machtbehauptung und Machterwerb im Sinn. Verdrossenheit, ja Zynismus
gegenüber aller Politik stellen sich dann bei den Bürgern ein.
Eine Politik, die Menschen verdummt, verdummt sich selbst.
Politik kann sich aber auch als wichtiges, viele Menschen
motivierendes Medium gesellschaftlichen Lernens erweisen.
Dann dient sie kritischer Realitätsprüfung
im Sinne von wirklichkeitsgerechter Problemerfassung und
innovativer Problemlösung." (Karl W. Deutsch[1])

Für Demokratien gilt in besonderer Weise, was Theodor W. Adorno einmal über moderne Gesellschaften insgesamt sagte: Sie sind wesentlich Prozess. Wie keine andere politische Herrschaftsform setzt Demokratie auf permanente Veränderung, sei es als Anpassung an gewachsene Beteiligungsansprüche aus der Bürgerschaft, sei es als Reaktion auf externe Herausforderungen. Ein Geheimnis der vergleichsweise großen Stabilität von Demokratien liegt, so sahen es schon die Vordenker der attischen Demokratie, in ihrer beachtlichen Anpassungs- und Lernfähigkeit[2]. Volkssouveränität und die Gewaltenteilung sorgen dafür, dass Macht breit gestreut ist und der politische Prozess auf Öffentlichkeit und Deliberation, d.h. auf die Weisheit der Vielen setzt. Demokratien können damit leichter dem Schicksal autoritärer Regimes entgehen, die durch die übergroße Machtkonzentration an der Spitze immer wieder autistische Züge entwickeln. Gerade für autoritäre Verhältnisse gilt darum die hochaktuelle Machtdefinition von Karl W. Deutsch: Macht hat derjenige, der glaubt es sich leisten zu können, nicht lernen zu müssen[3].

Die Gegenüberstellung von autoritären und demokratischen politischen Systemen markiert lediglich zwei Extremwerte. Auch Demokratien können mehr

---

1   In einer Zusammenfassung von Dieter Senghaas (2003: 21 f.).
2   Ober 2008.
3   Vgl. Senghaas 2003: 19.

oder weniger autoritär verfasst sein und gesellschaftliche Lernprozesse blockieren. Das Italien Berlusconis oder Sarkozys Frankreich markieren solche Entwicklungen. Aber auch in der Bundesrepublik verdichten sich die Anzeichen für politische Blockaden in einer repräsentativen Demokratie. Es braucht auch hierzulande (wie in vielen gefestigten Demokratien des Westens), so die zentrale These dieses Beitrags, eine Weiterentwicklung und Vertiefung von Demokratie. Begrifflich lässt sich die zu bewältigende Wegstrecke am besten als Übergang von einer überwiegend repräsentativ dominierten Demokratie zu einer Bürgerdemokratie (civic democracy) beschreiben. Im Zentrum steht dabei die Stärkung von Bürgerinnen und Bürgern gegenüber Staat und Wirtschaft, aber auch gegenüber Verbänden, Parteien und Parlamenten. Die Ausweitung und Intensivierung politischer Beteiligung bieten sowohl die zentrale Schubkraft wie auch das Ziel auf diesem Weg. Das Leitbild Bürgerdemokratie stellt eine produktive Antwort auf gegenwärtige politische Krisenerscheinungen dar. Es ist mehr als eine Fiktion, weil wir auf gesellschaftliche Ressourcen, nicht zuletzt die Beteiligungsansprüche in der Bevölkerung, und institutionelle Innovationen verweisen können, die in Richtung Bürgerdemokratie deuten. Um diese Krisen und Potentiale soll es nachfolgend gehen[4].

1.   Der lange Abschied von der „demokratischen Elitenherrschaft"

In vielen Ländern, nicht zuletzt in den gefestigten repräsentativen Demokratien des Westens gibt es wachsende Zweifel an der politischen Leistungsfähigkeit sowie der demokratischen Qualität und Legitimation des eingespielten Politikbetriebs. Wir erleben eine Strukturkrise westlicher Demokratien. „Postdemokratie" lautet eine der kritischen Zeitdiagnosen, die der Brite Colin Crouch bereits 2004 mit großer öffentlicher Resonanz vorgestellt hat. Gemeint ist das Schwinden demokratischer Gestaltungsfähigkeit angesichts der Übermacht von großen Konzernen und Medienunternehmen. Gleichzeitig ist der öffentliche Sektor in einer Weise geschrumpft und an den Maßgaben der Privatwirtschaft ausgerichtet, dass von ihm keine politischen Gestaltungsimpulse ausgehen. Politik befindet sich in der Zwickmühle von Übermächtigung und Selbstentmächtigung. Die Bankenrettungsprogramme der jüngsten Finanzkrise haben dieses Dilemma überdeutlich werden lassen. Für „systemrelevante" Geldinstitute galt das Prinzip „Too big to fail" („Zu groß, um zu scheitern"), konkret nötigte dies zu staatlichen Bürgschaften und Krediten in bis dato unbekannten Dimensionen. Was hier in großer Münze praktiziert wurde, gehört in kleineren Dimensionen zu den Alltagserfah-

---

4   Eine ausführliche Version des Arguments bietet ein Gutachten zum Thema (Roth 2009).

rungen, die für die Beurteilung eigensinnigen staatlichen Handelns nicht folgenlos bleiben. Aus einer Vielzahl von Untersuchungsergebnissen mag die Zahl aus einer TNS Emnid-Befragung zur „Politikbeteiligung" vom Juni 2010 genügen. Danach haben zwei Drittel der Bevölkerung in Deutschland ein eher niedriges oder sehr niedriges Vertrauen in die Problemlösungsfähigkeit der Politik.

Die verbreitete Unzufriedenheit mit dem politischen Prozess hat unterschiedliche Reaktionen ausgelöst oder verstärkt, wie z.b. den Rückzug aus den Parteien, eine sinkende Wahlbeteiligung, aber auch eine gewachsene Bereitschaft zum Protest. Der anhaltende und phantasievolle Widerstand gegen das Bahnprojekt „Stuttgart 21" ist hier hierfür zu einem Symbol geworden. Es sollte aber nicht übersehen werden, dass es in diesem Zusammenhang zudem wachsende antidemokratische Strömungen in unterschiedlicher Stärke gibt, die fremdenfeindliche, rechtspopulistische und rechtsextreme Motive aktualisieren. Dennoch, und das ist die gute Botschaft, das Gros des Unbehagens ist demokratisch motiviert. Verlangt wird nicht die Abschaffung, sondern eine Vertiefung und Vitalisierung demokratischer Gestaltungsmöglichkeiten. Zentral geht es bei dem wachsenden Unbehagen in der politischen Kultur um den Mangel an politischen und gesellschaftlichen Beteiligungsmöglichkeiten. Nach der bereits zitierten Emnid-Umfrage möchte fast die Hälfte der Befragten mehr direkten Einfluss auf politische Entscheidungen nehmen. Demonstrationen und Bürgerentscheide sind die bevorzugten Formen der Einflussnahme.

Damit sind die Grundlagen der klassischen Variante der „realistischen" Demokratietheorie, wie sie Joseph A. Schumpeter bereits in den 1940er Jahren konzipiert hat[5], unrealistisch geworden. Er setzte auf eine „demokratische Elitenherrschaft". Mit ihr konnte das notwendige und wünschbare Maß an Beteiligung auf die periodische Wahl von konkurrierenden professionellen Mannschaften reduziert werden. Der Bürger und die Bürgerin war weitgehend von politischem Engagement entlastet. Geringes politisches Interesse, ja politische Apathie schien bis in die 1960er Jahre hinein als Systemvorteil westlicher Demokratien, als Ausdruck allgemeiner Zufriedenheit. Leitbild war ein „staatsbürgerlicher Privatismus", ein von Jürgen Habermas[6] in kritischer Absicht geprägter Begriff, der einzig die Beteiligung an Wahlen als „Bürgerpflicht" vorsah und ansonsten die Bevölkerung ihren Privatangelegenheiten überließ. Diese Tugend politischer Enthaltsamkeit schien umso strahlender, stand sie doch in einem scharfen Kontrast zu einer dauermobilisierten Pseudounterstützung, wie sie in den politischen Regimes des Ostblocks abverlangt wurde.

---

5   Schumpeter 1942.
6   Habermas 1973: 55.

2. Eine aktive Bürgerschaft meldet sich zu Wort

Dieses klassische, nach dem US-Vorbild gezeichnete Bild einer Tauschbeziehung zwischen einer politisch weitgehend uninteressierten und abstinenten Bürgerschaft einerseits und professionellen Politikeliten andererseits war für Bundesrepublik mit seinen vergleichsweise starken Partei- und Verbandstraditionen nie völlig zutreffend. Die entscheidende Herausforderung für die „realistische" Demokratiekonzeption brachte jedoch erst ein politisch-kultureller Wandel, der in den 1960er Jahren einsetzte und bis heute anhält. Es ist das Anwachsen einer aktiven, auf stärkere Formen der Beteiligung setzenden Bürgerschaft. Ronald Inglehart hat diesen, in vielen Ländern zu beobachtenden Wandel als Übergang von einem elitenfixierten („elite-needing") zu einem selbstbewussten, die politischen Eliten herausfordernden („elite-challenging") Publikum beschrieben[7].

Jenseits der vielfältigen Protestmotive und konkreten Gestaltungsansprüche, die zunächst oft in (vormals) „unkonventionellen" Formen der politischen Beteiligung, wie z.B. Demonstrationen und Sitzblockaden vorgebracht wurden und noch immer werden, handelt es sich um einen anhaltenden internationalen Trend, dessen zentrale Bedingungen Jürgen Habermas bereits früh in der Ausweitung von gehobener Bildung und freier Zeit gesehen hat[8]. Die enorme Ausweitung sekundärer und tertiärer Bildung in den letzten Jahrzehnten gehört vermutlich zu den zentralen Voraussetzungen des gestiegenen Kompetenzbewusstseins und der erhöhten Beteiligungsbereitschaft. Unterstützt wird sie heute durch neue Kommunikationsmöglichkeiten, ohne die z.B. die wachsende Zahl von transnationalen Mobilisierungen, aber auch mancher spontaner lokaler Protest kaum vorstellbar wäre. Es handelt sich jedoch nicht um eine evolutionäre, unaufhaltsame Entwicklung. Die voranschreitende zeitliche Verdichtung in Bildungsgängen und flexible und prekäre Beschäftigungsverhältnisse wirken z.B. in die entgegengesetzte Richtung.

Während das verstärkte Partizipationsinteresse zunächst vor allem in unkonventionelle Bahnen (Proteste, Bürgerinitiativen, neue soziale Bewegungen) gedrängt wurde, hat sich in den letzten Jahrzehnten die Einsicht verbreitet, dass partizipative Erweiterungen der institutionellen Beteiligungsmöglichkeiten zu einer Vitalisierung des demokratischen Prozesses beitragen können. Bürgerinnen und Bürger sollen sich einmischen können, um ihre Fachkompetenz zu nutzen, sie als Koproduzenten zu gewinnen, sie mitentscheiden zu lassen. Im Ergebnis werden intelligentere, weniger kostspielige und gesellschaftlich breiter akzeptierte Ergebnisse erwartet. Vor allem auf kommunaler Ebene wurde und wird unter dem Stichwort Bürgerkommune mit einer Vielzahl von deliberativen, assoziati-

---

7   Inglehart 1989.
8   Habermas 1961.

ven und direktdemokratischen Beteiligungsangeboten experimentiert – von Kinder- und Jugendstadträten bis zu Bürgerhaushalten. Einige von ihnen, allen voran Bürgerbegehren und Bürgerentscheid haben nach der deutschen Vereinigung in alle Kommunalverfassungen Eingang gefunden. Vor allem mit einer offensiven Engagementpolitik, die einen breiten Zugang zum bürgerschaftliches Engagement ebnen will, wird zudem in jüngster Zeit der Versuch gemacht, den Beteiligungsansprüchen der Bürgerschaft neue Wege zu ebnen.

3. Demokratische Innovationen - weltweit

Die Arbeiten auf der Reformbaustelle des Projekts Bürgerdemokratie stehen aber erst am Anfang. Häufig endet die Phantasie bei Bürgerbegehren und Bürgerentscheiden, die zwar wichtige Korrektive und Einflussmöglichkeiten bieten, aber zu einer alltäglichen Beteiligungspraxis insgesamt wenig beitragen können. Aber wir kennen auch ausgezeichnete Kommunen, die ihr Rathaus im Erdgeschoss zum Bürgerhaus gemacht haben, in dem sich Engagierte aus Initiativen und Vereinen versammeln können.

Die deutschen Suchbewegung werden durch internationale Erfahrungen inspiriert und unterstützt, die oft aus dem globalen Süden kommen. Dazu gehören kommunale Bürgerhaushalte, die einen direkten Einfluss auf das Haushaltsrecht freigeben, das klassisch als das Allerheiligste parlamentarischer Befugnisse galt. Ihre Anfänge liegen im brasilianischen Porto Alegre, heute experimentieren auch mehrere Dutzend deutsche Kommunen mit diesem Modell. Weltweit werden gegenwärtig zwischen 80 und 100 Beteiligungsformen erprobt und diskutiert[9]. Wer sich einen aktuellen Einblick verschaffen will, kann dies auf der Netzseite des Reinhard-Mohn-Preises 2011 tun[10], der sich der Vitalisierung der Demokratie durch Beteiligung widmet. Dort finden sich 123 Projekte aus 36 Ländern, die sich u.a. mit demokratischen Beteiligungsimpulsen durch Bürgerhaushalte, in Planungsprozessen, in der Leitbild- und Strategieentwicklung, durch online-Plattformen, Konsultationen und politischen Strukturreformen befassen.

Die intensive und vielfältige Beteiligungspraxis, wie sie in den letzten Jahren im Zuge der Kommunal- und Verwaltungsreform in Rheinland-Pfalz praktiziert wurde, gehört zu den gelungenen Versuchen, das Engagement und die „Weisheit der Vielen" auf landespolitischer Ebene in demokratischer Absicht zu nutzen, auch wenn das Resultat in Form eines Gesetzes noch nicht vorliegt. Vergleichbar intensive Beteiligungsprozesse bei Reformdebatten auf Landesebene

---

9   Smith 2005; Smith 2009.
10   www.vitalizing-democracy.org.

gibt es auch im österreichischen Vorarlberg, wo seit einigen Jahren ein „Büro für Zukunftsfragen"[11] intensiv das Mittel der BürgerInnen-Räte nutzt.

4. Institutionelle Herausforderungen für eine demokratische Beteiligungskultur

Die bislang gesammelten Erfahrungen mit Bürgerhaushalten, BürgerInnen-Räten und anderen Beteiligungsformen verweisen auf schwierige Konstruktionsaufgaben, die noch auf dem Wege zur Bürgerdemokratie zu bewältigen sind. Sie stellen sich erst, wenn dem wohlfeilen Bekenntnis zu mehr Beteiligung auch konkrete Schritte folgen. Einige wenige Fallstricke und Aufgaben sollen benannt werden:

4.1. Demokratisierung der Ohnmacht/Mehrebenenproblematik

Mit guten Gründen konzentrieren sich das Engagementinteresse und die Beteiligungswünsche vorwiegend auf die kommunale und die Landesebene. Dort gibt es auch die größten Zugewinne an Beteiligungsangeboten. Bund, Europäische Union und internationale Organisationen werden zumeist als außerhalb der Reichweite direkter Beteiligung wahrgenommen. Gleichzeitig wächst aber deren Bedeutung und ihr Durchgriff auf die unteren Ebenen. Wie lässt sich eine Demokratisierung der Machtlosigkeit vermeiden?

Eine Antwort wird sicherlich in der Stärkung der kommunalen Ebene liegen. Gefordert ist auch ein Rückbau der „Politikverflechtungsfallen", die bei Beteiligungsansprüchen im Zusammenhang mit großen Infrastrukturprojekten zumeist zuschnappen (s. Stuttgart 21), wenn Stadt, Land, Bund und womöglich die EU gemeinsam Projekte vorantreiben und Beteiligung durch den Verweis auf die jeweils anderen Ebenen blockieren können.

4.2. Schrumpfen des öffentlichen Raumes

Bürgerdemokratie ist darauf angewiesen, dass es öffentlich gestaltbare Räume und Institutionen gibt. Hier liegt eine besondere Herausforderung der erheblich vorangeschrittenen marktradikalen Umbauprozesse von vormals öffentlichen Einrichtungen und Gütern. Einige Kommunen bemühen sich heute um eine Re-

---

11   www.vorarlberg.at/zukunft.

kommunalisierung privatisierter Einrichtungen, um wieder einen öffentlichen Zugriff zu haben. Besonders die Erfahrungen mit öffentlich-privaten Partnerschaften (Public Private Partnerships), dem Verkauf mit anschließendem Leasen von öffentlichen Einrichtungen (Cross Border Leasing) oder mit öffentlichen Unternehmen haben in jüngster Zeit eine Fülle von Protesten ausgelöst, weil sie wichtige Bereiche öffentlicher Infrastruktur partizipativer Gestaltung entziehen.

4.3. Politische Ungleichheit

Mit der Ausweitung von anspruchsvollen Beteiligungsmöglichkeiten wächst nach allen Erfahrungen zunächst die politische Ungleichheit. Beteiligung ist naturwüchsig keine „Waffe der Schwachen", sondern eine „Waffe der Starken". Besser gebildete und ressourcenstarke Bevölkerungsgruppen werden zusätzlich privilegiert, wenn nicht gegengesteuert wird.

Die gezielte Förderung partizipationsferner Gruppen und eine repräsentative Auswahl von Bürgerinnen und Bürgern bei deliberativen und konsultativen Angeboten (von den Planungszellen über Bürgerpanels bis zu BürgerInnen-Räten) sind mögliche Antworten. Wichtig ist auch der sozialräumliche Zuschnitt von Beteiligungsangeboten.

4.4. Beteiligung als Nischen- und Symbolpolitik

Solange der politische Prozess maßgeblich von Vertretungsorganen, Regierungen und Verwaltungen, aber auch von Interessenverbänden und Medienunternehmen geprägt wird, droht punktuellen Beteiligungs- und Engagementangeboten eine frustrierende Nischenexistenz. Gerade langwierige Beteiligungsprozesse bieten eine Fülle von manipulativen Einflussnahmen. Es braucht nicht nur eine halbwegs funktionierende Öffentlichkeit, sondern auch starke Bürgerrechte (z.B. niedrige Schwellen für Bürgerentscheide), um hier Gegenwichtige aufzubauen. Sonst droht die Spielwiese.

4.5. Nicht alles passt zusammen

Viele Ängste vor einem Machtverlust durch direkte Bürgerbeteiligung, die von parlamentarischen Vertretungen und Parteien geäußert werden, sind sicherlich unbegründet. Direkte und repräsentative Formen von Demokratie können sich wechselseitig stärken. Aber sie können sich auch blockieren. Welche Kombinatorik von repräsentativen, assoziativen, deliberativen und direktdemokratischen Demokratieformen ist eigentlich nötig und sinnvoll, um den gewünschten demokratischen Mehrwert verstärkter Beteiligung zu erzielen? Wie können Blockaden und negative Rückwirkungen durch parallele Formen demokratischer Einflussnahme vermieden werden?

5. Einige Schritte in Richtung Bürgerdemokratie

Wichtige Etappen auf dem Wege zu mehr Bürgerbeteiligung bestehen sicherlich im Abschied von repräsentativen Alleinvertretungsansprüchen und der wachsenden Bereitschaft und Fähigkeit in öffentlichen Verwaltungen, die Koproduktion und Mitwirkungsansprüche von Bürgerinnen und Bürgern anzuerkennen und zu fördern. Diese Entwicklungsaufgabe sollte nicht unterschätzt werden, denn die Kluft zwischen Rhetorik und Praxis ist gerade in diesem Kontext enorm, weil heute (fast) niemand offen gegen mehr Bürgerbeteiligung auftritt. Hilfreich könnten u.a. Fortschritte auf folgenden Ebenen sein:

5.1. Beteiligung als Grunderfahrung

Beteiligung will gelernt sein und verlangt Selbstwirksamkeitserfahrungen. Eine beteiligungsfreundliche Alltagskultur in Familien, Schulen, Kommunen, Sportvereinen kann dabei hilfreich sein. Hier liegen der besondere Wert und die Chance von Kinder- und Jugendbeteiligung. Befragungen der letzten Jahre haben gezeigt, dass es eine provozierend große Kluft zwischen der grundsätzlichen Beteiligungsbereitschaft von Kindern und Jugendlichen einerseits und den Beteiligungsangeboten in Schulen und Gemeinden gibt. Immerhin erlebt heute die überwiegende Mehrzahl der jungen Menschen ihre Familien als beteiligungsfreundlich.

5.2. Mehr Alltagsdemokratie

Beteiligung sollte nicht nur für wichtige Ausnahmen zugestanden sein, sondern das Alltagsleben prägen. Die Geschichte der neueren Selbsthilfe- und Protestbewegungen ist voll von Initiativen, in denen es darum geht, Institutionen, die unser Leben „programmieren", für Alternativen und Gestaltungsmöglichkeiten zu öffnen. Dies gilt für die medizinische Versorgung ebenso wie für die Art zu sterben, auf die nicht zuletzt die Hospizbewegung Einfluss nehmen konnte. Es sind diese kulturellen Selbstverständlichkeiten, etwa der Umgang zwischen Angehörigen unterschiedlicher Religionsgemeinschaften, in denen auch politische Brisanz steckt. Demokratische Aushandlungsprozesse können erheblich zur Zivilität beitragen, wenn es Institutionen gelernt haben, davon einen vernünftigen Gebrauch zu machen.

5.3. Großprojekt nur mit intensiver Beteiligung

Nicht erst der Großkonflikt um Stuttgart 21 hat deutlich gemacht: Mit der Zahl der Betroffenen und der Eingriffstiefe des Vorhabens steigt auch die Wahrscheinlichkeit, dass es zu Widerspruch und Blockaden kommt. Beteiligungsprozesse sind politisch klug und unabdingbar. Über die Standards solcher Verfahren wissen wir einiges. Sie müssen frühzeitig eingesetzt werden, sie brauchen Transparenz und eine verständliche, bürgerfreundliche Aufbereitung. Eine unabhängige Moderation steigert die Qualität und die Akzeptanz der Ergebnisse. Schließlich sind Beteiligungsprozesse sinnlos, wenn keine Alternativen ins Spiel gebracht werden können. Anders als in den vorhandenen Informationsfreiheitsgesetzen, die Betriebs- und Geschäftsgeheimnissen einen höheren Rang zubilligen, muss dabei das Transparenzgebot auch für Private gelten, die sich für öffentliche Aufträge bewerben. Was ein Großprojekt darstellt, ist notwendig relativ. Nach Ortsgrößen gestufte Auftragssummen können dafür sorgen, dass ab einer bestimmten Größe Beteiligung obligatorisch gemacht wird.

5.4. Eingreifende, „große" Reform erfordert Beteiligung

Der Protestherbst von 2004 gegen die Hartz IV-Gesetzgebung, an dem sich mehrere hunderttausend Menschen zum Teil über mehrere Wochen beteiligt haben, die zahlreichen Bildungsreformen ohne Schüler und Eltern, die mit dem Namen Bologna verbundenen Hochschulreformen ohne die Beteiligung von Studierenden und Selbstverwaltungsgremien sollten ausreichen, um die eine Einsicht wachsen zu lassen: Große, tiefgreifende Reformen können heute ohne breite Beteiligung nicht gelingen – oder ihre Resultate sind so ungenügend, dass die Betroffenen protestierend Korrekturen einfordern (s. Hochschulproteste).

5.5. Ein attraktives Leitbild engagierter Bürgerschaft

Für Beteiligung und Engagement brauchen Bürgerinnen und Bürger ein realistisches und attraktives Leitbild. Auch wenn die Zahl derer, die gefragt, beteiligt und engagiert sein will, deutlich zugenommen hat, sind es keineswegs alle, oft nicht einmal Mehrheiten, die sich für die Anforderungen aktiver Bürgerschaft erwärmen lassen. Selbst die Aktivsten wollen in der Regel nicht zu nimmermüden Partizipationsprofis werden, die sich zu allem und jedem einmischen. Gefragt sind Institutionen, die sich bei Bedarf – vor allem bei zentralen politischen Weichenstellungen – für Beteiligung öffnen und „stand-by citizen"[12] als AktivbürgerInnen willkommen heißen.

5.6. Die Gestaltungsspielräume des Grundgesetzes nutzen

Die politische Debatte über Beteiligung wird in der Bundesrepublik oft mit dem Hinweis auf Verfassungsnormen beendet, bevor sie richtig begonnen hat. Gegen ein restriktives und oft autoritär eingesetztes Verständnis von einer starren „freiheitlich demokratischen Grundordnung" gilt es festzuhalten, dass im Grundgesetz kein bestimmtes Modell demokratischer „Ordnung" fixiert ist. Es ist prinzipiell offen für legale Veränderungen, die sich im Rahmen demokratisch-menschenrechtlicher Prinzipien bewegen. Für die Verfassungsgenese gilt, dass ein selbst bestimmendes Volk von heute das der Zukunft nicht seine Selbstbestimmung vorenthalten darf[13]. Umso mehr sind wir mehr als 60 Jahre später aufgefordert, den Verfassungsrahmen für die Entfaltung einer Bürgerdemokratie zu nutzen und ihn dort, wo dies nötig ist, auch neu abzustecken.

Literaturverzeichnis

Amna, Erik (2010): Active, Passive, or Stand-by Citizens? Latent and Manifest Political Participation. In: ders. (ed.): New Forms of Citizen Participation. Baden-Baden: Nomos. S. 191-203
Crouch, Colin (2004): Post-Democracy. Cambridge: Polity
Deiseroth, Dieter et al. (Hrsg.) (2010): Helmut Ridder. Gesammelte Schriften. Baden-Baden: Nomos

---

12   Amna 2010.
13   Ridder 1975.

Habermas, Jürgen et al. (1961): Student und Politik. Neuwied: Luchterhand
Habermas, Jürgen (1973): Legitimationsprobleme des Spätkapitalismus. Frankfurt/M:
    Suhrkamp
Inglehart, Ronald (1989): Kultureller Umbruch. Frankfurt/New York: Campus
Ober, Josiah (2008): Democracy and Knowledge. Innovation and Learning in Classical
    Athens. Princeton: Princeton Univ. Press
Ridder, Helmut (1975): Der Demokratiebegriff des Grundgesetzes. In: Deiseroth (2010):
    193-202
Roth, Roland (2009): Handlungsoptionen zur Vitalisierung von Demokratie. Gütersloh:
    Bertelsmann-Stiftung. (download:
    http://www.bertelsmann-stiftung.de/cps/rde/xbcr/SID-DF8A8405-
    AECD555D/bst/xcms_bst_dms_29175_29176_2.pdf)
Schumpeter, Joseph A. (1942): Capitalism, Socialism, and Democracy. New York
Senghaas, Dieter (2003): Politik mit wachen Sinnen betreiben! Eine Erinnerung an Karl
    W. Deutsch (1912-1992). In: WZB-Vorlesungen 4. Berlin, 11-25
TNS Emnid (2010): Politikbeteiligung. Ergebnisse einer Repräsentativbefragung unter der
    deutschen Bevölkerung. Gütersloh

Open Government als Form der Bürgerbeteiligung[*]

Hermann Hill

1. Vorläufer und Wegbereiter

Verschiedene Strömungen haben dazu beigetragen, eine Open Government-Bewegung zu entfachen. Die Wurzeln der Bewegung liegen im öffentlichen Sektor in einer erweiterten Akteneinsicht und neuen Formen elektronischer Bürgerbeteiligung, als Vorbild aus dem privaten Sektor dient das Konzept der Open Innovation.

Während im angelsächsischen und skandinavischen Bereich die Einsichtsmöglichkeit in Behördenakten schon seit langem die Verwaltungskultur prägt (sog. freedom of information), ging die Entwicklung in dieser Richtung in Deutschland nur langsam voran. Ausgehend von einem begrenzten Akteneinsichtsrecht gem. § 29 des Verwaltungsverfahrensgesetzes (VwVfG) folgte als nächster Schritt ein erweitertes Akteneinsichtsrecht in Umweltakten und erst zuletzt die sog. Informationsfreiheitsgesetze einzelner Länder und des Bundes[1]. In der Öffentlichkeit bekanntgewordene Beispielsfälle dazu aus letzter Zeit waren etwa die Diskussionen um die Veröffentlichung von Agrarsubventionen sowie die klageweise geltend gemachte Forderung nach Auskunft über die Kosten der sog. Grillparty beim G 8-Treffen in Mecklenburg-Vorpommern.

Die neuen Möglichkeiten elektronischer Bürgerbeteiligung haben inzwischen auch in Deutschland vielfältige Anwendungen hervorgerufen[2]. Auf kommunaler Ebene sind etwa Beschwerdeportale, wie das sog. Unort-Kataster in Köln oder die vielfältigen Bürgerhaushalte[3] zu erwähnen. In den Ländern Brandenburg, Sachsen-Anhalt, Bayern und Rheinland-Pfalz gibt es ebenfalls Portale zur Beschwerde, Mitwirkung und Befragung der Bürger[4]. Der Bund hat verschiedene Seiten etwa zur Kommentierung von Gesetzentwürfen oder zur Mit-

---

*   Der Vortragsstil ist beibehalten.

1   Dazu zuletzt Schoch 2010: 333.

2   Habbel/Huber 2008; Lucke 2009: 326; Kaczorowski 2010: 217.

3   www. unortkataster.de; www.buergerhaushalt.de; Nitzsche/Pistoia 2010: 77.

4   www.maerker.de; www.einmischen.sachsen-anhalt.de; www.aufbruch.bayern.de; http://buergerkongresse.rlp.de/die-buergerbeteiligung/

wirkung bei der Entwicklung einer Netzpolitik eingerichtet[5]. Das Statistische Bundesamt bietet verschiedene Seiten, auch mit interaktiven Funktionen, an[6].

Unter dem Stichwort „Open Innovation" hat die Privatwirtschaft erkannt, dass auch außerhalb der eigenen Organisation gute Ideen entstehen und erfolgreiche Umsetzungen stattfinden, und es darauf ankommt, im Sinne einer verlängerten Werkbank externe Innovationen einzubeziehen und die „Weisheit der Vielen" für den eigenen Unternehmenserfolg zu nutzen. So werden oft schon Problemstellungen oder schwierige Produktentwicklungen im Internet bekannt gegeben, verbunden mit der Aufforderung, dafür Lösungskonzepte zu entwickeln. Häufig sind dabei schon erfolgreiche Innovationspartnerschaften entstanden[7].

2. Open Government

Open Government wird in Anlehnung an den Begriff Web 2.0 auch als Regierungshandeln der zweiten Generation (Government 2.0) bezeichnet. Es soll lt. Philip Müller sich um die wahrscheinlich wichtigste Organisationsinnovation seit Max Weber's „Erfindung" moderner Bürokratie handeln, andererseits erscheine der Begriff aufgrund des Hypes, der darum entstanden ist, so greifbar wie ein Stück Wackelpudding[8].

Bei Open Government handelt es sich um die aktive Bereitstellung von mit Steuergeld erhobenen Daten zur Nutzung durch die Öffentlichkeit. Der Weg zu dieser Offenlegung staatlicher Informationen war in der Europäischen Union schon durch die Public Sector Information-Richtlinie 2003 vorgezeichnet worden, die öffentliche Informationen (etwa Wetterdaten, Verkehrsdaten oder Statistik) zur Nutzung als Wirtschaftsgut freigibt[9]. Die Richtlinie wurde in Deutschland durch das sog. Informationsweiterverwendungsgesetz umgesetzt[10], das aber in der Öffentlichkeit kaum bekannt ist.

Eine neue Welle der Staats- und Verwaltungsmodernisierung entstand aus diesem Ansatz erst mit der sog. Open Government Directive von US-Präsident Barack Obama, die er gleich nach seinem Amtsantritt der amerikanischen Behörden mit den Leitprinzipien Transparenz, Partizipation und Kollaboration

---

5   www.e-konsultation.de; vgl. noch www.mitreden-u.de
6   www.destatis.de
7   Möslein/Meyer 2009: 85.
8   Müller 2010; Lenz/Müller 2010: 147.
9   Hill 2010c: 486; zur Zeit findet zwecks Überarbeitung der Richtlinie eine Online-Umfrage statt, http://ec.europa.eu/yourvoice/ipm/forms/dispatch?form=psidirective2010.
10   Hopf 2007: 53 und 109.

vorgab[11]. Großbritannien und Australien folgten mit ähnlichen Initiativen[12]. Insbesondere die Finanz- und Wirtschaftskrise ergab den Anlass, Verwendungs- und Erfolgsnachweise über Konjunkturpakete und sonstige Staatsausgaben zur Verfügung zu stellen. Darüber hinaus wurden die Bürger auch aufgefordert, eigene Erlebnisse und Erfahrungen zu berichten oder Anregungen, Vorschläge und eigene Entwicklungen einzubringen. Neben Datenkatalogen wurden Werkzeuge zur Nutzung dieser Daten durch die Bürger und zur Erstellung eigener Beiträge im Internet angeboten[13].

Auf Vorschlag des Bundesministeriums des Innern hat die Deutsche Bundesregierung am 18. August 2010 das Programm „Vernetzte und transparente Verwaltung" beschlossen[14]. Darin wird angekündigt, bis 2013 eine gemeinsame Strategie für Open Government mit den Ländern zu entwickeln und umzusetzen. Bereits Ende 2010 sollen in den Bereichen Statistik und Geobasisinformationen Pilotvorhaben starten. Kritiker halten dies angesichts der Schnelllebigkeit der Entwicklung für einen zu langen Zeithorizont. Zudem existierten bereits entsprechende Datenportale: das GeoPortal. und die Genesis-Datenbank der Statistischen Ämter von Bund und Ländern. Kritik findet weiterhin die geplante Gebührenfinanzierung[15].

3. Veränderungen im demokratischen System

Open Government wird allgemein mit zwei Funktionen verbunden: Einerseits soll der Staat mit der Veröffentlichung der Daten Rechenschaft über sein Tun ablegen (Accountability) und damit eine Kontrolle durch die Bürger ermöglichen. Andererseits soll die Veröffentlichung der mit Steuergeld erhobenen Daten Bürgern, Untenehmen und anderen Stakeholdern die Möglichkeit bieten, wirtschaftliche, soziale und schließlich auch politische Innovationen zu ermöglichen[16].

Das Ziel geht indes über die bloße Veröffentlichung von Daten hinaus, vielmehr soll mit Open Government (Government 2.0) eine Plattform für die Organisation von gemeinschaftlichem Handeln und die Produktion von Gemeingütern entwickelt werden, auf der staatliche Organe und Bürger sich auf Augenhöhe

---

11 OMB (US Office of Management and Budget), Open Government Directive, 2009; www.whitehouse.gov/open//documents/open-government-directive
12 http://data.gov.uk; http://www.finance.gov.au/publications/gov20taskforcereport/index.html
13 Vgl. noch www.recovery.gov; www.showusabetterway.com; in Deutschland ansatzweise www.konjunkturpaket.de
14 www.verwaltung-innovativ.de
15 Köppl 2010.
16 Dawes/Helbig 2010: 50.

begegnen und in Form offener Prozessketten, d. h. unter innovativer Neuver-
knüpfung einzelner Bausteine, zusammenarbeiten[17]. Dies kann dadurch gesche-
hen, dass Behördeninformationen ergänzt, kommentiert oder eben in neuen Zu-
sammenhängen aufbereitet werden, aber auch dadurch, dass Bürger sich als Teil
einer „neuen Staatskunst" in öffentlichen Angelegenheiten untereinander austau-
schen. Angesichts radikal gefallener Transaktionskosten bei elektronischer
Kommunikation sollen solche Kollaborationsplattformen auch ohne einen auf-
wändigen Organisations-Overhead wie bei klassisch hierarchisch-bürokratischer
Regierungsform möglich sein.

Sicher ist die heutige Demokratie nicht das Ende der Geschichte. Dennoch
ist noch weitgehend ungeklärt, wie solche Gedanken und Möglichkeiten mit
geltenden Verfassungsprinzipien, etwa der repräsentativen Demokratie oder
einer rechtstaatlichen Vorhersehbarkeit und Kontrolle vereinbar sind. Auch Datenschutzprobleme sind noch kaum thematisiert[18].

4. Praktische Probleme

Erfahrungen aus den USA und Großbritannien zeigen, dass auch viele praktische
Probleme noch ungeklärt sind[19]. Behörden sammeln Informationen zu bestimmten Verwaltungszwecken und zu unterschiedlichen Zeiten. Werden sie in dieser
Form später veröffentlicht und mit den Informationen von anderen Behörden
(aus unterschiedlichen Ebenen) zusammengebracht, kann durch diese „Mischin-
formationen" Verwirrung bei möglichen Nutzern entstehen, können aber andererseits durch den Vergleich und die Zusammenschau auch Doppelarbeit oder
Widersprüche aufgedeckt werden.

Auch die Nutzer der Daten haben (zu unterschiedlichen Zeiten) ganz unter-
schiedliche Interessen. Erforderlich sind daher etwa Meta-Informationen und
Werkzeuge zur Nutzung und zum Umgang mit den Daten. Das Feedback der
Nutzer und ihr Verhalten kann wiederum die Erhebung und Aufbereitung der
Daten verbessern[20]. Geltend gemacht wird auch, dass eine computervermittelte
Transparenz von Daten unter verschiedenen Einschränkungen leiden kann, wie
etwa der häufigen Beschränkung auf quantitative Daten, eines Herausreißens aus

---

17   Müller 2010; vgl. noch Domscheit 2010: 64.
18   Interessante Diskussionsbeiträge finden sich in Heuermann/Reinhard 2009.
19   Vgl. auch die Diskussionen bei der Frühjahrstagung der Schweizerischen Gesellschaft für
      Verwaltungswissenschaften am 25.6.2010 in Lausanne,
      www. sgvw.ch/d/dossiers/Seiten/Dossier_30_Praesentationen.aspx
20   Ausführliche Diskussion bei Dawes/Helbig 2010.

dem Zusammenhang (Dekontextualisierung) oder auch einer mangelnden Interaktivität[21].

Von den radikalen Befürwortern eines Open Government wird häufig verlangt, nur Roh-Daten zur Verfügung zu stellen und nicht aufbereitete Geschäftsberichte, da darin schon eine nicht auszuschließende Beeinflussung durch die amtierende Regierung liegen könne. Andererseits würde eine „Selbstbedienung" durch die Nutzer nicht nur Datenschutzprobleme aufwerfen. Eine Bündelung oder übersichtliche Darstellung verfügbarer Informationen in entsprechenden Katalogen sowie ein einheitlicher Online-Zugang (single access point) erscheinen erforderlich. Das im britischen Cabinet Office angesiedelte „Public Sector Transparency Board" hat gerade entsprechende „Public Data Transparency Principles" veröffentlicht[22].

5. Ausblick

Die aufgezeigten Fragen zeigen, dass Information nicht einfach objektiv, neutral und sofort verfügbar ist und „more information leads to better governance" so einfach nicht zutrifft[23]. Deshalb wird es für eine erfolgreiche Umsetzung von Open Government notwendig sein, in Informationspolitiken, Werkzeuge und Fähigkeiten (skills) sowohl der Behörden als auch der Nutzer zu investieren[24], um diese neue Form der Bürgerbeteiligung für das Gemeinwesen fruchtbar zu machen.

Literaturverzeichnis

Dawes, Sharon S./Helbig, Natalie (2010): Information Strategies for Open Government: Challenges and Prospects for Deriving Public Value from Government Transparency. In: Wimmer (2010): 50

Domscheit, Anke (2010): Wie „2.0" funktioniert: Innovationsförderung durch offene Internetplattformen. In: Habbel/Huber (2010): 64

Habbel, Franz-Reinhard/Huber, Andreas (Hrsg.) (2008): Web 2.0 für Kommunen und Kommunalpolitik. Boizenburg: Hülsbusch

---

21   Meijer 2009: 255.
22   http://data.gov.uk/blog/new-public-sector-transparency-board-and-public-data-transparency-
        principles
23   Dawes/Helbig 2010: 57.
24   Dawes/Helbig 2010: 58.

Habbel, Franz-Reinhard/Huber, Andreas (Hrsg.) (2010): Wirtschaftsförderung 2.0. Boizenburg: Hülsbusch

Heuermann, Hendrik/Reinhard, Ulrike (Hrsg.) (2009): Reboot_D – Digitale Demokratie – Alles auf Anfang. Neckarhausen: Whois

Hill, Hermann (Hrsg.) (2010a): Bürgerbeteiligung. Baden-Baden: Nomos

Hill, Hermann (Hrsg.) (2010b): Verwaltungsmodernisierung 2010. Baden-Baden: Nomos

Hill, Hermann (2010c): Verwaltung als Partner der Wirtschaft, Bayerische Verwaltungsblätter 485

Hopf, Horst (2007): Das Informationsweiterverwendungsgesetz. In: Recht im Amt 53 und 109

Köppl, Carsten (2010): Open-Government-Ansatz des Bundes: Noch keine visionäre Kraft in Sicht, Blog-Beitrag vom 2. 9. 2010, www.government2020.de

Kaczorowski, Willi (2010): Perspektiven für Web 2.0 in Deutschland. In: Hill (2010a): 217

Lenz, Justus/Müller, Philipp (2010): Was kann Government 2.0? Eine Reflexion auf neue Logiken der politischen Partizipation. In: Verwaltung und Management 147

Lucke, Jörn von (2009): Transparenz 2.0 – Transparenz durch E-Government. In: Verwaltung und Management 326

Meijer, Albert (2009): Understanding modern transparency. In: International Review of Administrative Sciences 255

Möslein, Kathrin M./Meyer, Anne-Katrin (2009): Open Innovation – Grundlagen, Herausforderungen, Spannungsfelder. In: Zerfaß/Möslein (2009): 85

Müller, Philipp (2010): Offene Staatskunst: Eine neue Logik gemeinschaftlichen Handelns, Blog-Beitrag vom 16. 8. 2010, www.government2020.de

Nitzsche, Philipp/Pistoia, Adriano (2010): Web 2.0 und E-Government. Eine Bestandsaufnahme kommunaler Bürgerhaushalte in Deutschland. In: Hill (2010b): 77

Schoch, Friedrich (2010): Das Informationsfreiheitsrecht in der gerichtlichen Praxis. In: Verwaltungsblätter für Baden-Württemberg 333

Wimmer, Maria A. u.a. (Hrsg.) (2010): Electronic Government, LNCS 6228

Zerfaß, Ansgar/Möslein, Kathrin M. (Hrsg.) (2009): Kommunikation als Erfolgsfaktor im Innovationsmanagement. Wiesbaden: Gabler

Partizipationsformen und neue Beteiligungsprojekte im Rahmen des Governancebegriffs

Heike Walk

1. Einleitung

Wir haben auf der Konferenz „Meine Meinung zählt!" unterschiedliche Definitionen und Interpretationen des Beteiligungsbegriffs angeboten bekommen und es ist offensichtlich geworden, dass es sehr viele methodische, konzeptionelle und theoretische Zugänge zum Thema Beteiligung gibt. Diese weisen auf sehr unterschiedliche Motivlagen und Interessen hin: Sie können im individuellen Wunsch nach Teilhabe, einem gesellschaftlichen Wunsch nach mehr Demokratie, aber auch als Ausdruck von Effizienz und als Mittel zur Konsenssuche bei unterschiedlichen Interessenlagen interpretiert werden. Diese Motivlagen verweisen vor allem auch auf die unterschiedlichen Funktionen der Beteiligung. Und das ist einer der ersten Aspekte, die ich in diesem Beitrag hervorheben möchte. Der Blick auf die Funktionen kann im Einzelnen helfen, die unterschiedlichen Beteiligungsformen einzuordnen oder aber die jeweiligen Interessen offen zu legen. Ich möchte Ihnen im Folgenden drei Funktionen vorstellen, die sich unterscheiden lassen:

- Die *demokratische Funktion* von Partizipation umfasst sowohl die Forderung nach einer verbesserten und verstärkten Mitsprache an politischen Entscheidungen von Seiten der Zivilgesellschaft als auch die Erhöhung der Akzeptanz und somit Legitimierung von Prozessen und Entscheidungen durch eine verstärkte, ggf. auch repräsentative, Einbeziehung unterschiedlicher Interessen. Insbesondere demokratietheoretische (wissenschaftliche) Analysen weisen darauf hin, dass die Stabilität und Qualität einer Demokratie nicht nur von formalen Institutionen abhängen. Vielmehr bedürfe eine funktionierende Demokratie Bürgerinnen und Bürger mit demokratischen Kompetenzen[1].

---

1   Geißel 2006; Abromeit 2002; Habermas 1996.

- Die *ökonomische Funktion* richtet sich vor allem auf die Effizienz von Entscheidungsprozessen. Dabei wird argumentiert, dass Partizipation zu einer verbesserten Kommunikation zwischen den Beteiligten dient und zur Berücksichtigung verschiedener Interessen bzw. Bedürfnisse sowie in der Folge zu einer bedürfnisgerechteren Planung führt und dadurch nicht zuletzt nachhaltigere Entscheidungen und auf die Dauer weniger kostenintensive Umsetzungen generiert werden[2].

- Die *emanzipatorische Funktion* von Partizipation nimmt die politische Handlungskompetenz und das Selbstbewusstsein der BürgerInnen in den Blick. Durch vermehrte Partizipation soll der Benachteiligung einzelner, bisher ausgegrenzter Bevölkerungsgruppen und Positionen entgegengewirkt werden. Weiterhin geht man davon aus, dass gesellschaftliche, private und wirtschaftliche Akteure zu eigenverantwortlichem Handeln motiviert, unterschiedliche Lernprozesse in Gang gesetzt sowie langfristig tragfähige Strukturen entwickelt werden[3]. Der Aufbau von Lernprozessen und Kapazitätsbildung wird häufig auch mit dem Begriff Empowerment in Zusammenhang gebracht[4].

Welche der Funktionen von Partizipation bei einer Entscheidung zu einer Beteiligung oder der Durchführung einer Beteiligungsmaßnahme zum Tragen kommen, dazu liegen bisher kaum Untersuchungen aus der Praxis vor. Dabei dürfte für die Klärung der Frage, warum und zu welchem Zweck werden partizipative Prozesse unterstützt, gerade durch eine stärkere Berücksichtigung der unterschiedlichen Funktionen von Partizipation wichtige Erkenntnisse zu erwarten sein[5].

Auch im Zusammenhang mit der Governancedebatte spielen die unterschiedlichen Funktionen eine wichtige Rolle. Der Begriff der Governance weist auf neue Kooperationsformen hin, in denen der Staat nicht mehr als steuerndes Zentrum, sondern als so genannter Interdependenzmanager zwischen unterschiedlichen Interessen vermittelt. Die Lenkung bzw. Steuerung geht also nicht mehr nur von der Regierung (Government) aus, sondern vollzieht sich in einem kooperativen Verhandlungsprozess mit vielen unterschiedlichen Akteuren und Organisationen. Hinter dem Governancebegriff verbergen sich also meistens sehr komplexe Mixformen öffentlicher und privater Tätigkeit. Governance ist ein Begriff, der nicht nur in der Wissenschaft, sondern auch von der Politik und den

---

2   Grote/Gbikpi 2002.
3   Pateman 1970: 35; Freire 1995.
4   Stark 1996.
5   Walk 2008.

Unternehmen zunehmend verwendet wird. Der Reiz des Begriffs liegt in der Offenheit gegenüber vielfältigsten Ideen und Theorien.

Schaut man sich die Zusammensetzung der Governancesysteme an, so wird deutlich, dass ganz unterschiedliche Akteure beteiligt sind. Das können Einzelpersonen, Bürgerinitiativen, Verbände, Unternehmen, wissenschaftliche Organisationen, NGOs und auch staatliche Institutionen sein. Auch die Kooperationsformen, die mit dem Governancebegriff verbunden werden, sehr vielfältig. Sie reichen von lockeren, informellen Formen der Kooperation (Gesprächskreise, Workshops, Foren, etc.) über privatwirtschaftlich organisierte Ansätze (GmbHs, Public-Private-Partnerships, etc.) bis hin zu formalisierten Formen der Kooperation (Planungsverbände, Gemeindezusammenschlüsse, internationale Konferenzen, etc.).

Gerade auch auf lokaler Ebene haben sich die Gestaltungsmöglichkeiten durch Politik und Gesellschaft vor dem Hintergrund sinkender öffentlicher Budgets stark verändert. Die kommunalen Investitionen sind in den vergangenen zwei Jahrzehnten kontinuierlich zurückgefahren worden. Die neuen Governanceformen bzw. Partizipation und Beteiligung können hier eine Lösungsmöglichkeit bieten, allerdings darf die Kooperation mit der Zivilgesellschaft natürlich nicht missverstanden werden als eine Alternative, um leere öffentliche Kassen und die zunehmende Verschlechterung der Qualität staatlicher Leistungen aufzufangen. Ganz im Gegenteil beinhaltet die Beteiligung am Regieren in Governancesystemen ein erweitertes politisches Engagement am öffentlichen Leben und damit die Möglichkeit, voneinander zu lernen. Wenn Bürgerschaftliches Engagement als Lückenbüßer oder gar als Einsparpotenzial benutzt wird, dann werden die eigentlichen Motivationen von zivilgesellschaftlichem Handeln – die Solidarität und das Vertrauen – missbraucht und können zu einer ernsthaften Irritation des gesellschaftlichen Zusammenhalts führen.

2. Partizipative Governance

Wird der Partizipation in einer Governanceanalyse mehr Gewicht beigemessen, dann rücken neben steuerungspolitischen Fragestellungen auch die Diskussionen der individuellen Ebene ins Blickfeld der Analyse – also die Entwicklung von Eigenkompetenz und Fähigkeiten zur politischen Diskussion und Partizipation. Der demokratische Anspruch von Governancesystemen wird eng gekoppelt an die Forderung nach individueller Selbstbestimmung. Denn die Beteiligung am politischen Prozess benötigt eine frühzeitige Erlernung von individuellen demokratischen Qualitäten. Nach Freire kann nur über die Erkenntnis des Zusammenhangs der eigenen Lebensumstände, mit der durch sie erzeugten (De-)Formation des Denkens, Handlungsfähigkeit hergestellt werden[6]. Neugierde auf sich selbst, Stolz auf die eigenen Erfahrungen und selbstbewusste Kommunikation mit Gleichgesinnten sind latent vorhandene Lernpotenziale, die aktiviert werden können.

In dieser Lesart wird die partizipative Governance als ein wichtiger Stabilisator des Gemeinwesens dargestellt. Dies setzt wiederum ein positives Menschenbild voraus: Die politischen Kompetenzen jedes Einzelnen sind optimierbar, extreme Selbstbezogenheit, Apathie und Entfremdung werden als Produkte begrenzter Mitwirkungsmöglichkeiten am politischen Prozess angesehen. Aufgabe einer partizipativen Goverance, die die Demokratisierung politischer Systeme anstrebt, ist es demzufolge, Lern- und Aufklärungsprozesse in Gang zu setzen und die Chancen verständigungsorientierter Konfliktaustragung zu vergrößern. Der Förderung der demokratischen Kompetenzen durch Beteiligung der BürgerInnen und Bürger wird in den Konzepten der Partizipativen Governance ein großer Stellenwert beigemessen. Die öffentliche Diskussion und Kommunikation wird so zu einem bedeutenden Element, um Gemeinwohl zu generieren und den demokratischen Prozess voranzutreiben. Als Voraussetzung werden anspruchsvolle Prozeduren für die Regeln der Kommunikation benannt.

Der Aufbau von Lernprozessen und Kapazitätsbildung wird häufig auch mit dem Begriff Empowerment in Zusammenhang gebracht[7]. Wissen ist und bildet Macht. Auf der individuellen Ebene bedeutet Empowerment, dass sich Menschen aus einer Situation der Macht- und Hilflosigkeit herausbewegen und ihre Stärken (wieder-)entdecken. Auf der Gruppenebene wird mit Empowerment der Prozess umschrieben, der die Einzelnen in einer Gruppe durch gemeinsame Entscheidungen und Aktionen, die Potenzierung ihrer Handlungsfähigkeit und Stärken erfahren lässt. Sie dienen der Entwicklung von Visionen für die Lösung von Problembereichen und zur Erarbeitung von Umsetzungsmöglichkeiten. Auf der strukturellen Ebene kann Empowerment zu Veränderungen erstarrter Strukturen und Rahmenbedingungen führen und damit Anstöße zur Organisationsentwicklung und für politische Reformen liefern.

In den Governanceanalysen werden zwar häufig die Prozesse der Interaktion zwischen kollektiven Akteuren hervorgehoben und auf die notwendige Kapazität zum dynamischen interaktiven Lernen hingewiesen. Allerdings gibt es keine Governanceanalyse, die sich diesem Themenfeld vertiefend widmet bzw. sich mit den Lernprozessen in den neuen Verhandlungssystemen auseinandersetzt. Die Bedeutung von Lernprozessen wird erstaunlicherweise auch in der Partizipationsliteratur vernachlässigt. Gesellschaftliche Veränderungspotenziale und eine

---

6   Freire 1995.
7   Stark 1996.

verstärkte Engagementbereitschaft werden als Bedingungen für die Durchführung von Partizipationsverfahren in den meisten Studien aufgegriffen, aber in der Regel nicht vertiefend diskutiert bzw. analysiert. Hier klafft ganz offensichtlich eine große Lücke, die für zukünftige Analysen und Diskussionen genutzt werden kann.

In den meisten westlichen demokratischen Regierungssystemen wird die Veränderung von Government zu Governance als ein unumkehrbares Faktum wahrgenommen. Je mehr politische Entscheidungen in Governancestrukturen getroffen werden, desto dringlicher stellt sich die Frage nach der Beziehung zwischen Governance und Demokratie. Während in den 1990er Jahren Governancesysteme noch sehr euphorisch als Hoffnungsträger für eine neue solidarische Zusammenarbeit unterschiedlichster Akteure gefeiert wurden, sind mittlerweile einige der dieser Lobgesänge verstummt. Statt dessen lassen sich auf allen Ebenen Demokratieprobleme beobachten und in einigen der Governancesysteme sogar Tendenzen einer Elitenherrschaft.

Die Demokratieprobleme ergeben sich vor allem durch die fehlende Transparenz der beteiligten Akteure und die fehlenden Regeln für die Beteiligung. Dadurch entstehen unklare Machtverhältnisse und der Verlust an Kontrollmöglichkeiten. Aufgrund fehlender Transparenz entspricht die Beteiligung oft spezifischen Ressourcen, bspw. Finanzmitteln, Expertenwissen oder aber öffentlichen Mobilisierungspotenzialen der Organisationen. Dass diese in einer Gesellschaft sehr ungleich verteilt sein können, wurde in der Literatur schon vor geraumer Zeit ausführlich dargelegt[8]. Es deutet also einiges darauf hin, dass in den Governancearrangements die besser organisierten und besser finanziell ausgestatteten Akteure bzw. die Akteure, die einen besseren Zugang zum politischen System haben, eher beteiligt werden als andere Interessengruppen. Im Umwelt- und Klimabereich sind die Beteiligungsprobleme auf allen Ebenen sichtbar – von der lokalen bis zur internationalen Ebene.

Es gibt mittlerweile eine Reihe von Studien, die auf das Problem der selektiven Beteiligung eingehen[9]. Die Governanceanalysen favorisieren in der Regel eine konsultative Beteiligung und orientieren sich zum Großteil an den deliberativen Demokratiemodellen, d.h. die diskursive Erarbeitung einer konsensfähigen Meinung, womit auf die organisierte Zivilgesellschaft abgezielt wird. Die Förderung demokratischer Kompetenzen bzw. demokratischen Kommunikationsverhaltens spielt in der Herausbildung von Governancearrangements keine Rolle, ebenso wenig werden Gegenbewegungen bzw. Protestgruppen in die Analyse einbezogen. Damit bleiben wichtige Innovationspotenziale für die Politik, die in

---

8   Olson 1965; Offe 1972.
9   Pierre/Peters 2003, Papadoupolos 2004, Blatter 2007.

der Konfliktaustragung mit opponierenden Gruppen liegen, ausgeblendet.
Gleichzeitig bleiben die Entscheidungsstrukturen unangetastet, d.h. die sich
herausbildenden Governancearrangements passen sich gut in das bestehende
politische System ein.

3. Neue Beteiligungsformen im Rahmen des Governancebegriffs: Klimagenossenschaften

Es gibt einige neue Beteiligungsformen, die für die Partizipations- und Governancedebatte sehr interessant sind, z.b. die neuen Beteiligungsformen im Zusammenhang mit der Nutzung des Internet. Ich habe lange überlegt, welche Be-
teiligungsform ich Ihnen vorstellen könnte, die für die weitere Diskussion möglichst viele interessante Aspekte beinhalten könnte. Aktuell werden überall im
Land neue Genossenschaften gegründet, obgleich diese Organisationsform in
Deutschland und in Europa eine lange Tradition hat, die Mitte des 19. Jahrhunderts, also vor ca. 150 Jahren, ihren Anfang nahm. Auch wenn also diese Organisationsform nicht wirklich neu ist, so gewinnen Klima- und Energiegenossen-
schaften aktuell enorm an Bedeutung. Das hat mehrere Gründe: Ein Grund liegt
in der Notwendigkeit des Umbaus der Energiesysteme in Richtung nachhaltige
Entwicklung. Dieser Umbau stellt nicht nur die Politik und die Wirtschaft, sondern auch die Gesellschaft vor große Herausforderungen. Klimagenossenschaf-
ten haben in diesem Zusammenhang ein großes Potenzial. Auch im Rahmen des
Governancebegriffs sind Genossenschaften sehr interessant, da sie sowohl demokratische, ökonomische und emanzipatorische Funktionen erfüllen.

Der Blick in die Geschichte zeigt, dass Genossenschaften häufig aus einer
Notlage heraus entstanden. So griffen bspw. Ende des 19. Jahrhunderts/Anfang
des 20. Jahrhunderts vor allem die durch die Industrialisierung gefährdeten Wirt-
schaftszweige zu dieser Organisationsform, so gründeten bspw. Handwerker und
Einzelhändler Kreditgenossenschaften oder aber Wohnungssuchende gründeten
Wohungs(bau)genossenschaften. So bildeten Genossenschaften lange Zeit eine
Möglichkeit, sich gemeinsam unternehmerisch zu betätigen und gleiche oder
ähnliche wirtschaftliche bzw. gesellschaftliche Interessen gemeinsam zu verfolgen. Mit der Einführung eines Europäischen Genossenschaftsgesetzes 2006 und
der Novelle des Deutschen Genossenschaftsgesetzes wurden außerdem die möglichen Handlungsfelder ausgeweitet: Seitdem steht es eingetragenen Genossenschaften (eG) frei, neben wirtschaftlichen auch soziale oder kulturelle Ziele,
einschließlich ökologischer Ziele, zu verfolgen oder gar transnationale Genossenschaften zu gründen. Und dies ist ein weiterer Grund für den aktuellen Boom
von Genossenschaften.

3.1. Was sind Genossenschaften?

Das vorrangige Ziel von Genossenschaften ist, durch gemeinschaftliche An-
strengung in solidarischer Selbstverantwortung und Selbstverwaltung Lösungen
für Probleme ihrer Mitglieder zu finden (Selbsthilfe). Für die Mitglieder stellen
die Genossenschaften eine Möglichkeit dar, das lokale Umfeld und ihre Lebenswelt mit zu gestalten. Zunehmend wird ihr Handeln auch als Gegenstrategie zur
Privatisierung kommunaler Betriebe gesehen, so zum Beispiel in den Bereichen
Energie-/Wasser, Wohnen/Bauen, Konsum und Mobilität. Damit knüpfen immer
mehr Genossenschaften an klimarelevante Bereichen an. Unterscheiden lassen
sich Genossenschaften zunächst danach, ob sie eher wirtschaftlich ausgerichtet
sind und vorrangig die Selbsthilfe ihrer Mitglieder unterstützen oder ob sie eher
politisch-gesellschaftlich orientiert sind.

3.2. Die Möckernkiez-Genossenschaft

Seit einigen Jahren wird das genossenschaftliche Modell verstärkt für Klima-
schutzinitiativen genutzt, so entwickelt die Genova eG in Freiburg seit 1997 das
Vauban-Quartier, und seit 2000 sind mehrere Genossenschaften damit befasst,
den neuen Stadtteil München/Riem u.a. nach nachhaltigen, sozialen und ökologi-
schen Gesichtspunkten zu gestalten. In Berlin gründete sich im letzten Jahr eine
Genossenschaft, die Möckernkiez-Initiative, die ich Ihnen etwas näher vorstellen
möchte. Diese Initiative setzt sich aus ca. 450 Bürgerinnen und Bürgern zusammen, die in zivilgesellschaftlicher Eigenregie den Bau eines modernen Stadtquar-
tiers am Rand des neu entstehenden Gleisdreieck-Parks in Berlin-Kreuzberg
planen. Gemeinsam mit verschiedenen Kooperationspartnern will die Initiative
folgendes Modellprojekt verwirklichen: Eine gemeinschaftliche und Generationen verbindende Wohnanlage, die ökologisch nachhaltig und behindertengerecht
gebaut und darüber hinaus interkulturell und sozial integrativ sein soll.

Geplant sind 10-12 Wohngebäude mit ca. 385 Wohnungen und Gewerbeflächen, die alle behindertengerecht und ökologisch ausgebaut werden. Darüber
hinaus wird durch Mitsprache im demokratischen Planungsprozess die Verwirklichung individueller Wünsche und Vorstellungen möglich. Eine tragende Rolle
sollen die einzelnen Hausgemeinschaften übernehmen. Innerhalb des von der
gesamten Baugruppe festgelegten Rahmens sollen sie möglichst viele Entscheidungen individuell treffen. Schon in der Planungsphase gründeten die Genossenschaftsmitglieder vielfältigste Arbeitsgruppen, in denen gemeinsam über die

zukünftigen Konzepte und Ideen diskutiert und deren Umsetzungsmöglichkeiten mit Experten diskutiert wurden. Jedes Haus soll seine eigene Kultur und seinen eigenen Charakter entwickeln. Auch das Miteinander der Generationen ist für die Initiative Möckernkiez ein zentrales Anliegen, das im Konzept des Mehrgenerationenhauses vorangetrieben wird.

Ein weiterer wichtiger Grundpfeiler der Möckernkiez-Initiative ist die ökologische Nachhaltigkeit. Dabei beruht das Ökologiekonzept auf vier Pfeilern: Der erste Pfeiler des Ökologiekonzepts ist Energieeffizienz, und dabei besonders der Passivhaus- oder sogar der Plusenergiestandard. Plusenergie heißt: Unter dem Strich verbrauchen die Häuser keine Energie mehr, sondern sie erzeugen selber welche dank ausgeklügelter Haustechnik und einem großflächigen Solardach. Der zweite Pfeiler ist der Einsatz von erneuerbaren Energien. So weit wie technisch möglich und wirtschaftlich vertretbar sollen diese den Energiebedarf der Wohnanlage decken. (bspw. solarthermische Anlagen und Wärmespeicher im Untergrund). Als dritten Pfeiler sieht die Initiative den Einsatz ökologischer Baumaterialien vor. Ein vierter Pfeiler ist der sparsame Umgang mit weiteren Ressourcen wie beispielsweise Wasser. Neben diesen strukturellen, vor Baubeginn zu entscheidenden Eckpunkten, sind nach dem Bezug der Wohnungen einige Maßnahmen geplant, die den Ressourcenverbrauch niedrig halten sollen. Hierzu zählen unter anderem Energieberatungen für alle BewohnerInnen, Konzepte zur Müllreduzierung, das Angebot von Car-sharing vor Ort sowie Einkaufsgemeinschaften, die für stabile Nachfrage an Nahrungsmitteln bei regionalen Landwirten sorgen.

Die Möckernkiez-Initiative versteht sich nicht nur als Genossenschaft, die für das Bauen und Verwalten von Wohnungen und Gewerbeflächen zuständig ist, sondern als ein Netzwerk bürgerschaftlich engagierter Menschen in Vereinen und Einrichtungen, die den Kiez mitgestalten und Ideen zur Verbesserung der Lebensqualität umsetzen wollen. Sie will als Stadtteilinitiative, das soziale und kulturelle Miteinander unterstützen. Damit ist die Möckernkietz-Initiative in vielerlei Hinsicht für die Partizipations- und Governancedebatte interessant. Die Genossenschaft vereint demokratische, ökonomische und auch emanzipatorische Funktionen. Hinsichtlich der demokratischen Funktion werden in dieser Initiative die Forderungen nach einer verbesserten und verstärkten Mitsprache an politischen Entscheidungen erfüllt. Die zukünftigen Hausbewohner diskutieren über nachhaltige Stadtstrukturen und entscheiden gemeinsam über deren Umsetzungsmöglichkeiten. Die ökonomische Funktion findet in der Berücksichtigung der verschiedenen Interessen und Bedürfnisse ihren Niederschlag. Damit kann in der Folge eine bedürfnisgerechtere Planung erfolgen, die eine kostenminimierende Umsetzung nach sich ziehen könnte. Unter emanzipatorischen Aspekten motivieren die Genossenschaften ihre Mitglieder zu einer Stärkung ihrer eigenen und gemeinschaftlichen Handlungskompetenz. Durch regelmäßige Diskussionen und Austausch der unterschiedlichen Interessen werden Lernprozesse in Gang gesetzt, die langfristig zum Empowerment der Genossenschaftsmitglieder führen und für den Stadtteil wichtige Impulse setzen können.

Literaturverzeichnis

Abromeit, Heidrun (2002): Wozu braucht man Demokratie? Die postnationale Herausforderung der Demokratiertheorie. Opladen: Leske + Budrich

Bache, Ian/Flinders, Matthew (Hrsg.) (2004): Multi-level Governance. Oxford: Oxford University Press

Benz, Arthur (Hrsg.) (2004): Governance. Regieren in komplexen Regelsystemen. Wiesbaden: VS Verlag

Benz, Arthur/Lütz, Susanne/Schimank, Uwe (Hrsg.) (2007): Handbuch Governance. Wiesbaden: VS Verlag

Blatter, Joachim (2007): Demokratie und Legitimation. In: Benz (2007): 271-284

Freire, Paulo (1995): Pedagogy of Hope. Reliving of the Oppressed. New York: Continuum

Geißel, Brigitte (2006): "Kritische Bürgerinnen und Bürger – Gefahr für Demokratien?". In: Aus Politik und Zeitgeschichte 12/2006: 3-9

Grote, Jürgen R./Gbikpi, Bernard (Eds.) (2002): Participatory Governance. Political and Societal Implications. Opladen: Leske + Budrich

Habermas, Jürgen (1996): Drei normative Modelle der Demokratie. Die Einbeziehung des Anderen: Studien zur politischen Theorie. Frankfurt a.M.: Suhrkamp

Kress, Gisela/Senghaas, Dieter (Hrsg.) (1972): Politikwissenschaft. Frankfurt a.M.: Fischer

Offe, Claus (1972): Politische Herrschaft und Klassenstrukturen. In: Kress/Senghaas (1972): 135-152

Olson, Mancur (1965): The Logic of Collective Action. Cambridge: Harvard University Press

Papadopoulos, Yannis (2004): Governance und Demokratie. In: Benz (2004): 215-237

Pateman, Carole (1970): Participation and Democratic Theory. Cambridge: University Press

Peters, B. Guy/Pierre; Jon (2004): Multi-level Governance and Democracy: A Faustian Bargain? In: Bache/Flinders (2004): 75-91

Stark, Wolfgang (1996): Empowerment: neue Handlungskompetenzen in der psychosozialen Praxis. Freiburg i. Br.: Lambertus

Walk, Heike (2008): Partizipative Governance. Beteiligungsrechte und Beteiligungsformen im Mehrebenensystem der Klimapolitik, Wiesbaden: VS Verlag

II. Engagementpolitik in Rheinland-Pfalz, Deutschland und Europa

Bürgerschaftliches Engagement 2010: Von der Einmischung in die eigenen Angelegenheiten

Michael Bürsch

Heute gibt es in Deutschland über 23 Millionen Menschen, die sich bürgerschaftlich engagieren. Ihnen ist der Zustand des Gemeinwesens und damit der Demokratie nicht gleichgültig. Ihr Engagement gibt die Richtung vor, in die sich staatliche Politik auf Dauer begeben muss: Weg vom administrativen Habitus des „Vater Staat", hin zu partizipativen Strukturen, die in der Lage sind, gesellschaftliche Impulse aufzugreifen und in neue, bessere Regeln des Zusammenlebens umzusetzen. Wenn dieser Richtungswechsel gelingt, dann wird Demokratie wieder an Popularität gewinnen. Und diejenigen, die mit der Demokratie nichts zu tun haben wollen, werden erkennen, dass es sich – schon um der eigenen Perspektiven willen – doch lohnt, sich am nie abgeschlossenen Projekt Demokratie zu beteiligen. Darin liegt, gerade in Krisenzeiten, auch ein maßgeblicher Beitrag, gesellschaftlichen Zusammenhalt in unserem Land wiederzubeleben.

1 Demokratie in Gefahr?

Demokratische Regeln und Institutionen sind die wichtigsten Garanten für den Bestand eines freiheitlichen Gemeinwesens. Doch ist auch die Demokratie ihrerseits auf ein vitales und intaktes Gemeinwesen angewiesen. Ihr Zustand hängt ganz entscheidend vom demokratischen Bürgersinn ab. Oder wie der frühere Bundesverfassungsrichter Ernst-Wolfgang Böckenförde in seinem bekannten Diktum sagt: Der freiheitliche Staat lebt von Voraussetzungen, die er selbst nicht garantieren und schaffen kann. Damit ist gemeint, dass demokratische Tugenden wie Toleranz, Fairness und Gewaltfreiheit, ohne die eine freiheitliche Gesellschaftsordnung nicht bestehen könnte, nicht staatlich erzwungen werden können. Und so könnte man sich, wenn wir problematische Entwicklungen der Gegenwart ohne Gegenstrategie weiterlaufen lassen, einen gewissermaßen postdemokratischen Zustand vorstellen, in dem die Verfahren im demokratischen Rechtsstaat zwar einwandfrei funktionieren, die Demokratie aber dennoch in einen

kritischen Zustand gerät, weil die demokratische Emphase zum Erliegen gekommen ist.

Heute, über 60 Jahre nach Erlass des Grundgesetzes, mehren sich leider die
Anzeichen, dass das Zusammenspiel von Demokratie und Gemeinwesen aus
dem Gleichgewicht zu geraten droht. Zumindest lassen sich gewisse Erosionserscheinungen im demokratischen Bewusstsein vieler Menschen nicht mehr ohne
weiteres von der Hand weisen. So beurteilen laut einer repräsentativen Umfrage
des Instituts Sinus/Polis in München 37% der Deutschen die Demokratie als
„weniger gut" bis „schlecht", und etwa ein Drittel glaubt nicht, dass sich gesellschaftliche Probleme mit demokratischen Verfahren lösen lassen. 22% halten die
demokratische Gesellschaftsordnung in Deutschland nicht für verteidigenswert.
Dazu passt: 47% können sich vorstellen, bei der nächsten Bundestagswahl nicht
zur Wahl zu gehen. In den ostdeutschen Bundesländern sind sogar 53% der Bürgerinnen und Bürger der Ansicht, dass Demokratie die anstehenden Probleme
nicht lösen könne, und immerhin 41% stimmen dem Satz zu: „Mit Demokratie,
wie sie heute bei uns ist, habe ich nichts zu tun."

2   Beteiligung erzeugt Verantwortung

Was ist gegen solch apathische und defaitistische Einstellungen zur Demokratie
zu tun? Die Lösung liegt auf der Hand: Wenn jemand sagt, dass er mit der Demokratie nichts zu tun hat, dann muss man dafür sorgen, dass er etwas damit zu
tun bekommt! Es kommt darauf an, den Urimpuls der demokratischen Idee wiederzubeleben oder neu zu erfinden: Demokratie ist ein Projekt der Selbstbestimmung im menschlichen Zusammenleben. Dieses Projekt versucht sich an der
Verwirklichung von Freiheit auf der Basis vernunftgeleiteter Einsicht. Es kann
daher nur funktionieren, wenn diejenigen, die frei sein sollen und wollen, aktiv
von ihrer Freiheit zur Gestaltung des Gemeinwesens Gebrauch machen. Zwar
mag man dies für eine idealistische Überhöhung des Gemeinwesens halten. Doch
ist ein vitales Gemeinwesen genau auf diese Emphase angewiesen. Nur wenn es
Menschen gibt, die über ihre staatsbürgerlichen Freiheitsrechte hinaus Engagement für das Gemeinwesen zeigen, kann Demokratie letztlich mit Leben erfüllt
werden. Und insofern ist es eine vordringliche Aufgabe der Politik, genau diese
Haltung im Rahmen einer neu zu erfindenden Kultur der Beteiligung zu fördern.
Jemand, der an gesellschaftlicher Selbstorganisation beteiligt ist – egal ob bei der
Freiwilligen Feuerwehr, in Selbsthilfegruppen, bei der Nachbarschaftshilfe oder
auch bei Protestkundgebungen gegen die offizielle Politik von Parlament und
Regierung –, der engagiert sich, übrigens ganz unabhängig von seiner persönli-
chen Motivation, nolens volens für das Gemeinwesen. Überspitzt könnte man

sagen: Beteiligung erzeugt Verantwortung für das Gemeinwesen und damit auch für die Demokratie.

3 „Du machst den Unterschied!"

Daraus folgt für die Politik ein klarer Auftrag: Die Ermüdungserscheinungen, welche die heutzutage hochkomplexe und wenig transparente, von komplizierten Mehrheiten und schwierigen Kompromissen gekennzeichnete „amtliche" Politik produziert, müssen durch eine neue Kultur der Beteiligung „von unten", aufgefangen werden. Das Bewusstsein, dass „da oben" Dinge entschieden werden, mit denen die meisten Menschen nichts zu tun haben, muss durch eine Politik der Teilhabe ersetzt werden. „Du machst den Unterschied!", so muss die Botschaft an alle Engagierten, aber eben auch an potentiell Engagierte und (noch) nicht Engagierte lauten.

Dazu muss vor allem die Politik Impulse geben. In den letzten Jahren, seit dem Abschlussbericht der Enquete-Kommission zur Zukunft des Bürgerschaftlichen Engagements in Deutschland im Jahr 2002, ist zwar schon einiges in Bewegung geraten. So findet mittlerweile ein grundlegender Bewusstseinswandel vom Ehrenamt zum bürgerschaftlichen Engagement statt, in dessen Zuge mehr und mehr klar wird, dass dem bürgerschaftlichen Engagement eine demokratiepolitische Dimension eigen ist. Wer mit zupackt, will auch mitbestimmen. Nach dieser Devise begreifen auch immer mehr Engagierte ihr Engagement als einen Beitrag zur Gestaltung des demokratischen Gemeinwesens. Doch ist die Grundhaltung vieler politischer Akteure und Institutionen noch unverändert: Der Staat entscheidet und verwaltet nach seinen Spielregeln und Gesetzen. Eine ernsthafte Beteiligung der Bürgergesellschaft und ihrer Akteure ist dabei meist nicht vorgesehen.

4 Besser miteinander

Zunächst ist es ja auch nicht leicht, sich eine neue Beteiligungskultur vorzustellen. Denn mit Staat und Bürgergesellschaft treffen zwei sehr disparate Welten aufeinander: Hier Institutionen und Verwaltungsorgane, die nach gesetzlichen Regeln operieren und dadurch in einem distanzierten Verhältnis zur gesellschaftlichen Wirklichkeit stehen, dort die spontan, aktuell und unmittelbar handelnden bürgerschaftlich Engagierten, die ganz nah an den gesellschaftlichen Problemen und Gegebenheiten sind. Doch hat die Enquete-Kommission mit der Skizze eines neuen Leitbildes einen aussichtsreichen Ansatz beschrieben, wie Staat und Bürgergesellschaft zu einem kooperativen Miteinander kommen können: Das Leitbild Bürgergesellschaft beschreibt „ein Gemeinwesen, in dem die Bürgerinnen und Bürger auf der Basis gesicherter Grundrechte und im Rahmen einer politisch verfassten Demokratie durch das Engagement in selbstorganisierten Vereinigungen und durch die Nutzung von Beteiligungsmöglichkeiten die Geschicke des Gemeinwesens deutlich prägen können", so der Abschlussbericht der Enquete-Kommission des Bundestags zur Bürgergesellschaft. Die Pointe dieses neuen Staatsverständnisses liegt in dem Umstand, dass es im Grunde den Staat dazu nötigt, sich selbst zu aktivieren. Die Bereitschaft zu Einmischung und Engagement seitens der Bürgergesellschaft ist durchaus vorhanden; die Bereitschaft staatlicher Institutionen und Akteure, dieses Engagement auch tatsächlich in die Mitte des politischen Willensbildungs- und Entscheidungsprozesses zu integrieren, ist demgegenüber bislang noch wenig ausgeprägt.

5   Neuer Gesellschaftsvertrag

Die Entwicklung des Gemeinwesens und die darauf ausgerichtete staatliche Politik sollte sich maßgeblich am Leitbild Bürgergesellschaft orientieren. Ein solches Leitbild umfasst letztlich auch die Vision von einem neuen Gesellschaftsvertrag, in dem Staat, Bürgergesellschaft und auch die Wirtschaft einen jeweils tragenden Part übernehmen:

Ein funktionierender freiheitlicher Staat ist auf eine prosperierende Wirtschaft angewiesen. Das Wie des wirtschaftlichen Handelns wird damit – vor allem in Zeiten zunehmender Vielfalt und Komplexität – zu einer zentralen Frage modernen Regierens. Der Staat muss die Belange der Wirtschaft nicht nur unter ökonomischen Aspekten betrachten, sondern vor allem auch mit Blick auf den gesellschaftlichen Zusammenhalt. Staatliches Handeln bedeutet heute, die Wirtschaft in ihrer Verantwortung auch für die Bürgergesellschaft zu betrachten. Zugleich fördert und ermöglicht ein aktivierender (und selbst aktivierter) Staat bürgerschaftliches Engagement, ohne sich aus seiner Verantwortung zurückzuziehen.

Die Wirtschaft übernimmt gesellschaftliche Verantwortung nicht nur durch Spenden und Sponsoring, sondern durch ein gezieltes Zusammenwirken mit Staat und Bürgergesellschaft. Heute existieren Konzerne, die die Wirtschaftskraft ganzer Volkswirtschaften übertreffen. Damit wächst ihnen unweigerlich eine politische Verantwortung zu. Unternehmen sehen sich heute mehr und mehr in der Pflicht, ihre Verantwortung als Teil der Gesellschaft wahrzunehmen. Das moderne Unternehmen als „guter Unternehmensbürger" (Corporate Citizen) wird heute mehr und mehr daran gemessen, wie ernst es seine gesellschaftliche Verantwortung nimmt. Und auch die Unternehmen selbst realisieren immer stärker, dass sie zu öffentlichen Akteuren geworden sind, die nicht schlicht nach dem Grundsatz handeln dürfen, dass Wirtschaft per se moralfrei sei. Als Teil eines komplexen Ganzen müssen Unternehmen heute auch die Kooperation mit Akteuren der Bürgergesellschaft suchen.

Die Bürgergesellschaft bzw. die in ihr engagierten Bürgerinnen und Bürger nutzen ihre Fähigkeiten und Erfahrungen, um aktiv Mitverantwortung für das Gemeinwesen zu übernehmen. Die Bürgergesellschaft als Gesamtheit bürgerschaftlich Engagierter und ihrer Organisationen wird heute zu einem bestimmenden Faktor nicht nur der Politik, sondern auch der Wirtschaft. Bürgergesellschaftlich Engagierte erneuern mit ihrem freiwilligen Einsatz Tag für Tag den gesellschaftlichen Zusammenhalt. Daraus erwächst ihnen ein hohes Maß an Legitimität, die sie zum Beispiel in geballter Verbrauchermacht bündeln können.

Zwar ist die Perspektive eines neuen Gesellschaftsvertrags heute erst in Umrissen zu erkennen. Doch scheint gerade in den letzten Jahren Bewegung in den Diskurs der Bürgergesellschaft gekommen zu sein. Es gelangt zunehmend ins Bewusstsein, dass die Förderung des bürgerschaftlichen Engagements nicht nur karitativen Zwecken dient, sondern vor allem Demokratieförderung bedeutet. Menschen zu befähigen, sich in ihre eigenen Angelegenheiten einzumischen: Das muss das Credo einer Politik für die Bürgergesellschaft sein. Dazu brauchen wir neben angemessenen rechtlichen Rahmenbedingungen und einem verbesserten Schutz der Engagierten auch eine Kultur der Anerkennung des bürgerschaftlichen Engagements. Zudem muss im komplizierten Beziehungsgeflecht von Staat, Wirtschaft und Bürgergesellschaft jede Politik daraufhin überprüft werden, welche Auswirkungen sie auf das bürgerschaftliche Engagement hat: Sorgt sie für Frustration und paternalistische Überformung gesellschaftlicher Impulse, oder trägt sie zur Befähigung und zur Übernahme von Verantwortung in Freiheit bei?

Gerade in schwierigen Zeiten wie jetzt ist es doppelt wichtig, Bürger an Meinungsbildung und Entscheidungsfindung zu beteiligen, um so für gesellschaftlichen Zusammenhalt und Solidarität zu sorgen.

Engagementpolitik in Rheinland-Pfalz

Frank W. Heuberger

Dass den Ländern im föderalen System der Bundesrepublik Deutschland auch im Hinblick auf die Förderung bürgerschaftlichen Engagements eine große Bedeutung zukommt, liegt einerseits an ihrer Gesetzgebungskompetenz in so wichtigen Bereichen wie Schule, Kultur, Polizei oder auch Kommunalverfassung, in der auch die Beteiligungsrechte und -möglichkeiten der Bürgerinnen und Bürger auf Gemeindeebene festgelegt sind; andererseits – und letztlich noch entscheidender – an der Impuls gebenden und aktivierenden Funktion, die landesbezogene Förderkonzepte und -instrumente zur Entfaltung zivilgesellschaftlicher Aktivitäten auf fast allen gesellschaftlichen Feldern spielen[1].[2] Zwar sind Ehrenamt und bürgerschaftliches Engagement immer konkret, finden vor Ort in der Gemeinde, im Stadtteil, in Schule, Sportverein, Feuerwehr oder Selbsthilfegruppe statt, jedes Engagement ist aber zugleich an strukturelle und auf Seiten der Akteure subjektive Voraussetzungen gebunden, ohne deren Berücksichtigung und konsequente Weiterentwicklung sie ihr Ziel langfristig verfehlten.

Betrachtet man die Länder nach den unterschiedlichen Ausprägungen und Schwerpunkten ihrer Förderung von Ehrenamt und bürgerschaftlichem Engagement, so wird im Rückblick auf die letzten zehn Jahre zunächst zweierlei deutlich. Zum einen wurde und wird weiterhin den regionalen, traditionellen und politisch-kulturellen Gegebenheiten des Engagements im jeweiligen Bundesland Rechnung getragen, worin sich die Erfahrung reflektiert, dass auch nach einem Jahrzehnt noch kein allgemeingültiges Rezept, kein „blueprint" gefunden wurde, für die eine erfolgreiche Förderstrategie. Die länderspezifischen Erwartungen seitens Politik und organisierter Zivilgesellschaft sind nach wie vor zu unterschiedlich, als dass sie mit einem übergeordneten Konzept befriedigt werden könnten.

Zum anderen kommt der politische Gestaltungswille einiger Landesregierungen auf diesem noch eher jungen Politikfeld in dem Bemühen zum Ausdruck,

---

1 Enquete-Kommission 2002: 350-376.
2 Zu den hier angestellten Überlegungen zur Bedeutung der Länder im Kontext von Engagement- und Demokratiepolitik vgl. ausführlich den Beitrag von Frank W. Heuberger im Handbuch Bürgerschaftliches Engagement 2011.

von partikularen und fragmentierten Förderanstrengungen einzelner Fachressorts mit primärer Unterstützung ihrer Zielgruppen wegzukommen und überzugehen zu einem neuen, integrierten und im Einzelfall am Leitbild Bürgergesellschaft orientierten Förderprofil bürgerschaftlichen Engagements. Hier finden sich auch Anzeichen einer Förderpolitik, die neben den vielfältigen Formen des Engagements auch Bürgerbeteiligungen im Sinne des Ausbaus politischer Partizipation auf Länder- und Kommunalebene mit im Auge hat.

Einem solchen, ressortübergreifenden und integrierten Anspruch konnte allerdings bisher weder die Politik der Bundesregierung noch die der Länder tatsächlich gerecht werden. Ganz vereinzelt lassen sich vor dem Hintergrund der bundesweiten Nachhaltigkeitsdebatte Ansätze erkennen, bürgerschaftliches Engagement zum integralen Bestandteil der Nachhaltigkeitsstrategie eines Landes zu erklären und ihm auch politisch einen entsprechenden Stellenwert einzuräumen (Nachhaltigkeitsstrategie Rheinland-Pfalz, 2006). Den erweiterten Bedeutungs- und Anspruchshorizont von bürgerschaftlichem Engagement gegenüber Ehrenamt haben aber inzwischen alle Landesregierungen unabhängig ihrer parteipolitischen Zusammensetzung akzeptiert.

Für die Relevanz des Engagementthemas und die Herausbildung eigener Engagementprofile der Länder waren die so genannten Freiwilligensurveys von 1999 und 2004 (die Ergebnisse des dritten Surveys werden für Ende 2010 erwartet) von prägender Bedeutung[3]. Bereits der Freiwilligensurvey von 1999 lieferte wichtige Grundlagen sowohl für eine längerfristige Bearbeitung des Freiwilligenengagements in Deutschland als auch für die Möglichkeit, die bundesweit erhobenen Daten einer länderspezifischen Auswertung zu unterziehen. Die von einigen Ländern in Auftrag gegebenen Landesstudien wurden zur wichtigsten Quelle für die Etablierung eigener Förderstrategien und Impulssetzungen für die organisierte Zivilgesellschaft der Länder. Die Studien gaben erstmals einen differenzierten Überblick über Strukturen und Zielgruppen, Engagementbereiche und Motivlagen, Problemfelder und Verbesserungswünsche der Engagierten. Ebenso deutlich wurde, welch ungenutztes Potenzial Engagementwilliger auf Einsatzmöglichkeiten wartet und welche Ermöglichungsstrukturen auf Länderseite ausgebaut oder neu geschaffen werden müssen, um diesem Entfaltungschancen zu bieten. Mit dem durch die bundesweit erhobenen Daten offen gelegten Rankings der Länder auf Basis ihrer Engagementquote wurde ein zusätzliches Anreizelement geboten, die eigene Förderstrategie im Lichte des Erfolgs anderer Länder zu überprüfen[4].

---

3   Gensicke/Picot/Geiss 2006.
4   Gensicke/Picot/Geiss 2006: 66-67; vgl. auch Engagement-Atlas 2009.

1. **Entwicklungslinien länderspezifischer Förderpolitik bürgerschaftlichen Engagements**

Engagementpolitik auf Länderebene lässt sich nicht als eine „(normale) Form der staatlichen Aktivitäten" fassen[5], denn die Spannung zwischen staatlichen Fördermaßnahmen und zivilgesellschaftlicher Interessenstruktur kann nicht durch die Bereitstellung finanzieller Mittel aufgehoben werden. Vielmehr ist sie – wie im Begriff „bürgerschaftliches Engagement" bereits verdeutlicht – konstitutiv für eine gesellschaftliche Sphäre, die sich aus eigenen sozial-moralischen Ressourcen und einer eigenen Handlungslogik speist, die sich grundlegend von der staatlichen oder wirtschaftlichen Handelns unterscheidet[6]. So sind staatlicher Steuerung hier klare Grenzen gesetzt, Grenzen, die durch wohlmeinende Alimentierung einerseits und die Bereitschaft zu „mehr Demokratie wagen" andererseits gekennzeichnet sind.

In diesem Zusammenhang gewinnt eine Perspektive zunehmend an Gewicht, die in jüngster Zeit unter dem Begriff der „governance" verhandelt wird. Konkret bedeutet dies, dass effektive Formen der Steuerung nur noch als Mischform des Handelns politischer, staatlicher, marktförmiger und zivilgesellschaftlicher Akteure gedacht werden kann. Dies gilt in besonderer Weise für den Bereich der Engagementpolitik.

Um von den singulären Fördermaßnahmen der Fachressorts wegzukommen, ohne deren legitimes Interesse zur weiteren Unterstützung ihrer Zielgruppen in Frage zu stellen, entstanden in den letzten Jahren in der überwiegenden Zahl der Länder Stabs- oder Leitstellen, die entweder in den Staatskanzleien (Rheinland-Pfalz, Berlin, Hessen, Niedersachsen, Sachsen-Anhalt, Brandenburg) oder in den Sozialministerien (Nordrhein-Westfalen, Baden-Württemberg, Hamburg, Mecklenburg-Vorpommern) angesiedelt sind[7]. Soweit diese nicht als bloße Referate agieren, die das Thema bürgerschaftliches Engagement auch durchaus in Konkurrenz zu Ansprüchen anderer Fachressorts landespolitisch besetzen, sondern als Leitstellen mit eigenem Team und operativem Budget der Förderpraxis des Landes ressortübergreifend Gehör und politische Sichtbarkeit verschaffen, kann von einer Institutionalisierung im Sinne einer integrierten Förderpolitik gesprochen werden. Dabei wird der ressortübergreifende Ansatz dort besonders deutlich, wo Leitstellen in der Staatskanzlei dem Ministerpräsidenten direkt zuarbeiten und das Thema zur Chefsache erklärt wird. Diese Entscheidung manifestiert sich in einer zunehmend bereichsübergreifenden Bearbeitung engagementpolitischer Fragestellungen und der strategischen Verankerung des Themas in der

---

5   Schmid/Brickenstein 2010: 354.
6   Vgl. Münkler/Wassermann 2008.
7   Alscher/Dathe/Priller/Speth 2009: 160.

Politik des Ministerpräsidenten. Zur besseren Finanzierung, Koordinierung, Vernetzung und gleichzeitigem Abbau von Doppelzuständigkeiten zwischen den Ressorts sind unter der Federführung der Leitstellen interministerielle Arbeitsgruppen (IMA) eingerichtet worden, die diesen Prozess unterstützen und als weiterer Schritt zur Etablierung bürgerschaftlichen Engagements als Querschnittsaufgabe und eigenem Politikfeld gelten können. Passt das Engagementthema zur politischen Linie und zum Stil des Ministerpräsidenten oder der Ministerpräsidentin, besteht die Chance, einen landesspezifischen Weg zur Bürgergesellschaft einzuschlagen, eine ministerpräsidentielle Engagementpolitik zu betreiben und bürgerschaftliches Engagement mit Demokratiepolitik zu verbinden.

2. Entwicklungsetappen rheinland-pfälzischer Engagementpolitik

Rheinland-Pfalz ist eine ländlich und kleinstädtisch geprägte Region, in der das Ehrenamt traditionell stark ausgeprägt ist. Charakteristisch ist seine Wein- und Festkultur, der sich alle Bevölkerungsgruppen verbunden fühlen. Geselligkeit und Miteinander gehören zu dieser Kultur ebenso wie Zusammenhalt und gegenseitige Verantwortung. Die Rheinland-Pfälzer sind im Vergleich zu Bewohnern anderer Länder optimistischer und haben besonders häufig Kontakt zu ihren Eltern, Kindern, Großeltern und anderen Verwandten. Bemerkenswert ist auch ein überdurchschnittliches subjektives Verbundenheitsgefühl mit ihren Freunden und Arbeitskollegen[8]. Diese Besonderheiten waren und sind mit der Nährboden für vielfältige Gemeinschaftsbezüge, ein lebendiges Gemeinwesen und eine Kultur der Gegenseitigkeit.

Das klare Bekenntnis Kurt Becks zu einer aktiven, lebendigen Bürgergesellschaft machte es schon sehr früh möglich, die Förderung bürgerschaftlichen Engagements zu einem wichtigen Thema der Landespolitik zu machen[9]. In den letzten 15 Jahren lässt sich dieser Prozess an vier Entwicklungsetappen mit je eigenen Schwerpunkten und Charakteristika nachvollziehen, die im Folgenden beleuchtet werden sollen[10].

---

8   Vgl. Gensicke 2000: 386-387.
9   Vgl. Heuberger 2010.
10   Die folgende Darstellung der Entwicklungsetappen rheinland-pfälzischer Engagementpolitik ist eine überarbeitete Fassung des Beitrags von Frank W. Heuberger und Birger Hartnuß im Band „Politik in Rheinland-Pfalz. Gesellschaft, Staat und Demokratie", hrsg. von Sarcinelli/Falter/Mielke/Benzner 2010.

2.1. Tradition und Fragmentierung

Im Rahmen der Ende der 80er Jahre diagnostizierten Krise der postmodernen Gesellschaft, in der Werteverfall, Egoismus und Vereinzelung zu Schlagworten avancierten, wurde auch die Gefahr von Erosionserscheinungen im klassischen Ehrenamt erkannt. Die Politik sah sich erstmals gefordert, dieser Bedrohung entgegen zu wirken und gezielte Fördermaßnahmen zu ergreifen. Auch in Rheinland-Pfalz wurden erste Aktivitäten und Programme zur Unterstützung des Ehrenamtes aufgelegt, die sich zunächst auf einzelne Zielgruppen (Jugend, Senioren) und ausgewählte Engagementfelder beschränkten (insbesondere Jugendarbeit, Feuerwehr, gesundheitliche Selbsthilfe).

Zu diesem Zeitpunkt kann noch nicht von einer eigenständigen Engagementpolitik gesprochen werden, denn die Maßnahmen der Landesregierung waren noch stark fragmentiert und auf Aktivitäten und Förderprogramme der Einzelressorts in ihrem Zuständigkeitsbereich eingegrenzt. Das für das Thema „Ehrenamt" zuständige Ministerium des Innern und für Sport (ISM) fokussierte traditionell auf das vielfältige Ehrenamt im Bereich des Sports, der freiwilligen Feuerwehren, der Hilfs- und Rettungsdienste sowie des kommunalpolitischen Engagements.

Mit der Großen Anfrage der Regierungsfraktionen von CDU/CSU und FDP 1996 im Deutschen Bundestag erfährt das Thema „Ehrenamt" erstmals auf Bundesebene besondere Beachtung. Ausgehend von dieser Anfrage und den hierbei identifizierten vielen offenen Fragen – wie etwa dem quantitativen Ausmaß des Engagements, den Motiven ehrenamtlich Engagierter, dem Wandel von Engagementformen sowie nicht zuletzt nach effektiven Möglichkeiten der Förderung durch Staat und Kommunen – schloss sich eine rege bundespolitische Diskussion an, die schließlich 1999 in die Einsetzung einer eigenen Enquete-Kommission mündete. Ihre Arbeit gilt als Meilenstein auf dem Weg zur Herausbildung von Engagementpolitik als eigenständigem Handlungsfeld auch in den Ländern.

2.2. Aufbruch – vom Ehrenamt zum bürgerschaftlichen Engagement, von der bereichsspezifischen Förderung zur ressortübergreifenden Engagementpolitik

Das Thema „Bürgerschaftliches Engagement" hat mit der Jahrtausendwende in der öffentlichen politischen und wissenschaftlichen Diskussion eine enorme Aufwertung erfahren. Dies gilt auch für Rheinland-Pfalz, wo Kurt Beck als Ministerpräsident jenseits der sonst üblichen politischen Rhetorik schon früh dem Leitbild Bürgergesellschaft durch konkrete, realistische Maßnahmen und Programme Gestalt zu geben bemüht war. „Die Bürgergesellschaft als eine Gesellschaft, die durch mehr demokratische Teilhabe und Eigenverantwortung für das Gemeinwesen geprägt ist, wird sich nicht im Handumdrehen herausbilden. Sie ist ein erstrebenswertes Ziel, mit dem wir uns geduldig und mit kleinen Schritten und konkreten Maßnahmen annähern müssen, wenn wir uns nicht mit idealistischen Seifenblasen begnügen wollen, die beim ersten Windstoß zerplatzen"[11].

In dieser Phase beginnt die Landespolitik das bürgerschaftliche Engagement als eigenständiges Politikfeld zu entdecken. Dabei wandelt sich der Charakter der politischen Bemühungen; von der ehemals auf klassische, traditionelle Formen des Ehrenamtes ausgerichteten Förderpolitik weitet sich das Feld der Bezugsgruppen und öffnet sich für neue Formen von Engagement und Mitwirkung, die die Bandbreite bürgerschaftlichen Engagements im Land widerspiegeln. Daran orientiert beginnt die Suche nach angemessenen, innovativen Instrumenten und Konzepten, die den gesellschaftlichen Potenzialen des Engagements zur Entfaltung verhelfen sollen. Engagementförderung ist nicht länger nur eine Sache einzelner Ressorts. Ihre gesellschaftliche Bedeutung und die Integrationskraft des bürgerschaftlichen Engagements – über den sozialen Bereich hinaus – findet mehr und mehr Anerkennung in der Landespolitik. In einem Artikel in der Frankfurter Allgemeinen Zeitung benennt Beck die Prioritäten seiner Engagementpolitik:

„Die Politik sollte für eine bürgerschaftliche Entwicklung in Deutschland drei Voraussetzungen erbringen: Die Bürgergesellschaft darf nicht als Alibi für einen reduzierten Sozialstaat erscheinen; der Staat sollte Freiräume für Eigenverantwortung, aber auch für Mitbestimmung in öffentlichen Belangen schaffen; der Staat und seine Verwaltung sollen sich als ‚Ermöglichungsinstanzen' verstehen"[12].

Bereits in dieser Phase gewinnen auch die demokratiepolitischen Facetten des bürgerschaftlichen Engagements an Aufmerksamkeit. Erste Erfahrungen mit Bürgerbeteiligung auch an landespolitischen Entscheidungen (Planungszellen, Bürgerkongresse) finden positive Resonanz und sind Ausgangspunkt für die Fortführung und Intensivierung bürgerschaftlicher Beteiligungsprozesse.

2.3. Bürgergesellschaft Rheinland-Pfalz: eine landespolitische Strategie

Trotz der engagementpolitischen Wellenbewegungen auf Bundesebene ist es in Rheinland-Pfalz gelungen, einen Kurs beizubehalten, der Kontinuität und schrittweisen Bedeutungszuwachs bürgerschaftlichen Engagements in der Politik

---

11   Beck 2000a: 15.
12   Beck 2000b.

des Landes verbindet. Charakteristisch für die Entwicklungen ab 2007 ist die Tatsache, dass im Kontext der Debatte um die Zukunft der Bürgergesellschaft nunmehr auch verstärkt Aspekte und Möglichkeiten politischer Beteiligung der Bürgerinnen und Bürger an sie betreffenden Angelegenheiten an Bedeutung gewinnen. Engagementförderung und Bürgerbeteiligung werden als zwei Seiten ein und derselben Medaille verstanden und verdichten sich zu einer landespolitischen Strategie, die die Herausbildung einer rheinland-pfälzischen Engagement- und Demokratiepolitik – als eigenständiges Politikfeld – erkennen lassen.

Dass Engagementförderung zur „Chefsache" erklärt wurde, findet seinen institutionellen Ausdruck mit der im Jahr 2006 in der Staatskanzlei eingerichteten „Leitstelle Koordination und ressortübergreifende Vernetzung von bürgerschaftlichem Engagement und Ehrenamt" (kurz Leitstelle Bürgergesellschaft und Ehrenamt). Die Leitstelle hat den Auftrag, die Vernetzung und Koordinierung von Programmen der Landesregierung zur Förderung von Ehrenamt und Bürgerengagement voranzutreiben und den Dialog mit und in der Zivilgesellschaft in Rheinland-Pfalz zu intensivieren. Zu ihren Aufgaben gehören die Organisation und Durchführung zentraler Veranstaltungen und Kongresse, die Kooperation mit den Sozialverbänden, den kommunalen Spitzenverbänden, den Gewerkschaften, Kulturverbänden und Kirchen ebenso wie die Zusammenarbeit mit der Landesvereinigung Rheinland-pfälzischer Unternehmensverbände und Unternehmen des Landes in allen Fragen gesellschaftlichen Engagements. Die „Leitstelle Bürgergesellschaft und Ehrenamt" ist Servicestelle und Ansprechpartnerin für Organisationen und Bürger und Bürgerinnen rund um die Themen Ehrenamt und bürgerschaftliches Engagement. Sie ist verantwortlich für die Koordination und Bündelung der verschiedenen Aktivitäten und Vorhaben des Landes zur Förderung des Ehrenamtes sowie der Stärkung von Teilhabe- und Mitbestimmungsmöglichkeiten der Bürgerinnen und Bürger.

Zur Umsetzung dieser Aufgaben bedarf es sowohl einer verlässlichen Förderung von Bürgerbeteiligung und bürgerschaftlichem Engagement in den Fachressorts als auch einer ressortübergreifenden Bündelung, Vernetzung und Strategieentwicklung. Auf beiden Ebenen haben in den vergangenen Jahren beachtliche Prozesse stattgefunden und damit erstmals Konturen einer ganzheitlichen rheinland-pfälzischen Engagementpolitik sichtbar werden lassen.

Die Politik der Landesregierung zur Förderung von Bürgerengagement und Bürgerbeteiligung erfährt eine hohe Akzeptanz und Wertschätzung sowohl seitens der Bürgerinnen und Bürger, der zivilgesellschaftlichen Organisationen als auch auf der politischen Ebene. Besonders deutlich wurde dies in einem fraktionsübergreifenden Beschluss des Landtages 2007, in dem das Parlament die große Bedeutung des Ehrenamtes für den Erhalt unserer freiheitlichen und solidarischen Gesellschaft hervorhob, die vielfältigen Aktivitäten und Projekte der

Landesregierung zur Ausgestaltung einer aktiven Bürgergesellschaft und zur Stärkung des Ehrenamtes würdigte und sie aufforderte, den beschrittenen Weg entschlossen fortzusetzen.

2.4. *Vom bürgerschaftlichen Engagement zur Bürgerbeteiligung: Politik im Dialog mit dem Bürger*

In den vergangenen Jahren hat die Landesregierung im Kontext der Förderung bürgerschaftlichen Engagements und der Gestaltung einer lebendigen Bürgergesellschaft verstärktes Augenmerk auf die Einbeziehung der Bürgerinnen und Bürger an politischen Entscheidungen gelegt. Ausgehend von positiven Ressorterfahrungen mit Bürgerbeteiligung und der Überzeugung, dass eine Einbindung der Menschen in landespolitische Entscheidungen Akzeptanz, Effizienz und Nachhaltigkeit von Politik erhöhen kann, hat sich schrittweise eine Öffnung vollzogen, die sich von Veranstaltungen mit Einmalcharakter hin zur Verstetigung von Beteiligungsprozessen und dem Ausbau einer Beteiligungskultur beschreiben lässt.

- Bereits im Jahr 2004 wurden unter Federführung des Arbeits- und Sozialministeriums (MASGFF) Erfahrungen mit dem Beteiligungsinstrument „Planungszelle" gesammelt. Unter dem Titel „Miteinander der Generationen" wurden von Bürgerinnen und Bürgern Vorschläge zur Gestaltung des demographischen Wandels und zum künftigen Zusammenleben der Generationen erarbeitet. Die Ergebnisse wurden in Form eines Bürgergutachtens an die Landesregierung übergeben. Von diesen sind bereits wichtige Impulse für die Seniorenpolitik des Landes ausgegangen.

- Mit der fünfteiligen Bürgerkongressreihe unter dem Motto „Für unsere Zukunft, für uns alle" wurde auf Anregung Kurt Becks im Jahr 2005 der Versuch unternommen, im direkten Dialog mit den Bürgerinnen und Bürgern eine neue Kultur des Miteinanders zu entwickeln. Die Themen der Kongressreihe reichten vom Freiwilligen Engagement von zu- und eingewanderten Menschen über die Zukunft von bürgerschaftlichem Engagement in Schule und Kindertagesstätte, die Nutzung von Bürgerkompetenz für die Gestaltung einer lebendigen Kommune bis hin zur gesellschaftlichen Verantwortung von Unternehmen. Ausgangspunkt dieses Beteiligungsprozesses war die Überzeugung, dass in diesem Dialog und der gemeinsamen Suche nach einer zeitgemäßen Verantwortungsbalance allen Beteiligten – den Bürgerinnen und Bürger, den Initiativen und Verbände, der Verwaltung, der Politik und den Unternehmen – neue Aufgaben und neue Rollen zuwachsen.

Mit ihrer Expertise stellten die Bürgerinnen und Bürger auf den Kongressen der Politik wichtige Erkenntnisse aus der gelebten Praxis des Ehrenamts zur Verfügung, die zur Bewältigung zukünftiger Aufgaben in Politik und Gesellschaft wertvolle Hilfe und Unterstützung leisten. Die Ergebnisse sind in Form eines Zukunftsmanifests mit zahlreichen Empfehlungen an den Ministerpräsidenten übergeben worden. Die erarbeiteten Perspektiven finden in der Landespolitik spürbaren Niederschlag. Einige sehr konkrete Empfehlungen – wie etwa die Umwandlung der Ausländerbeiräte in Beiräte für Migration und Integration – sind bereits umgesetzt worden.

• Die Erneuerung der Kommunal- und Verwaltungsstrukturen ist das zentrale Reformvorhaben in der aktuellen Wahlperiode. Seit Beginn der Legislatur arbeitet die Landesregierung intensiv an Lösungswegen, um die Verwaltung zukunftssicher zu machen. Die mit den demografischen Veränderungen einhergehenden Herausforderungen machen es notwendig, die Verwaltung effizienter, kostengünstiger und zugleich bürgernäher zu gestalten. Mit einer breit angelegten Bürgerbeteiligung im Rahmen der Kommunal- und Verwaltungsreform haben sich 2008 in insgesamt fünf großen Bürgerkongressen und sechs Planungszellen Bürgerinnen und Bürger direkt zu Wort melden können und ihre Erwartungen für die Modernisierung der Verwaltung formuliert. Die Ergebnisse dieser ersten Stufe des Beteiligungsprozesses wurden der Landesregierung in Form eines Bürgergutachtens übergeben. Die vielen sehr konkreten und konstruktiven Vorschläge sind den Fraktionen des Landtags vorgelegt worden und haben Eingang in die parlamentarischen Beratungen gefunden.

In einer zweiten Stufe des Beteiligungsprozesses wurden 10.000 Rheinland-Pfälzerinnen und Rheinland-Pfälzer in einer repräsentativen Bevölkerungsbefragung um ihre Meinung zu den vorliegenden Reformvorschlägen gebeten. Parallel dazu konnten sich interessierte Bürgerinnen und Bürger an einer Online-Befragung beteiligen. Die Universität Koblenz-Landau begleitete den gesamten Beteiligungsprozess wissenschaftlich. Die Ergebnisse wurden wie auch die der einzelnen Beteiligungsverfahren öffentlich gemacht.

Zum Abschluss der Bürgerbeteiligung hat die Landesregierung gegenüber den beteiligten Bürgerinnen und Bürgern detailliert Rechenschaft darüber abgelegt, wie sich die Vorschläge und Empfehlungen in den Landesgesetzen zur Kommunal- und Verwaltungsreform niedergeschlagen haben. Dabei resümierten Ministerpräsident und Innenminister, dass sich die Ergebnisse in entscheidendem Maße auf die Reform ausgewirkt und sie jenseits von Einzelregelungen in ihrer Gesamtkonzeption geprägt haben. Zu den umgesetzten Vorschlägen zählen insbesondere der Ausbau direktdemokratischer Verfahren (Bürgerbegehren und Bürgerentscheide) auf kommunaler Ebene

durch Absenkung der erforderlichen Quoren, die Öffnung der Kommunalverfassung für eine stärkere bürgerschaftliche Mitwirkung (Experimentierklausel) sowie generell die Erweiterung bürgerschaftlicher Beteiligung auf
kommunaler Ebene.

▪ Im Rahmen der Entwicklung der trinationalen europäischen Metropolregion
am Oberrhein – hierzu gehören die Schweizer Kantone Basel Stadt und Basel Landschaft, Jura, Aargau und Solothurn, rechts des Rheins Baden-
Württemberg von Lörrach bis Karlsruhe, auf der französischen Seite das El-
sass sowie im Norden die Südpfalz – hat Rheinland-Pfalz in Rücksprache
mit den Partnern in den Regionen die Federführung für eine grenzüberschreitende Einbeziehung der Zivilgesellschaft übernommen. Seit September 2007 wird intensiv daran gearbeitet, den Selbstorganisationskräften der
grenzüberschreitenden Zivilgesellschaften Artikulationsmöglichkeiten zu
geben. Hierfür werden mehrere grenzüberschreitende Bürgerforen nach dem
Modell der Großgruppenmoderation durchgeführt.
Zum erfolgreichen Aufbau der grenzüberschreitenden Metropolregion bedarf es einer demokratischen Legitimierung und eines aktiven Einbezugs
der Zivilgesellschaft. Die Zusammenarbeit der „Säulen" Wirtschaft, Wissenschaft und Politik allein kann nicht genügen, wenn die Region stärker als
bisher zusammenwachsen und eine eigene Identität entwickeln soll. Hierfür
braucht es Begegnung, Dialog und Kooperation „von unten". Woran es auf
gesamteuropäischer Ebene lange Zeit gemangelt hat, soll am Oberrhein
konstitutiver Bestandteil sein: das Europa der Bürgerinnen und Bürger, das
Erleben und Erfahren realen europäischen Zusammenwachsens in einer Region.

▪ Neben diesen von Seiten der Landesregierung initiierten Beteiligungspro-
jekten gibt es auf lokaler und regionaler Ebene in Rheinland-Pfalz zahlreiche Partizipationsvorhaben, die auf eine Einbeziehung der Bürgerinnen und
Bürger in die Gestaltung von Kommunalpolitik zielen und über die klassische kommunale Selbstverwaltung hinausgehen. Hierzu gehören untere anderem Projekte der Spielleitplanung, Kinder- und Jugendparlamente, aber
auch Bürgerbefragungen („Bürgerpanel") zu drängenden Problemen und
möglichen Lösungen vor Ort.

Insgesamt ist zu erkennen, dass nicht nur großes Interesse, sondern auch ein
klarer politischer Wille der Landesregierung besteht, Bürgerengagement und
Bürgerbeteiligung kontinuierlich zu fördern und auszuweiten. Engagement- und
Demokratiepolitik werden dabei konzeptionell immer enger miteinander ver-
knüpft und sind in diesem Sinne fester Bestandteil der Landespolitik geworden.

In der Halbzeitbilanz der Landesregierung 2008 ist dieses Verständnis festgehalten:

„Bürgerschaftliches Engagement ist klassisches Ehrenamt und mehr. Es verbindet ganz unterschiedliche Formen von freiwilligen, unentgeltlichen, gemeinwohlorientierten Tätigkeiten. Sie reichen vom traditionellen Ehrenamt in Vereinen, Verbänden und Kirchen über Bürgerinitiativen und Selbsthilfe bis zu Formen politischer Beteiligung und Mitbestimmung. Die Landesregierung pflegt in Rheinland-Pfalz die Kultur des gesellschaftlichen Dialogs und fördert bundesweit in einzigartiger Weise Ehrenamt und bürgerschaftliches Engagement. Die vielen ehrenamtlich und bürgerschaftlich engagierten Menschen in Rheinland-Pfalz leisten unentgeltlich Entscheidendes für die Gesellschaft und die Gemeinschaft. Sie übernehmen Verantwortung, engagieren und beteiligen sich"[13].

Die hier aus der Binnenperspektive dargestellten Entwicklungen, die eine schrittweise Aufwertung von bürgerschaftlichem Engagement und Bürgerbeteiligung in der rheinland-pfälzischen Landespolitik widerspiegeln und Etappen auf dem Weg des Landes hin zu einer Bürgergesellschaft markieren, werden auch in einer politikwissenschaftlichen Studie aus einer Außenperspektive auf die Engagementpolitik bestätigt[14]. Auf Grundlage einer vergleichenden Untersuchung von Länderaktivitäten im Bereich der Engagementförderung, die 2000 erstmals und 2008 wiederholt durchgeführt wurde, unterscheidet Schmid drei Idealtypen von Engagementpolitik in den Ländern.

- Der „integriert-prozedurale Typ" bündelt und integriert Einzelmaßnahmen und Instrumente zu einer umfassenden Gesamtstrategie der Förderung bürgerschaftlichen Engagements. Eine ressortübergreifende Vernetzung der Programme ist vorhanden. Auf der politischen Agenda ist das Thema weit oben angesiedelt und die finanzielle Ausstattung ist relativ hoch. Die politische und gesellschaftliche Kommunikation des Politikfeldes und die Integration aller Akteure nehmen einen großen Stellenwert ein.
- Demgegenüber repräsentiert der „segmentiert-feldspezifische Typ" den politisch-administrativen Normalzustand, bei dem mehrere Ministerien für unterschiedliche Zielgruppen und Programme zuständig sind. Auf der Informations- und Entscheidungsebene dominiert das Prinzip der negativen Koordination; eine gemeinsame politische Strategie der Förderung des bürgerschaftlichen Engagements wird nicht entwickelt und die landespolitische Relevanz des Themas ist eher bescheiden, ebenso die finanziellen Aufwendungen. Kontakte zu den Verbänden, Vereinen und kommunalen Akteuren

---

13   Staatskanzlei Rheinland-Pfalz 2008: 35.
14   Vgl. Schmid 2010.

sind auf einzelne Ministerien und Programme bezogen und können dort durchaus intensiv und kooperativ sein.

▪ Der „symbolisch-diskursive Typ" misst dem Thema bürgerschaftliches Engagement eine hohe öffentliche Bedeutung zu. Dem umfassend betriebenen Agenda-Setting folgen aber nur relativ kleine Maßnahmen und Programme. Charakteristisch sind eine begrenzte administrative Umsetzung samt geringer Ressourcenausstattung sowie die traditionelle Aufgabendelegation an die Verbände. Betont werden vor allem Diskurse, Diskussionen und prozedurale Elemente. Allerdings ist diese Variante keine bloße „symbolische" Politik, sondern eher eine Form weicher staatlicher Steuerung.

Während die rheinland-pfälzischen Bemühungen im Bereich der Engagementförderung im Jahr 2000 noch zwischen dem „segmentiert-feldspezifischen" und dem „symbolisch-diskursiven" Typ eingeordnet wurden, veranlassen die erreichten Entwicklungen im Jahr 2008 dazu, die Engagementpolitik in Rheinland-Pfalz zwischen dem „symbolisch-diskursiven" und „integriert-prozeduralen" Typ zu verorten. Das Thema ist auf der politischen Agenda nach oben gerückt, eine stärkere Integration und Konzentration ist erreicht worden, so das Resümee[15].

Damit sind die rheinland-pfälzischen Bemühungen der Engagementförderung hin zu einer integrativen Beteiligungskultur in den vergangenen Jahren ein gutes Stück vorangekommen. Auch wenn es verfrüht wäre, von einer Bürgergesellschaft Rheinland-Pfalz zu sprechen, so ist doch nicht zu übersehen, dass unter dem Paradigma „Nachhaltigkeit" das Engagement und die Einbeziehung der Bürgerinnen und Bürger für eine sozial gerechte, ökologisch verantwortliche und ökonomisch erfolgreiche Politik konstitutiver Bestandteil eines erweiterten Politikverständnisses geworden ist.

3. Engagement und Partizipation: Für eine integrative Beteiligungskultur

Vom bürgerschaftlichen Engagement über (politische) Bürgerbeteiligung hin zu einer integrativen Beteiligungskultur im Lichte des Leitbilds Bürgergesellschaft ist es kein automatischer Prozess. Vielmehr verlangt es von der Politik eines Landes immer wieder neue Anläufe zu nehmen und die Bürgerinnen und Bürger zu ermuntern, sich verstärkt in bestehende Programme und Beteiligungsmöglichkeiten auf Landes- und Kommunalebene einzubringen. Zugleich muss die Politik aber auch offen sein für die Impulse aus der Zivilgesellschaft, muss diese aufnehmen und im Sinne der Förderung gesellschaftlicher Selbstorganisation

---

15 Vgl. Schmid, ebd.

und Verantwortungsübernahme in die Gestaltung von Politik einbeziehen. Erst allmählich wächst hier die Einsicht auf Seiten des Staates, dass eine starke Zivilgesellschaft auch den Staat in seiner Rolle und seinen Aufgaben zu stärken vermag. So wie der Staat auf eine lebendige Zivilgesellschaft angewiesen ist, so braucht die Zivilgesellschaft für ihre Entfaltung einen starken Staat.

Die Erfahrungen aus Beteiligungsprozessen (Beispiel Kommunal- und Verwaltungsreform in Rheinland-Pfalz; Bürgerbeteiligung bei der Gestaltung von Stadtquartieren in Berlin) haben gezeigt, dass eine gezielte Einbeziehung der Bürgerinnen und Bürger in die Bearbeitung gesellschaftlich relevanter Fragen möglich ist. Sie sind gewillt und in der Lage, sich bei ernst gemeinten Partizipationsangeboten als Expertinnen und Experten in eigener Sache einzubringen, damit die Suche nach tragfähigen Lösungen zu bereichern und Akzeptanz und Nachhaltigkeit politischer Entscheidungen zu erhöhen. Diesen Weg aktiver Bürgerbeteiligung gilt es konsequent fortzusetzen und auf kommunaler wie auf Landesebene auszubauen. Dafür bieten sich der Politik vielfältige, oft erst ungenügend wahrgenommene Optionen. Die Beteiligungsforschung hält ein großes Spektrum an Partizipationsmodellen bereit, die offensiv aufgegriffen, je nach Aufgabe erprobt und evaluiert werden sollten. Dabei ist es eine besondere Herausforderung, möglichst allen Bevölkerungsgruppen, auch bildungsfernen, angemessene Mitwirkungsmöglichkeiten zur Verfügung zu stellen[16].

Aus dem Leitbild Bürgergesellschaft lassen sich eine Fülle von Schlussfolgerungen und Konsequenzen ableiten, sowohl für staatliches Handeln, Unternehmen als auch die Zivilgesellschaft. Bürgergesellschaft beschreibt eine gesellschaftliche Lebensform, in der sowohl den bürgerschaftlich Engagierten als auch ihren vielfältigen Vereinigungen mehr Raum für Selbstbestimmung und Selbstorganisation gegeben wird. Daher verlangt dieses Modell auch, dass sich staatliche Institutionen, Verbände und Wirtschaftsunternehmen für bürgerschaftliche Mitwirkung öffnen, bürgerschaftliche Verantwortung teilen und mittragen sowie neue Formen der Zusammenarbeit und Partnerschaft über die Grenzen der gesellschaftlichen Sektoren hinweg entwickeln[17].

Jenseits einzelner Empfehlungen zur Förderung und zur Stärkung von Programmen und Projekten mehrsektoraler Kooperationen ist zuallererst die Notwendigkeit eines radikalen Perspektivenwechsels der Akteure aller drei Sektoren erforderlich. Eine neue gesellschaftliche Verantwortungsbalance wird es nur dann geben können, wenn sowohl Staat als auch Wirtschaft und Zivilgesellschaft bereit und in der Lage sind, die Perspektive der jeweils anderen Sphären einzunehmen, ihre Eigenlogik zu verstehen und anzuerkennen. Keine Sphäre darf dabei ihr Selbstverständnis und ihre handlungsleitenden Prinzipien zum allein-

---

16 Vgl. Roth 2010.
17 Vgl. Enquete-Kommision 2002: 59.

gültigen Maßstab erheben. Vielmehr ist es erforderlich, die legitimen Ansprüche jeder Sphäre diskursiv zu prüfen und eigene Interessen mit Blick auf das Wohl der Gesamtgesellschaft zu relativieren.

Soll die Vision einer aktiven Bürgergesellschaft nicht auf der Ebene politischer Rhetorik verharren, sondern alltägliche Realität werden, so bedarf es gleichwohl auf allen föderalen Ebenen von staatlichen, zivilgesellschaftlichen und wirtschaftlichen Akteuren sehr konkreter Anstrengungen. Hierbei kann Rheinland-Pfalz auf einer soliden Basis aufbauen und an bestehenden bereits etablierten Strukturen anknüpfen.

Literaturverzeichnis

Aktuelle Entwicklungen in der Engagementförderpolitik der Länder (2009). In: Nationales Forum für Engagement und Partizipation. Erster Zwischenbericht. Bundesnetzwerk Bürgerschaftliches Engagement (Hrsg.). Berlin

Alscher, Mareike/Dathe, Dietmar/Priller, Eckhard/Speth, Rudolf (2009): Bericht zur Lage und zu den Perspektiven des bürgerschaftlichen Engagements in Deutschland. Berlin: Wissenschaftszentrum Berlin für Sozialforschung

Beck, Kurt (2000a): Bürgerschaftliches Engagement zwischen Tradition und Aufbruch. In: Forschungsjournal Neue Soziale Bewegungen, Jg. 13, Heft 2, 15-21

Beck, Kurt (2000b): Der Freude am selbstverantwortlichen Handeln Freiräume schaffen. Perspektiven der Bürgergesellschaft. In: Frankfurter Allgemeine Zeitung, 23.08. 2000

Bürsch, Michael (Hrsg.) (2008): Mut zur Verantwortung. Mur zur Einmischung. Bürgerschaftliches Engagement in Deutschland. Bonn: Dietz

Bundesministerium des Innern (Hrsg.) (2008): Theorie und Praxis gesellschaftlichen Zusammenhalts. Berlin: BMI

Engagement-Atlas 2009. Daten. Hintergründe. Volkswirtschaftlicher Nutzen. Aachen: Prognos AG

Enquete-Kommission „Zukunft des Bürgerschaftlichen Engagements" 2002. Bericht. Bürgerschaftliches Engagement: Auf dem Weg in eine zukunftsfähige Bürgergesellschaft. Opladen: Leske + Budrich

Gensicke, Thomas/Picot, Sibylle/Geiss, Sabine (2006): Freiwilliges Engagement in Deutschland 1999-2004. Ergebnisse der repräsentativen Trenderhebung zu Ehrenamt, Freiwilligenarbeit und bürgerschaftlichem Engagement, in Auftrag gegeben und herausgegeben vom Bundesministerium für Familie, Senioren, Frauen und Jugend. Wiesbaden: VS Verlag

Hartnuß, Birger/Heuberger, Frank W. (2010): Ganzheitliche Bildung in Zeiten der Globalisierung. Bürgergesellschaftliche Perspektiven für die Bildungspolitik. In: Olk/ Klein/Hartnuß (2010): 459-490

Heuberger, Frank W. (2008): Weichen für die Zukunft stellen. Aktuelle Herausforderungen an Corporate Citizenship in Deutschland. In: Bürsch (2008): 111-122

Heuberger, Frank W. (2009): Topmanagement in gesellschaftlicher Verantwortung. Wie Wirtschaftsführer gesellschaftliche Verantwortung wahrnehmen. Ergebnisse einer qualitativen Studie. Berlin: CCCD

Heuberger, Frank W. (2010): Rheinland-Pfalz auf dem Weg zur Bürgergesellschaft: Theoretische Grundlagen und landesspezifische Rezeption einer gesellschaftlichen Leitidee. In: Sarcinelli/Falter/Mielke/Benzner (2010): 21-30

Heuberger, Frank W./Hartnuß, Birger (2010): Vom bürgerschaftlichen Engagement zur Engagementpolitik. Entwicklungsetappen der Bürgergesellschaft in Rheinland-Pfalz. In: Sarcinelli/Falter/Mielke/Benzner (2010): 451-470

Heuberger, Frank W. (2011): Bundesländer. In: Olk/Hartnuß (2011)

Münkler, Herfried/Wassermann, Felix (2008): Was hält diese Gesellschaft zusammen? Sozialmoralische Ressourcen der Demokratie. In: Bundesministerium des Innern (2008): 3-22

Nationales Forum für Engagement und Partizipation (2009): Erster Zwischenbericht. Berlin: BBE

Olk, Thomas/Hartnuß, Birger (Hrsg.) (2011): Handbuch Bürgerschaftliches Engagement. Weinheim und München: Juventa

Olk, Thomas/Klein, Ansgar/Hartnuß, Birger (Hrsg.) (2010): Engagementpolitik. Die Entwicklung der Zivilgesellschaft als politische Aufgabe. Wiesbaden: VS Verlag

Perspektiven für Rheinland-Pfalz – Nachhaltigkeitsstrategie – 2006: Ministerium für Umwelt, Forsten und Verbraucherschutz. Mainz

Roth, Roland (2010): Engagementförderung als Demokratiepolitik: Besichtigung einer Reformbaustelle. In: Olk/Klein/Hartnuß (2010): 611-636

Sarcinelli, Ulrich/Falter, Jürgen W./Mielke, Gerd/Benzner, Bodo (Hrsg.) (2010): Politik in Rheinland-Pfalz. Gesellschaft, Staat und Demokratie. Wiesbaden: VS Verlag

Schmid, Josef (unter Mitarbeit von Christine Brickenstein) (2010): Engagementpolitik auf Landesebene – Genese und Strukturierung eines Politikfeldes. In: Olk/Klein/Hartnuß (2010): 352-381

Staatskanzlei Rheinland-Pfalz (2008): Für unser Land. Halbzeitbilanz der Landesregierung 2006-2008. Mainz

Engagementpolitik:
Wie ein neues Politikfeld entsteht[*]

Ansgar Klein/Thomas Olk/Birger Hartnuß

1. Einleitung

Die Förderung des bürgerschaftlichen Engagements und zivilgesellschaftlicher Strukturen war bis in die 1990er Jahre hinein im Wesentlichen eine Aufgabe von Kommunen und Bundesländern. Mit der Großen Anfrage der CDU/CSU zum Ehrenamt im Deutschen Bundestag im Jahre 1996 und der Arbeit der Enquete-Kommission „Zukunft des bürgerschaftlichen Engagements" in der 14. Legislaturperiode (von 1999 bis 2002) ist das Anliegen der Verbesserung der Rahmenbedingungen für Zivilgesellschaft und Engagement auch auf der Bundesebene angekommen. Seitdem sind neue Strukturen geschaffen, Förderinstrumente entwickelt und finanzielle Budgets für die Förderung und Unterstützung des bürgerschaftlichen Engagements auch auf der bundespolitischen Ebene geschaffen worden. Im Folgenden wird der Prozess der Herausbildung eines Politikfeldes „Engagementpolitik" in seinen bisher erkennbaren Phasen und Schritten rekonstruiert. Nach einer begrifflichen Klärung (Abschnitt 2.1) werden die Wegmarken der Herausbildung dieses spezifischen Politikfeldes nachgezeichnet (Abschnitt 2.2), der Gegenstand, die Handlungslogik sowie die Steuerungsprinzipien von Engagementpolitik vorgestellt (Abschnitt 2.3) sowie mit dem Unterausschuss „Bürgerschaftliches Engagement im Deutschen Bundestag", dem Bundesministerium für Frauen, Senioren, Familie und Jugend (BMFSFJ) sowie dem Bundesnetzwerk Bürgerschaftliches Engagement (BBE) zentrale Akteure dieses Handlungsfeldes vorgestellt (vgl. Abschnitt 2.4). Im abschließenden dritten Abschnitt wird eine Standortbestimmung vorgenommen und im Ausblick (Abschnitt 4) ein Blick in die Zukunftsaufgaben geworfen.

Es wird gezeigt, dass mit Engagementpolitik eine neue Querschnittsaufgabe auf Bundesebene entsteht, die ihre eigenen Ziele, Akteurskonstellationen und

[*] Der vorliegende Beitrag ist eine überarbeitete und aktualisierte Fassung eines gemeinsamen einleitenden Beitrags der Autoren aus dem von ihnen herausgegebenen Band „Engagementpolitik. Die Entwicklung der Zivilgesellschaft als politische Aufgabe", VS Verlag Wiesbaden 2010, S. 24-59.

Instrumente herausbildet. Dass die staatliche Förderung des zivilgesellschaftlichen und eigenlogischen Engagements inhärente Spannungen und Konflikte birgt, liegt auf der Hand und wird die weitere Entwicklung dieses Politikfeldes prägen.

2. Engagementpolitik als Politikfeld

2.1. Begriffliche Klärung

Der Terminus Engagementpolitik beschreibt ein sich entwickelndes, eigenständiges politisches Handlungsfeld, das sich auf die Förderung der unterschiedlichen Formen und Spielarten des bürgerschaftlichen Engagements bezieht. Die Förderung freiwilliger Tätigkeiten als ein eigenständiges Politikfeld zu beschreiben, ist keineswegs selbstverständlich. Denn bis in die späten 1980er Jahre hinein erfolgte die Förderung des bürgerschaftlichen Engagements (damals noch Ehrenamt genannt) indirekt durch Förderung gemeinnütziger Organisationen sowie als Teilaspekt etablierter Bereichspolitiken wie Sozial-, Familien-, Bildungs-, Gesundheits- oder Umweltpolitik. Die Zusammenhänge zwischen bereichspezifischen und bereichsübergreifenden Entwicklungen von Zivilgesellschaft und bürgerschaftlichem Engagement werden jedoch zunehmend erkannt und lassen die Notwendigkeit von Engagementförderung als einer politischen Querschnittsaufgabe deutlich werden. Mit dem „wachsenden Staatsinteresse"[1] an bürgerschaftlichem Engagement verbinden sich mit Engagementpolitik daher Aufgaben und Anliegen wie die Verbesserung rechtlicher und finanzieller Rahmenbedingungen auf nationaler und europäischer Ebene, engagementfreundliche Organisations- und Institutionenentwicklung, die Gewährleistung engagementfördernder Infrastrukturen sowie nicht zuletzt die Stärkung von Demokratie und Partizipation durch neue Beteiligungsformen. Eine Politik zur Förderung des bürgerschaftlichen Engagements lässt sich nicht auf ein spezifisches politisches Ressort – etwa das Sozial- oder Gesundheitsressort – beschränken, sondern ist eine Querschnittsaufgabe, die grundsätzlich in allen Politikbereichen relevant wird. Engagementpolitik hat damit – auf kommunaler, Landes- oder Bundesebene – eine doppelte strategische Ausrichtung. Es muss sowohl ein übergreifendes Leitbild einer engagementpolitischen Weiterentwicklung des Gemeinwesens entwickelt als auch dafür Sorge getragen werden, dass in den einzelnen politischen Ressorts Maßnahmen und Programme entwickelt und umgesetzt werden, die sich an diesem übergreifenden Leitbild orientieren.

---

1   Olk 1990.

Für eine politikwissenschaftliche Analyse der Entwicklungen im Feld einer sich verselbstständigenden „Engagementpolitik" bietet sich die in den Politikwissenschaften üblich gewordene Trennung in die drei Dimensionen „Policy", „Politics" und „Polity" an[2]. „Policy" steht in diesem Zusammenhang für die inhaltliche Dimension von Politik und bezieht sich auf die Gegenstände, Ziele und Wirkungen dieses Politikfelds. „Politics" beschreibt dagegen die prozessuale Dimension und bezieht sich auf den konfliktreichen, durch Interessenkonkurrenzen geprägten Prozess der Durchsetzung von Zielen, Inhalten und Verteilungsentscheidungen. Hier geht es also um Prozesse der Interessenvertretung und des Lobbying durch unterschiedliche Akteure, die auf diese Weise bemüht sind, Einfluss auf die Engagementförderung und -politik zu nehmen. Mit „Polity" ist schließlich die strukturelle Dimension von Politik angesprochen, also Aspekte wie der politische Ordnungsrahmen und die Institutionen, die in dem jeweils fraglichen Politikfeld eine Rolle spielen. Mit Blick auf die inhaltliche Dimension, also die „Policy" wird der politische Prozess als ein Vorgang der Problemverarbeitung verstanden. Politische Akteure identifizieren politisch relevante Handlungsprobleme und Herausforderungen in einem Politikfeld, entwickeln entsprechende Maßnahmen und versuchen, bestimmte Ziele zu erreichen. Solche Prozesse lassen sich in verschiedene Phasen bzw. Teilprozesse der politisch-administrativen Problemverarbeitung unterteilen, wobei in der Regel zwischen der Phase der Politikformulierung (Agenda-Settings), -durchführung und -wirkung bzw. -überprüfung unterschieden wird.

2.2. Agenda-Setting und Wegmarken der Engagementpolitik

Die allmähliche Entstehung von Engagementpolitik als eigenständiges Politikfeld hängt zunächst eng mit der Identifizierung von „Lücken" in der Versorgung der Bevölkerung mit spezifischen personenbezogenen Dienstleistungen im Verlaufe der 1980er Jahre zusammen. Angesichts der demografisch bedingten Alterung der Bevölkerung und des Anstiegs von immateriellen Hilfebedürftigkeiten wie Pflegebedürftigkeit und chronisch degenerativen Erkrankungen wurden von der Politik bedrohliche Ungleichgewichte zwischen Angebot und Nachfrage nach sozialen Dienstleistungen diagnostiziert. Freiwillige und unentgeltliche Tätigkeiten wurden als eine bislang ungenutzte gesellschaftliche Ressource entdeckt und erste Maßnahmen und Programme zur Mobilisierung dieser „knappen Ressource Ehrenamt" entwickelt. Diese politischen Maßnahmen setzten zunächst ausschließlich auf der „Angebotsseite" an, indem sie darauf abzielten, möglichst

---

2   Rohe 1994.

viele Menschen für ein freiwilliges und unentgeltliches Engagement zu gewinnen (Rekrutierungsansatz).

Das eigentliche „Agenda-Setting" setzte allerdings erst mit der Einsetzung
einer Enquete-Kommission „Zukunft des bürgerschaftlichen Engagements" des
Deutschen Bundestages im Jahre 1999 ein. Die Arbeit dieser Enquete-
Kommission markiert den eigentlichen Beginn von Engagementpolitik als einem
Politikfeld. Im Jahre 2002 erschien der Bericht der Enquete-Kommission. In
diesem Bericht wird nicht nur eine Bestandsaufnahme des bürgerschaftlichen
Engagements in unterschiedlichen gesellschaftlichen Bereichen vorgelegt, sondern vor allem auch eine engagementpolitische Agenda entworfen, die Zivilgesellschaft und bürgerschaftliches Engagement als ein umfassendes Konzept zur
Reform der bundesdeutschen Gesellschaft und ihres Institutionensystems ent-
wirft. Danach ist die Stärkung von Zivilgesellschaft und bürgerschaftlichem
Engagement mehr als eine eingeschränkte Ressortpolitik, die die Rahmenbedingungen für das Ehrenamt verbessern hilft. Vielmehr geht es um eine ganzheitliche, „holistische" Variante von zivilgesellschaftlicher Reformpolitik, die sich
sowohl auf die einzelnen Bürger als auch auf die politische Kultur und das
Staatsverständnis bezieht. Es geht um ein gesellschaftliches Leitbild, in dem die
Bürgerinnen und Bürger über erweiterte Einfluss- und Handlungsmöglichkeiten
im öffentlichem Raum verfügen, in dem eine beteiligungsorientierte politische
Kultur dominiert, in dem das sozialstaatliche Institutionensystem ein breites
Spektrum von Beteiligungs- und Mitwirkungschancen eröffnet und der Staat sich
als ein Engagement und Partizipation ermöglichender Akteur versteht.

Obwohl es bislang nicht gelungen ist, die Stärkung von Zivilgesellschaft
und bürgerschaftlichem Engagement als zentrale Leitlinien und programmatische
Eckpunkte der Reformpolitik amtierender Bundesregierungen zu verankern, sind
die Wirkungen der Enquete-Kommission keineswegs gering zu veranschlagen.
Denn seit dem Übergang in das 21. Jahrhundert ist es gelungen, auf allen Ebenen
des föderalen Staates eine engagementpolitische Agenda herauszubilden, engagementpolitische Akteure zu etablieren und entsprechende Institutionen und
Instrumente zu entwickeln. Engagementpolitische Anliegen und Vorhaben sind
sowohl im politischen Tagesgeschäft über die Wahlperioden hinweg als auch im
politischen Institutionensystem stabil verortet und institutionell verankert. Die
wichtigsten Wegmarken im Prozess der Entwicklung von Engagementpolitik auf
der Bundesebene lassen sich der folgenden Auflistung entnehmen.

Übersicht: Wegmarken im Prozess der Entwicklung von Engagementpolitik auf Bundesebene seit Mitte der 1990er Jahre

- 01.10.1996: Große Anfrage der CDU/CSU zum Ehrenamt im Deutschen Bundestag
- Dezember 1999: Einsetzung der Enquete-Kommission „Zukunft des Bürgerschaftlichen Engagements" in der 14. Legislaturperiode
- 1999: 1. Freiwilligensurvey der Bundesregierung
- 2001: Internationales Jahr der Freiwilligen (IJF) – deutsche Kampagnenumsetzung
- 2001: Gründung des Gesprächskreises „Bürgergesellschaft und aktivierender Staat" der Friedrich-Ebert-Stiftung
- 2002: Abschlussbericht der Enquete-Kommission
- 2002: Steuerrechtliche Stiftungsreform
- 2002: das BMFSFJ bekommt die Querschnittskompetenz für das Thema zugesprochen
- 2002: Gründung des Bundesnetzwerks Bürgerschaftliches Engagement (BBE) durch die Mitglieder des Nationalen Beirats des IJF (2010: über 250 Mitgliedsorganisationen)
- Seit 2002: verstärkt Einrichtung von Referaten und Stabsstellen für Engagementförderung in den Ländern
- 2003 (9.4.2003): Einsetzung eines Unterausschusses Bürgerschaftliches Engagement (zugeordnet dem Familienausschuss) in der 15. Legislaturperiode
- 2004: Regierungskommission „Impulse für die Zivilgesellschaft"
- 2004: 2. Freiwilligensurvey der Bundesregierung
- 2004: Zivilrechtliche Stiftungsreform
- 2004: Erste „Woche des Bürgerschaftlichen Engagements" des BBE
- 2005: Erneute Einsetzung des Unterausschusses in der 16. Legislaturperiode
- 2005: verbesserte Unfallversicherungsregelung für Engagierte
- 2006: Konstituierung der Projektgruppe zur Reform des Gemeinnützigkeits- und Spendenrechts (Große Dachverbände und BBE, Wissenschaft, Politik)
- September 2006: Zweite „Woche des bürgerschaftlichen Engagements"
- 2007: „Gesetz zur weiteren Stärkung des bürgerschaftlichen Engagements" (Spenden- und Gemeinnützigkeitsrecht)
- 2007: Gesetz zur Förderung der Jugendfreiwilligendienste
- August 2007: Regierungsinitiative „ZivilEngagement Miteinander – Füreinander", in diesem Zusammenhang; Benennung eines Beauftragten für „ZivilEngagement" durch das BMFSFJ

- September 2007: Dritte „Woche des bürgerschaftlichen Engagements"
- 2008: Neuer Freiwilligendienst des Bundesministeriums für Wirtschaftliche Zusammenarbeit (BMZ) „weltwärts"
- 2008: Pflege-Weiterentwicklungsgesetzes (PfWG) (mit Bezügen auch zur Förderung von Engagierten in der Pflege)
- September 2008: Vierte „Woche des bürgerschaftlichen Engagements"
- November 2008: Verankerung der ersten Legaldefinition für den „Freiwilligendienst aller Generationen" in Artikel 4a des SGB VII
- April/Mai 2009: Nationales Forum für Engagement und Partizipation erarbeitet Agenda für eine Nationale Strategie zur Förderung bürgerschaftlichen Engagements
- Juli 2009: Bundeskabinett beschließt Eckpunkt zur Erarbeitung einer nationalen Engagementförderstrategie
- 2009: 3. Freiwilligensurvey der Bundesregierung
- Juli 2009: Erster im Auftrag der Bundesregierung vom WZB Berlin erstellter Engagementbericht
- Oktober 2009: Fünfte „Woche des bürgerschaftlichen Engagements"
- April/Mai 2010: Nationales Forum für Engagement und Partizipation erarbeitet Handlungsempfehlungen für eine nationale Engagementförderstrategie
- September 2010: Sechste „Woche des bürgerschaftlichen Engagements"
- Oktober 2010: 2. Kabinettsbeschluss zur „Nationalen Engagementstrategie"
- November 2010: Große Anfrage zur Nationalen Engagementstrategie der SPD-Bundestagsfraktion

Die Auflistung engagementpolitischer Wegmarken lässt die Dynamik der Entwicklung der letzen 15 Jahre erkennen. Mit den programmatischen Aussagen des Berichts der Enquete-Kommission sind die übergreifenden und spezifischen Ziele und Gegenstandsbestimmungen dieses Politikbereichs erstmals grundlegend definiert, mit der Zuordnung von Zuständigkeiten und der Bildung neuer Institutionen sind politische Akteure und Akteursnetzwerke etabliert und durch die Entwicklung und Erprobung von Fördermaßnahmen und Instrumenten die Umrisse einer engagementfördernden Politik in den einzelnen Fachressorts konkretisiert worden. Inzwischen lassen sich auch unterschiedliche Phasen der programmatischen Ausrichtung von Engagementpolitik auf Bundesebene erkennen: Nach einer ersten Phase, bei der es zentral um die Mobilisierung freiwilliger und unentgeltlicher Tätigkeiten zur Schließung von Dienstleistungslücken im Sozial- und Gesundheitssektor ging, folgte eine Phase, die durch die reformpolitische Programmatik der Enquete-Kommission geprägt war und Engagementpolitik als Bestandteil von Gesellschaft- und Demokratiepolitik zu etablieren versuchte.

Inzwischen haben sich – nicht zuletzt als Folge veränderter politischer Mehrheitsverhältnisse – die programmatischen Grundorientierungen erneut verändert. So ist die schwarz-gelbe Regierungskoalition unter Bundeskanzlerin Angela Merkel bestrebt, mit ihrer Nationalen Engagementstrategie bürgerschaftliches Engagement zur Bewältigung gesellschaftlicher Herausforderungen (vor allem in Bezug auf den demografischen Wandel, auf die Integration von Migrantinnen und Migranten sowie die Gewinnung von Freiwilligen im Kontext der Aussetzung der Wehrpflicht) zu mobilisieren.

Hier wird deutlich, dass engagementpolitische Ziele und Schwerpunkte auch parteipolitischen Prioritätensetzungen unterliegen. So zeigt ein Blick in die Grundsatz- und Wahlprogramme der politischen Parteien, dass die Themen Bürger- bzw. Zivilgesellschaft und bürgerschaftliches Engagement an Relevanz gewonnen haben, allerdings die Gewichtungen in den Zielsetzungen und Bedeutungszuschreibungen unterschiedlich ausfallen[3]. Auch haben die Ausführungen zu Zivilgesellschaft und bürgerschaftlichem Engagement in Parteiprogrammen oft präambelhaften Charakter, während ihr Bezug zu politischen Reformstrategien und Fachpolitiken oftmals vage und unverbindlich bleibt. Auch im Koalitionsvertrag der amtierenden schwarz-gelben Regierungskoalition finden sich vielfältige Bekenntnisse zu bürgerschaftlichem Engagement und Ankündigungen einzelner engagementpolitischer Vorhaben. Insbesondere kündigen die Regierungsparteien die Erarbeitung einer „Nationalen Engagementstrategie" an und beziehen sich dabei auf die Ergebnisse des „Nationalen Forums für Engagement und Partizipation", das vom Bundesnetzwerk Bürgerschaftliches Engagement (BBE) im Auftrag der Bundesregierung veranstaltet wird. Weiterhin kündigt die Koalition ein „Gesetz zur Förderung des bürgerschaftlichen Engagements" für die neue Legislaturperiode an. Insgesamt ist dem Koalitionsvertrag und weiteren politischen Dokumenten der Bundesregierung zu entnehmen, dass Engagementpolitik in der laufenden Legislaturperiode einen durchaus bedeutsamen Stellenwert erhalten soll.

2.3. Gegenstand, Handlungslogik und Steuerungsprinzipien von Engagementpolitik

Wie bereits erwähnt, hat die Entwicklung engagementpolitischer Ziele, Maßnahmen, Programme und Interventionsformen insbesondere seit der Jahrtausendwende an Dynamik gewonnen. So sind in der Nachfolge der Enquete-Kommission eine Reihe von neuen Institutionen (Unterausschuss Bürgerschaftli-

---

3   Klein/Olk/Hartnuß 2010.

ches Engagement, BBE, Landesnetzwerke etc.) entstanden, engagementpolitische Maßnahmen und Programme entwickelt und konkrete Instrumente erprobt
worden. Engagementpolitische Akteure auf Bundes- und Landesebene sind insbesondere die großen (und kleinen) überörtlich organisierten Vereine und Verbände (Verbände des Sports, der Wohlfahrt, der Rettungsdienste, Feuerwehr,
Kultur, Umweltschutz etc.) sowie neue soziale Bewegungen und sonstige Dritte
Sektor-Organisationen. Im politisch-administrativen System sind die Vertreter
kommunaler Räte, die Abgeordneten von Landesparlamenten und Bundestag
sowie die Vertreter der politischen Parteien ebenso zu nennen wie die Fachabtei-
lungen der einschlägigen Fachbereiche, Behörden und Ministerien auf kommu-
naler-, Landes- und Bundesebene. Im Wirtschaftbereich haben sich insbesondere
große und kleinere Unternehmen, die sich im Bereich von Corporate Citizenship
oder Corporate Social Responsibility engagieren, und ihre verbandlichen Zusammenschlüsse sowie regionalen Unternehmensnetzwerke als engagementpolitische Akteure profiliert.

Der ordnungspolitische Rahmen von Engagementpolitik (Polity) ist in
Deutschland insbesondere durch das Subsidiaritätsprinzip und den Föderalismus
geprägt. Das Subsidiaritätsprinzip besagt, dass die Förderung der unterschiedlichen Formen des bürgerschaftlichen Engagements zunächst eine Aufgabe der
zivilgesellschaftlichen Organisationen selbst und erst dann eine Verantwortung
des Staates darstellt. Damit wird den zivilgesellschaftlichen Akteuren in diesem
Politikfeld eine entscheidende Rolle zugeschrieben. Darüber hinaus sind die
Zuständigkeiten für engagementpolitische Vorhaben und Programme arbeitstei-
lig zwischen Bund, Ländern und Kommunen verteilt, was komplexe Aufgaben
der Abstimmung und Koordination mit sich bringt[4]. Die Formulierung und Gestaltung engagementpolitischer Vorhaben setzt also die Abstimmung und Koordination unterschiedlicher Partner voraus. Mit Blick auf die politisch-administrativen Akteure meint dies in vertikaler Hinsicht eine Abstimmung zwischen
Bund, Länder und Kommunen und in horizontaler Perspektive eine Abstimmung
zwischen den verschiedenen Ressorts. Darüber hinaus bedarf es allerdings auch
einer Kooperation zwischen staatlichen Institutionen und der Zivilgesellschaft.
Auch hier haben es die staatlichen Akteure mit einer Vielfalt unterschiedlicher
Organisationen und Akteure (kleine und große Vereine, Verbände, Netzwerke
etc.) zu tun. Auch wirtschaftliche Akteure müssen einbezogen werden, wobei
auch hier die strukturelle Vielfalt nicht unterschätzt werden darf, entwickeln
doch kleine und mittlere Unternehmen ganz andere engagementpolitische Interessen als große Unternehmen und folgen börsenorientierte Unternehmen anderen Handlungsrationalitäten als Familienunternehmen. Das engagementpolitische

---

4   Vgl. Schmid 2010.

Handlungsfeld ist also durch eine Vielfalt staatlicher und nicht-staatlicher Akteure geprägt, die jeweils unterschiedliche Interessen verfolgen und divergierende Handlungsrationalitäten aufweisen.

Hinzu kommt, dass der Gegenstand von Engagementpolitik, nämlich das freie und unentgeltliche Engagement nicht einfach verordnet werden kann, sondern einer durch Selbstbestimmung und Selbstorganisation geprägten eigensinnigen Handlungslogik folgt. Im Feld der Engagementpolitik können daher herkömmliche Formen hierarchischer politischer Steuerung immer nur eine begrenzte Rolle spielen. Angesichts der Vielzahl und Diversität möglicher „Mitspieler" in diesem Feld gewinnt bei der Suche nach angemessenen Formen des Regierens und der Handlungskoordination eine Perspektive an Gewicht, die in jüngster Zeit unter dem Begriff „Governance" verhandelt wird[5]. Dem liegt die Einschätzung zu Grunde, dass der Staat nicht mehr als die alleinige Instanz zur Lösung kollektiver gesellschaftlicher Probleme angesehen werden kann und auch die Erwartung schwindet, dass staatliche Institutionen gesellschaftliche Entwicklungen allein steuern könnten. Vielmehr wächst die Einsicht, dass drängende Probleme in modernen Gesellschaften mit den herkömmlichen Mitteln der Exekutive und Verwaltung (also insbesondere durch Gesetze, Erlasse und Verordnungen) kaum mehr zielgerichtet bewältigt werden können. Effektive Formen der Handlungskoordination können unter diesen Bedingungen nur noch als Mischformen des Handelns politischer, staatlich-verwaltungsbezogener, marktförmiger und zivilgesellschaftlicher Akteure gedacht werden.

Dies gilt insbesondere auch für den Bereich der Engagementpolitik, der ja von vornherein als eine Politikform beschrieben wurde, in der staatliche und nicht-staatliche Akteure kooperieren müssen. Hinzu kommt, dass für die Erreichung engagementpolitischer Ziele die Selbstregierungsfähigkeiten, die Selbstorganisation und Eigenmotivation zivilgesellschaftlicher Akteure unabdingbar sind. Eine Ausweitung und Stärkung zivilgesellschaftlichen Engagements kann daher nicht einfach top-down angeordnet und durch (Zwangs-)Instrumente durchgesetzt werden, sondern bedarf der Ermutigung, Wertschätzung und Unterstützung von eigenmotivierten freiwilligen Selbstverpflichtungen zivilgesellschaftlicher Akteure, was für die prominente Rolle von bottom-up-Ansätzen in diesem Politikfeld spricht. Das Kernproblem einer Politik der Förderung und Unterstützung bürgerschaftlichen Engagements besteht also darin, einerseits die besondere Produktivität und den „Eigensinn" solcher Formen freiwilliger und unentgeltlicher Tätigkeiten zu stärken, um deren Produktivitätspotenzial zur Entfaltung bringen zu können, und zugleich Ziele wie die Eröffnung von Zugangswegen zum Engagement für alle potenziell Interessierten und die Auswei-

---

5   Vgl. grundlegend Benz 2004.

tung des Volumens des bürgerschaftlichen Engagements bei Einhaltung bestimmter Qualitätsstandards (wie Verlässlichkeit, Verhinderung von Missbrauch
etc.) zu gewährleisten. Staatliche Engagementpolitik steht vor diesem Hintergrund immer in der Gefahr, das freiwillige Engagement der Bürgerinnen und
Bürger zum Zwecke der Schließung von Dienstleistungslücken zu instrumentalisieren und damit die fragile Motivationsbasis der „freiwilligen Selbstverpflichtung" zu zerstören.

Im Bereich konkreter Maßnahmen und Instrumente hat Engagementpolitik
auf allen Ebenen des föderalen Instanzenzuges inzwischen erkennbar an Konturen gewonnen. Ordnet man diese Maßnahmen und Instrumente nach den jeweils
intendierten Wirkungsmechanismen, so lassen sich Überzeugungsprogramme,
finanzielle Anreize, Maßnahmen der infrastrukturellen Steuerung sowie Strategien der Zwangsverpflichtung unterscheiden[6]. Mit Überzeugungsprogrammen
sind alle diejenigen Maßnahmen und Instrumente gemeint, die darauf abzielen
die Einstellungen, Orientierungen und den Informationsstand der Bevölkerung
zum bürgerschaftlichen Engagement durch Maßnahmen der Öffentlichkeitsarbeit
in positive Richtung zu verändern. Dabei geht es sowohl darum, unterschiedliche
Bevölkerungsgruppen über Möglichkeiten und Formen des bürgerschaftlichen
Engagements zu informieren, als auch das Image dieses Engagements ganz allgemein zu verbessern bzw. die Bedeutung des bürgerschaftlichen Engagements
für das Gemeinwesen herauszustellen. Finanzielle Anreize sind mit Unkostener-
stattungen, pauschalen Aufwandsentschädigungen, Steuernachlässen und gering-
fügigen Entgelten genannt. Insbesondere hinsichtlich dieser Instrumente ist in
den letzten Jahren unter dem Begriff der Monetarisierung eine intensive Debatte
um mögliche schädliche Nebenwirkungen finanzieller Anreize und um den
Missbrauch steuerlicher Vergünstigungen (z. B. der sog. Übungsleiterpauschale)
durch gemeinnützige Organisationen entbrannt.

Infrastrukturelle Förderung erfolgt durch Maßnahmen und Einrichtungen
wie Freiwilligenagenturen, Selbsthilfekontaktstellen, Seniorenbüros, unterschiedlichen Formen von Netzwerken und Bündnissen (Lokale Bündnisse für
Familien etc.) neuen Formen von Freiwilligendiensten, Mehrgenerationenhäuser
etc. Die Etablierung und Sicherung einer Infrastruktur der Förderung und Vermittlung des bürgerschaftlichen Engagements ist das Rückgrat der Engagementpolitik und zugleich eines der schwierigsten und umstrittensten Bestandteile
einer engagementfördenden Politik. So ist mit dem Verbot der Mischfinanzie-
rung im Gefolge der Förderalismusreform und der restriktiven Handhabung des
Zuwendungsrechts im Hinblick auf institutionelle Förderung weitgehend ungeklärt, wie die Daueraufgabe der Finanzierung infrastruktureller Einrichtungen

---

6   Olk 1990.

und Maßnahmen im Rahmen der verfassungsmäßigen Zuständigkeiten von Bund, Ländern und Kommunen gesichert werden kann. Diese Aufgabe ist auch deshalb so dringlich, weil nicht-staatliche Akteure wie Stiftungen, Wirtschaftsunternehmen etc. ausschließlich finanzielle Förderungen für zeitlich befristete Projekte und Modellvorhaben bereitstellen.

Auf allen föderalen Ebenen werden seit einigen Jahren darüber hinaus zivilgesellschaftlich inspirierte politische Steuerungsinstrumente erprobt. Den Prinzipien von Partizipation, Diskurs und Aushandlung besonders angemessen sind insbesondere Lern- und Entwicklungsnetzwerke, Moderations- und Mediationsverfahren sowie Modelle der Bürgeraktivierung und Bürgerbeteiligung.

Mit dem Instrument der „Zwangsverpflichtung" ist die Handlungsoption für den Staat angesprochen, seine Bürgerinnen und Bürger unter bestimmten Umständen zu einen Pflichtdienst einzuberufen. Ein solcher – in diesem Falle sozialer – Pflichtdienst, entweder nur für junge Frauen oder für junge Männer und Frauen, wird seit den 1980er Jahren in regelmäßigen Abständen auf der bundespolitischen Ebene als politische Forderung lanciert. Dies war erneut in den letzten Monaten der Fall, als im Kontext der sich ankündigenden Aussetzung der Wehrpflicht nach Kompensationsmöglichkeiten für den dann auch wegfallenden Zivildienst gesucht wurde. Im Falle der Einführung eines solchen Pflichtdienstes, gegen den sowohl pragmatische als auch grundsätzliche Erwägungen vorgebracht werden, würde das für den Bereich der Engagementpolitik konstitutive Prinzip der Freiwilligkeit und Eigenmotiviertheit durch eine staatlich verordnete Pflicht ersetzt, was den Grundprinzipien dieses Politikbereiches widersprechen würde. Trotz der hohen verfassungsrechtlichen Hürden und der leicht erkennbaren negativen Begleiteffekte (Notwendigkeit der Vorhaltung einer umfangreichen Bürokratie, unkalkulierbare Auswirkungen auf die Qualität und Motivationsbasis dieses Dienstes etc.) erfreut sich die Idee eines Pflichtdienstes einer periodischen „Wiederentdeckung" durch die (Bundes-)Politik.

2.4. Institutionen und Akteure

Ein zentraler Topos bei der Vermessung des sich entwickelnden Feldes der Engagementpolitik ist die Etablierung bestehender und die Entstehung neuer Institutionen und Akteure, die im wechselseitigen Zusammenspiel den politischen Rahmen für die Engagementförderung, die engagementpolitische Agenda und ihre Prioritäten sowie konkrete Maßnahmen und Programme aushandeln und bestimmen. Im Folgenden sollen daher wichtige Institutionen auf Bundesebene vorgestellt werden, die in den vergangenen Jahren den engagementpolitischen Diskurs entscheidend mit geprägt haben[7].

2.4.1. Der Unterausschuss „Bürgerschaftliches Engagement" im Deutschen Bundestag

Die Gründung eines eigenen Unterausschusses für „Bürgerschaftliches Engagement" zu Beginn der 15. Legislaturperiode verdankte sich dem fraktionsübergreifenden Impuls der Enquete-Kommission „Zukunft des Bürgerschaftlichen Engagements", deren zahlreiche politische Handlungsempfehlungen durch den Unterausschuss abgearbeitet werden sollten. Damit ist es gelungen, das Thema Engagementpolitik auf der Ebene der Legislative zu verankern. Die Arbeitsform des Unterausschusses "Bürgerschaftliches Engagement" wird durch seine strukturelle Einbindung in den Deutschen Bundestag geprägt. Der Unterausschuss ist dem Hauptausschuss „Familie, Senioren, Frauen und Jugend" des Deutschen Bundestages zugeordnet, weil das entsprechende Bundesministerium (BMFSFJ) in der Bundesregierung federführend für die Engagementförderung ist. Ein eigener Unterausschuss garantiert eine höhere Aufmerksamkeit, eine größere Durchdringungstiefe und eine Kontinuität bei der Behandlung von Fachthemen und stellt sicher, dass Engagementthemen und -anliegen ihre Randständigkeit verlieren. Der operative Einfluss eines solchen Unterausschusses im Gefüge der Ausschüsse ist allerdings begrenzt.

Im Vordergrund der Arbeit des Unterausschusses steht die Vorbereitung von gesetzgeberischen Maßnahmen im Bereich des bürgerschaftlichen Engagements. Hierzu zählten in den vergangenen Jahren insbesondere die Verbesserung des Haftpflicht- und Unfallversicherungsschutzes freiwillig Engagierter, die Verbesserung der steuerrechtlichen Rahmenbedingungen für bürgerschaftliches Engagement, die Verwaltungs- und Verfahrensvereinfachung, die Stärkung und der Ausbau der Freiwilligendienste sowie die Reform des Gemeinnützigkeits- und Spendenrechts. Daneben standen Themenbereiche wie das bürgerschaftliche Engagement von Migrantinnen und Migranten, das gesellschaftliche Engagement von Unternehmen, die Auswirkungen der Arbeitsmarktreformen auf das bürgerschaftliche Engagement sowie das bürgerschaftliche Engagement als Bildungsziel in der Schule auf der Tagesordnung des Unterausschusses[8].

---

7   Vgl. hierzu ausführlich Klein/Olk/Hartnuß 2010.
8   Vgl. Deutscher Bundestag 2009.

2.4.2. Die Engagementförderung des Bundesministeriums für Frauen, Senioren, Familie und Jugend (BMFSFJ)

Das BMFSFJ hat innerhalb der Bundesregierung (Exekutive) die Aufgabe der Federführung und Koordination für die Förderung des bürgerschaftlichen Engagements inne. Neben Förderungen des traditionellen Ehrenamtes insbesondere in sozialen Bereichen spielten in den vergangenen Jahren neue Themen und Handlungsprogramme wie etwa das Modellprogramm „Erfahrungswissen für Initiativen" (EFI), die Initiative „Lokale Bündnisse für Familien" oder das Aktionsprogramm „Mehrgenerationenhäuser" eine prominente Rolle. Auffällig ist, dass dem Thema Zivilgesellschaft eine zunehmend wichtige strategische Relevanz beigemessen wird.

So hat die damalige Familienministerin Ursula von der Leyen im August 2007 die Initiative „ZivilEngagement Miteinander – Füreinander" entwickelt[9], die dem Thema Bürgergesellschaft und bürgerschaftliches Engagement einen höheren Stellenwert in der politischen Prioritätensetzung und Kommunikation des Hauses verleiht.

Darüber hinaus hat das BMFSFJ hat in den vergangenen Jahren eine Vielzahl von speziellen Programmen aufgelegt, die zur Förderung bürgerschaftlichen Engagements und zur Entwicklung einer aktiven Bürgergesellschaft in verschiedenen Bereichen beitragen sollen. Zu den besonderen Schwerpunkten aber gehörten und gehören sicher der Ausbau der Freiwilligendienste, die Förderung der Forschung zum bürgerschaftlichen Engagement, die Stärkung des Engagements bei der Gestaltung des demographischen Wandels (u.a. mit dem Programm „Aktiv im Alter"), die Förderung von Bürgerengagement bei der Auseinandersetzung mit Extremismus und Fremdenfeindlichkeit (Programme wie „Civitas", „Xenos" und „Entimon" sowie das Folgeprogramm „Vielfalt tut gut") sowie nicht zuletzt die Unterstützung von Netzwerken und Zusammenschlüssen der Zivilgesellschaft.

Eine wichtige Rolle spielt das BMFSFJ auch in der Abstimmung und Koordinierung engagementpolitischer Vorhaben und Programme zwischen Bund, Ländern und Kommunen. Wichtigster Ort hierfür ist die Bund-Länder-Kommunen- Arbeitsgruppe „Bürgerschaftliches Engagement", in der sich in halbjährigem Rhythmus Vertreterinnen und Vertreter aus den Ländern (Stabs- und Leitstellen aus Staatskanzleien und Ministerien der Länder), der kommunalen Spitzenverbände sowie aus dem Bundesfamilienministerien über aktuelle Themen und Vorhaben in diesem Feld verständigen.

---

9   BMFSFJ 2007.

Mit der Förderung des vom BBE veranstalteten „Nationalen Forums für Engagement und Partizipation"[10] geht das BMFSFJ neue Wege bei der Einbindung von Akteuren aus Zivilgesellschaft, Wissenschaft und Wirtschaft in die Politikformulierung. In diesem besondern Format der Politikberatung erhalten Experten aus zivilgesellschaftlichen Organisationen und aus der Wissenschaft die Möglichkeit, in themenbezogenen Dialogforen zentrale engagementpolitische Anliegen zu identifizieren und konkrete Maßnahmen und Programme vorzuschlagen. Diese Vorschläge werden vom zuständigen Fachministerium gesichtet und für die Entwicklung engagementpolitischer Maßnahmen, Programme und Kabinettsbeschlüsse der jeweiligen Bundesregierung genutzt. Dabei werden die Akteure der Zivilgesellschaft und der Wissenschaft nicht als Lobbyisten im üblichen Sinne sondern als Experten dieses Politikbereichs angesprochen, um unabhängig von üblichen Politikritualen des partikularistischen Lobbying (Anhörungen, Kamingespräche etc.) den Sachverstand gesellschaftlicher Akteure für fachlich gute gemeinwohlorientierte Lösungen zu mobilisieren. Das Bundeskabinett hat im Juli 2009 auf Initiative des BMFSFJ und auf der Grundlage der Ergebnisse der ersten Runde von Dialogforen des Nationalen Forums den Beschluss zum Aufbau einer Nationalen Engagementstrategie gefasst und die neue schwarzgelbe Regierungskoalition hat in ihrer Koalitionsvereinbarung die Fortsetzung dieser Kooperation von Politik und Zivilgesellschaft für die laufende Legislaturperiode angekündigt und das Nationale Forum für Engagement und Partizipation damit beauftragt, die Bundesregierung bei der Entwicklung ihrer Nationalen Engagementstrategie zu beraten. Eckpunkte einer „Nationalen Engagementstrategie" beschloss das Bundeskabinett am 6. Oktober 2010. Dabei wurden wesentliche Empfehlungen des „Nationalen Forums für Engagement und Partizipation" nicht aufgegriffen. Ob und wie die Bundesregierung die in diesem Modell der Politikberatung liegenden Chancen und Potenziale für die Entwicklung engagementpolitischer Vorhaben nutzen wird, lässt sich erst am Ende der Legislatur bewerten.

2.4.3. Das Bundesnetzwerk Bürgerschaftliches Engagement (BBE)

Das Bundesnetzwerk Bürgerschaftliches Engagement wurde im Juni 2002 durch die 31 Mitgliedsorganisationen des „Nationalen Beirats" des Internationalen Jahres der Freiwilligen (IJF) gegründet. Inzwischen haben sich dem Netzwerk über 250 Organisationen angeschlossen. Das besondere Handlungspotenzial des BBE ergibt sich aus seiner trisektoralen Zusammensetzung: In diesem Netzwerk

---

10   BBE 2009a und b, 2010.

sind alle drei großen gesellschaftlichen Sektoren – Bürgergesellschaft, Staat und Kommunen sowie Wirtschaft/ Arbeitsleben – mit dem Ziel vernetzt, bürgerschaftliches Engagement und Bürgergesellschaft zu fördern. In den vergangenen Jahren hat das BBE eine dynamische Entwicklung genommen, die sich nicht nur auf die rein quantitative Vermehrung der Mitgliedorganisationen beschränkt. In praktisch allen Prozessen der Feldentwicklung, der Erprobung neuer Institutionen und Vernetzungsformen, der politischen Erörterung von einschlägigen Handlungsprogrammen auf allen Ebenen des föderalen Staates und der Vorbereitung von Gesetzesvorhaben, der Koordination und Kooperation zwischen Akteuren unterschiedlichster Bereiche werden die Leistungen und Kompetenzen des BBE in Anspruch genommen. Zugleich bündelt das BBE in seinen Arbeitsgruppen ein enormes Potenzial an Fachkompetenz und Netzwerkbeziehungen.

Mit dem Format des „Nationalen Forums für Engagement und Partizipation" hat das BBE einen wichtigen Entwicklungsschritt vollzogen. Im Dialog von Staat, Zivilgesellschaft und Wirtschaft werden zentrale Fragen der Förderung von Engagement- und Demokratieförderunge verhandelt und Eckpunkte einer engagementpolitischen Agenda entwickelt[11].

3. Zwei Dekaden Engagementpolitik – Wo stehen wir?

Lässt man die hier skizzierte Entwicklung zu einer eigenständigen Engagementpolitik seit den 1980er Jahren Revue passieren, dann lässt sich Folgendes feststellen: Nach ersten Anfängen mit einer rein angebotsseitigen „Rekrutierungspolitik" zur Schließung von Dienstleistungslücken ist es gelungen, insbesondere mit dem Bericht der Enquete-Kommission ein umfassendes und reformorientiertes Agenda-Setting für das Politikfeld Engagementpolitik zu etablieren. Seitdem ist weitgehend anerkannt, dass Engagementpolitik nicht nur aus einer Anzahl konkreter Instrumente zur Förderung des bürgerschaftlichen Engagements besteht, sondern der konzeptionellen Grundlagen und einer integralen Politikstrategie bedarf, die die unterschiedlichen Akteure aus Bund, Ländern und Gemeinden ebenso einbezieht wie die Akteure aus Zivilgesellschaft und Wirtschaft. Darüber hinaus kann festgehalten werden, dass nach ersten Anfängen auf kommunaler und landespolitischer Ebene nun auch die Bundespolitik ein Interesse an der Förderung des bürgerschaftlichen Engagements entwickelt hat. Aus der Sicht politischer Akteure in Bund, Ländern und Kommunen ist programmatisch unbestritten, dass bürgerschaftliches Engagement die Lebensqualität im politischen Gemeinwesen steigert, sozialen Zusammenhalt stiftet und zum Aufbau sozialer

---

11   Vgl. BBE 2009a, b, 2010.

Kompetenzen beiträgt. In den letzten Jahren kam hinzu, dass die Politik ein zunehmendes Interesse an der Mobilisierung bürgerschaftlichen Engagements als eine Ressource zur Bewältigung gesellschaftlicher Herausforderungen (wie demografischer Wandel, Integration von Migranten etc.) entwickelt hat.

Was die Durchführung und Umsetzung von Engagementpolitik anbelangt, so kann davon ausgegangen werden, dass vor allem im Bereich konkreter Maßnahmen und ressortspezifischer Programme (im Sinne von "Policy") – wie z.b. dem Bund-Länder-Programm „Die Soziale Stadt", das gezielt auf den Einbezug des Engagements für die Entwicklung von Stadtteilen setzt, die von Desintegration und Abwertung bedroht sind[12] – Fortschritte erzielt worden sind. Auf allen Ebenen des föderalen Staates sind in nahezu allen Politikfeldern zivilgesellschaftliche Instrumente und zivilgesellschaftlich inspirierte Politikprogramme entwickelt und erprobt worden. Es sind neue politische Steuerungsinstrumente eingeführt worden, wie Lern- und Entwicklungsnetzwerke, Wettbewerbe, Moderations- und Mediationsverfahren, Strategien der Bürgeraktivierung, innovative Organisationsentwicklungsprozesse in Organisationen, Vereinen und Verbänden, zivilgesellschaftliche Aktivierungsprogramme gegen rechtsextremistische Strömungen und Bewegungen sowie die Nutzung der Ressource Bürgergesellschaft für die Integration von Migrantinnen und Migranten. Auch die Lokalen Bündnisse für Familie, die ursprünglich keineswegs als zivilgesellschaftliches Instrument konzipiert worden waren, stellen grundsätzlich eine zivilgesellschaftliche Mobilisierungsstrategie dar und gehören insofern faktisch in den Kontext der Engagementpolitik.

In diesem Zusammenhang sind ebenso eine Reihe von neuen und z. T. innovativen engagementpolitischen Institutionen entstanden, die – im Sinne von „Politics" – Einfluss auf engagementpolitische Aushandlungsprozesse nehmen und die engagementpolitische Agenda mitbestimmen (Agenda-Setting). Zu den engagementpolitischen Institutionen zählen der Unterausschuss „Bürgerschaftliches Engagement" im Deutschen Bundestag, das Bundesnetzwerk Bürgerschaftliches Engagement, Netzwerke auf Landes- und regionaler Ebene, überregionale Fortbildungsinstitutionen, Stabsstellen bei Ministerpräsidenten, ressortübergreifende Arbeitsgruppen, Ausschüsse etc. In vielen politischen Handlungsfeldern ist es inzwischen selbstverständlich geworden, die Ressource Bürgergesellschaft bzw. bürgerschaftliches Engagement ins Spiel zu bringen und auf die Leistungspotenziale dieser Ressource zu bauen. Erhebliche Defizite und Unklarheiten bestehen allerdings im Hinblick auf die Wirkungen und die Evaluation engagementpolitischer Vorhaben und Modelle. Ob die einzelnen Maßnahmen und Interventionen der Engagementpolitik die von ihnen angezielten Wirkungen errei-

---

12   Vgl. Bock/Böhme/Franke 2007.

chen oder nicht, kann auf dem gegenwärtigen Stand des Wissens kaum beurteilt werden. Die Gründe hierfür sind vielfältig. So werden gerade im engagementpolitischen Handlungsfeld Ziele und Ergebniserwartungen oft unklar und zum Teil widersprüchlich formuliert, fehlen Indikatoren zur Erfolgsmessung und werden die Programme und Maßnahmen in der Regel finanziell schlecht ausgestattet oder mit zu kurzen Laufzeiten versehen. Auch ist der Stand der wissenschaftlichen Forschung zum Engagement keineswegs soweit entwickelt, dass verlässliche Forschungsergebnisse zu Wirkungszusammenhängen in diesem Feld vorlägen.

Abgesehen davon ist es bislang nicht gelungen, das Projekt der Förderung bürgerschaftlichen Engagements aus seinem Status eines „weichen" Themas herauszuführen und in den Kern politischer Maßnahmen und Programme zu integrieren. Dies ist deshalb erforderlich, weil der politische Ordnungsrahmen (im Sinne von „Polity") einer Neujustierung bedarf, wobei insbesondere eine Neuverteilung von Aufgaben und Verantwortlichkeiten zwischen Staat, Zivilgesellschaft und Wirtschaft ganz oben auf der politischen Tagesordnung stehen müsste. Insofern liegen die Erfolgskriterien für Engagementpolitik auf zwei unterschiedlichen Ebenen: Während es auf der einen Seite gilt, die Wirksamkeit engagementpolitischer Vorhaben, Programme und Instrumente zu verbessern, geht es auf der anderen Seite auch darum, das politische Institutionensystem der Bundesrepublik Deutschland derart weiterzuentwickeln, dass Zivilgesellschaft und bürgerschaftlichem Engagement gegenüber Markt und Staat eine gewichtigere Rolle eingeräumt wird.

4. Ausblick

Was also wäre zu tun, um Engagementpolitik als Politikfeld weiter zu etablieren und der Vision einer aktiven Bürgergesellschaft zu mehr Durchschlagskraft zu verhelfen. In diese Richtung sollen abschließend vier Anregungen formuliert werden.

(1) Der erste Punkt betrifft das Leistungsvermögen der Bürgergesellschaft, ihrer Ressourcen und Akteure für die Bewältigung aktueller Herausforderungen der Gesellschaft. Eine der Schwächen im bürgergesellschaftlichen Reformdiskurs besteht darin, dass zwar in programmatischen Reden und wissenschaftlichen Untersuchungen der langfristige und präventive Wert bürgergesellschaftlicher Ressourcen unter dem Leitbegriff des Sozialkapitals für die soziale Integration und Kohäsion der modernen Gesellschaft hervorgehoben wird[13]. Unter den

---

13 Als kritischer Überblick siehe Seubert 2009.

inzwischen rauer gewordenen gesellschaftlichen Rahmenbedingungen müsste es allerdings viel mehr darum gehen, möglichst präzise und klar herauszuarbeiten, welchen Beitrag Bürgergesellschaft und bürgerschaftliches Engagement zur Bewältigung konkreter Herausforderungen wie etwa die Alterung der Gesellschaft, die Massenarbeitslosigkeit, die Entstehung von ethnischen Parallelgesellschaften, die soziale Spaltung der Gesellschaft etc. leisten können. Dieser Nachweis müsste sowohl auf programmatisch-konzeptioneller Ebene, auf der Ebene überzeugender Best-Practice-Beispiele als auch auf der Ebene von sozialwissenschaftlicher Evaluationsforschung geführt werden. Es geht hier um die fachpolitische Überzeugungskraft von bürgergesellschaftlichen Reformprojekten in einer Gesellschaft, die nur mit den Mitteln von Markt und Staat allein die anstehenden Herausforderungen wohl kaum wird bewältigen können.

(2) Eine wichtige Voraussetzung dafür, mit einem solch unbequemen Projekt wie der Bürgergesellschaft im politischen Diskurs gehört zu werden, ist die Entwicklung einer entsprechenden politischen Durchsetzungsmacht. Dies würde voraussetzen, dass die Protagonisten der Zivilgesellschaft ihre gemeinsamen Anliegen, Interessen und Probleme erkennen und zu einem koordinierten Handeln fähig werden. Hier gibt es erheblichen Lernbedarf: Alle Insider wissen von ressortspezifischem Eigensinn, partikularistischem Interessenvertretungshandeln und Konflikten zwischen den Befürwortern des Projekts der Bürgergesellschaft zu berichten. Selbstverständlich gibt es Interessenauseinandersetzungen auch zwischen Akteuren der Zivilgesellschaft. Wir sprechen hier aber – bewusst provokant – von einer strategischen Selbstenthauptung (und Selbstschwächung) der Bürgergesellschaft gegenüber den Akteuren von Markt und Staat. Das Erbe einer hochgradig versäulten und fragmentierten deutschen Verbändekultur ist noch lange nicht überwunden; dies zeigt sich in einem ausgeprägten Domänedenken und einem erst allmählich wachsenden Bewusstsein gemeinsamer Anliegen, Interessen und Problemlagen – etwa zwischen Wohlfahrtspflege, Kultur, Sport, Umweltschutz, Rettungswesen usw. Um diese Partikularismen zu Gunsten der Verteidigung des gemeinsamen Anliegens zurückzustellen, bedarf es eines gemeinsamen Problembewusstseins und der Einsicht in den politischen Mehrwert eines konzertierten Vorgehens gegenüber solchen Akteuren, die konkurrierende Anliegen vertreten[14].

(3) Wir benötigen konkrete Nachweise der Erfolgsbedingungen von bürgergesellschaftlichen Projekten und Vorgehensweisen. In den letzten Jahren sind viele neue bürgergesellschaftlich relevante Aktionsprogramme und Projekte aufgelegt und mit öffentlichen Geldern gefördert worden, deren Wirkungen kaum ernsthaft

---

14   Das „Bündnis für Gemeinnützigkeit" als eine Plattform der Dachverbände des Dritten Sektors und das BBE als trisektorales und bereichsübergreifendes Netzwerk bieten die Möglichkeit, entsprechende kooperative Lernprozesse zu realisieren.

untersucht worden sind. Wenn aber die Erfolge und Misserfolge neuer politischer Programme und Vorgehensweisen nicht analysiert werden, dann kann weder aus Fehlern gelernt noch können die Möglichkeiten und Grenzen bürgergesellschaftlicher Strategien ausgelotet werden. Ein Grund für dieses leichtfertige Umgehen mit knappen gesellschaftlichen Ressourcen besteht wohl darin, dass das, was politisch entschieden wird, meist gar nicht so gemeint war, wie es formuliert worden ist. In vielen politischen Programmen (wie etwa in dem Programm „Die Soziale Stadt" oder bei den Bündnissen für Familie) spielt zwar die Ressource bürgerschaftliches Engagement programmatisch eine gewisse Rolle, aber wie weit man mit dieser Ressource wirklich kommt und welcher Rahmenbedingungen es bedürfte, um diese Ressource zur Entfaltung zu bringen, dies will man dann doch nicht so genau wissen.

Es entsteht dann der Eindruck, dass das bürgerschaftliche Element in solchen Programmen die Funktion eines schmückenden Beiwerkes oder eines hinzugefügten Fremdkörpers enthält. So wurde etwa die Bürgergesellschaft in der Konzeption der Lokalen Bündnisse für Familie auf die Industrie- und Handelskammern sowie Unternehmen und Gewerkschaften verkürzt, während andere zivilgesellschaftliche Akteure (wie Selbsthilfeinitiativen, gemeinnützige Organisationen und Wohlfahrtsverbände) zumindest konzeptionell am Katzentisch sitzen – auch wenn sie in den einzelnen Bündnissen vor Ort dann doch wieder hofiert werden. Ein anderes Beispiel ist das Programm „Die Soziale Stadt". Hier haben wir es grundsätzlich mit einem sehr komplexen und aus zivilgesellschaftlicher Perspektive positiven Aktivierungsansatz zu tun. Allerdings entsteht bei der Umsetzung dieses Programms oft genug die Gefahr des „Beteiligungsrummels"[15]: Während auf der einen Seite – zumeist unter Einsatz unzureichender Ressourcen und Begleitmaßnahmen – versucht wird, Bewohnergruppen in benachteiligten Stadtteilen zu aktivieren, fehlt es auf der anderen Seite oft genug an einer Verknüpfung dieser Mobilisierungsstrategie mit echten materiellen Umverteilungsmaßnahmen, die die soziale Benachteiligung ausgleichen könnten, und werden in der Regel viel zu hohe Erwartungen bei viel zu kurzen Laufzeiten der Aktivierungsprogramme formuliert. Es kommt in Zukunft darauf an, vermehrt und systematisch aus solchen Verkürzungen und Defiziten zu lernen, um die Leistungsfähigkeit des Projekts der Bürgergesellschaft für die zukunftsfeste Gestaltung unseres politischen Gemeinwesens tatsächlich ausschöpfen zu können.

(4) Eine besondere Bedeutung für die Entwicklung der Potenziale der Bürgergesellschaft kommt den engagementfördernden Infrastrukturen zu. Hier haben sich in den letzten Jahren interessante Differenzierungsprozesse ergeben, die

---

15 Roth 2004.

fachpolitisch neue Fragen aufwerfen. Zu der engagementfördernden Infrastruktur gehören sowohl die klassischen gemeinnützigen Verbände und Organisationen wie auch die neuen Infrastruktureinrichtungen (wie Selbsthilfekontaktstellen, Seniorenbüros und Freiwilligenagenturen)[16]. Hinzu gekommen sind als dritte Säule Netzwerkstrukturen wie engagementpolitische Städte- und Landesnetzwerke, lokale Bündnisse für Familien sowie Bürgerstiftungen. Auch wird die Bedeutung von Einrichtungen und Diensten im Sozial- und Gesundheitsbereich als Infrastrukturen für bürgerschaftliches Engagement zunehmend anerkannt.

Die hiermit zusammenhängenden fachpolitischen Fragen stellen eine erhebliche Herausforderung für die Weiterentwicklung engagementfördernder Rahmenbedingungen dar. So ist etwa die Frage des Entwicklungsbedarfes engagementfördernder Organisationsstrukturen in Verbänden[17] noch weitgehend ungeklärt. Wie müssen sich gewachsene Verbände etwa im Wohlfahrtsbereich, Kultur, Umweltschutz etc. weiter entwickeln, um für bürgerschaftliches Engagement offen und attraktiv zu sein? Darüber hinaus muss geklärt werden, wie regionale und lokale Netzwerkstrukturen wie Städtenetzwerke und lokale Bündnisse für Familien fachlich und organisatorisch strukturiert sein müssen, um optimale Rahmenbedingungen für bürgerschaftliches Engagement zu bieten. Ähnliche Fragen ließen sich auf der Ebene von Einrichtungen und Diensten (Kindertageseinrichtungen, Schulen, Krankenhäuser, Alteneinrichtungen etc.) aufwerfen. Wie muss eine zivilgesellschaftliche Öffnung solcher Einrichtungen aussehen, um bürgerschaftliches Engagement nicht nur zum Anhängsel, sondern zu einem integralen Bestandteil des Aufgabenselbstverständnisses und der alltäglichen Arbeitsroutinen zu erheben[18]?

Es liegt auf der Hand, dass hiermit auch komplexe Fragen der Finanzierung aufgeworfen werden. Die verlässliche Finanzierung Engagement fördernder Infrastrukturen auf lokaler und überlokaler Ebene ist und bleibt ein Dauerproblem von Engagementpolitik. Dabei ist unbestritten, dass alle Stakeholder (Non-Profit-Organisationen, Nutzer, Unternehmen, zivilgesellschaftliche Akteure, öffentlicher Sektor) in solche Konzepte einbezogen werden müssen. Dabei gilt es allerdings, einer aktuellen Tendenz entgegenzutreten. Gemeint sind die unübersehbaren Anzeichen dafür, dass sich die öffentliche Hand – zum Teil unter dem Druck der Rechnungshöfe – aus der finanziellen Förderung von Infrastrukturen zurückzieht. Dabei spielt oft das Argument des Verbots der institutionellen Förderung eine Rolle. Hiergegen bleibt festzustellen, dass die öffentliche Mitfinanzierung der Infrastrukturen zur Förderung des bürgerschaftlichen Engagements eine öffentliche Aufgabe bleiben muss. Kein anderer mitfinanzierender Akteur –

---

16   Vgl. Born 2005.
17   Vgl. Sprengel 2007.
18   Vgl. BBE 2008.

sei dies nun die Wirtschaft oder Stiftungen – ist bereit und in der Lage, verlässliche langfristige Finanzierungszusagen zu geben.[19]

Literaturverzeichnis

Benz, Arthur (2004): Governance. Regieren in komplexen Regelsystemen. Wiesbaden: VS Verlag

Bock, Stephanie/Böhme, Christa/Franke, Thomas (2007): Aktivierung und Beteiligung in der integrativen Stadtteilentwicklung. In: Forschungsjournal Neue Soziale Bewegungen, Jg. 20, Heft 2, 64–71

Born, Sabrina (2005): Bürgerschaftliches Engagement: stabilisieren, stärken, steigern. Innovation und Investition in Infrastruktur und Infrastruktureinrichtungen, Studie für den Arbeitskreis „Bürgergesellschaft und aktivierender Staat" der Friedrich-Ebert-Stiftung, Bonn: Friedrich-Ebert-Stiftung

Bundesministerium für Familie, Senioren, Frauen und Jugend (BMFSFJ) (2007): Miteinander, Füreinander: Initiative ZivilEngagement. Berlin

Bundesnetzwerk Bürgerschaftliches Engagement (BBE) (2008): Engagement und Erwerbsarbeit. Produktive Ergänzungen, Übergänge, problematische Grauzonen, Tagungsreader, als pdf unter http://www.b-b-e.de/fachveranstaltungen.html

Bundesnetzwerk Bürgerschaftliches Engagement (BBE) (Hrsg.) (2009a): Nationales Forum für Engagement und Partizipation. Erster Zwischenbericht, Berlin

Bundesnetzwerk Bürgerschaftliches Engagement (BBE) (Hrsg.) (2009b): Nationales Forum für Engagement und Partizipation. Erster Zwischenbericht, Berlin

Bundesnetzwerk Bürgerschaftliches Engagement (BBE) (Hrsg.) (2010): Nationales Forum für Engagement und Partizipation. Dritter Zwischenbericht, Berlin

Deutscher Bundestag: Ausschuss für Familie, Senioren, Frauen und Jugend, Unterausschuss „Bürgerschaftliches Engagement" (Hrsg.) (2009): Bericht über die Arbeit des Unterausschusses „Bürgerschaftliches Engagement" in der 16. Wahlperiode: http://www.bundestag.de/ausschuesse/a13/buerger_eng/arbeit/bericht.pdf

Enquete-Kommission „Zukunft des Bürgerschaftlichen Engagements" des Deutschen Bundestages (2002): Bericht. Bürgerschaftliches Engagement: Auf dem Weg in eine zukunftsfähige Bürgergesellschaft. Opladen: Leske + Budrich

---

19 In einem vom Bundesfamilienministerium beauftragten Gutachten hat der Kieler Jurist Igl (vgl. Igl 2009) verfassungsrechtliche Überlegungen zur Infrastrukturverantwortung des Bundes bei der Engagementförderung angestellt. Gerhard Igl ist ein ausgewiesener Experte für alle rechtlichen Fragen der Engagementförderung und war bereits juristischer Hauptgutachter der damaligen Enquete-Kommission. Sein Gutachten sorgt jetzt für engagementpolitischen Zündstoff: Es wird vom Bundesfinanzministerium und vom Bundesrechnungshof abgelehnt, obwohl es unabweisbaren rechtlichen Handlungsbedarf darstellt.

Evers, Adalbert/Kortmann, Karin/Olk, Thomas/Roth, Roland (2003): Engagementpolitik als Demokratiepolitik. Reformpolitische Perspektiven für Politik und Bürgergesellschaft. In: Lohmann (2003): 153-164

Heinze, Rolf G./Offe, Claus (Hrsg.) (1990): Formen der Eigenarbeit. Theorie, Empirie, Vorschläge. Opladen: Leske + Budrich

Igl, Gerhard (2009): Fördermöglichkeiten des Bundes bei lokalen und regionalen Infrastrukturvorhaben auf dem Gebiet des bürgerschaftlichen Engagements, Gutachten für das BMFSFJ, Berlin

Klein, Ansgar (2001): Der Diskurs der Zivilgesellschaft. Politische Hintergründe und demokratietheoretische Folgerungen, Opladen: Leske + Budrich

Lohmann, Georg (Hrsg.) (2003): Demokratische Zivilgesellschaft und Bürgertugenden in Ost und West. Frankfurt a. M.: Peter Lang

Matthies, Aila-Leena/Kauer, Kathleen (Hrsg.) (2004): Wiege des sozialen Kapitals. Bürger-Engagement und lokale Ökonomie in einem ostdeutschen Stadtteil. Bielefeld: Kleine Verlag

Olk, Thomas (1990): Förderung und Unterstützung freiwilliger sozialer Tätigkeiten – eine neue Aufgabe für den Sozialstaat? In: Heinze/Offe (1990): 244-265

Olk, Thomas/Klein, Ansgar/Hartnuß, Birger (Hrsg.) (2010): Engagementpolitik. Die Entwicklung der Zivilgesellschaft als politische Aufgabe. Wiesbaden: VS Verlag

Rohe, Karl (1994): Politik. Begriffe und Wirklichkeiten. Eine Einführung in das politische Denken. 2. Auflage. Stuttgart: Kohlhammer

Roth, Roland (2004): Engagement als Ressource. Möglichkeiten und Grenzen der Selbstorganisation von benachteiligten Bevölkerungsgruppen. In: Matthies/Kauer (2004): 175-188

Schmid, Josef, unter Mitarbeit von Christine Brickenstein (2010): Engagementpolitik auf Landesebene – Genese und Strukturierung eines Politikfeldes. In: Olk/Klein/Hartnuß (Hrsg.) (2010): 352-381

Seubert, Sandra (2009): Krise oder Chance gesellschaftlicher Integration? Zur demokratietheoretischen Bedeutung sozialen Kapitals. In: Forschungsjournal Neue Soziale Bewegungen, Jg. 22, Heft 3, 21-28

Sprengel, Rainer (2007): Bürgerschaftliches Engagement und Organisationsentwicklung der Verbände, Studie für den Arbeitskreis „Bürgergesellschaft und aktivierender Staat" der Friedrich-Ebert-Stiftung, Bonn: Friedrich-Ebert-Stiftung

Bürgerbeteiligung im kommunalen Raum. Erfahrungen mit dem Instrument Bürgerpanel

Helmut Klages

1. Das unausgeschöpfte Beteiligungspotenzial der Bürger/innen auf kommunaler Ebene

Bei den Bürgern grassiert die Politikverdrossenheit – wer wollte dies ernsthaft bezweifeln?

Aber – die empirischen Belege dafür, dass es im Hintergrund der Verdrossenheit der Bürger ein fast schon aus den Nähten platzendes *Potential* an Mitwirkungsinteressen und -bereitschaften gibt, sind schlechterdings nicht von der Hand zu weisen.

Am größten – und teils auch am ungeduldigsten auf seine Chance wartend – ist dieses Potenzial auf der kommunalen Ebene. Hier sind es in der Regel fast 8 von 10 Bürgern und Bürgerinnen, die Bürgerbeteiligung an öffentlichen Entscheidungen für wichtig und dringlich erachten und die gleichzeitig für sich selbst Mitsprache einfordern. Gleichzeitig zeigt sich aber auch, dass auf der kommunalen Ebene der Frust gegenüber der etablierten Politik am stärksten ist. Wenn heute z.B. von einem langfristigen Rückgang der Wahlbeteiligung die Rede ist, dann hat man vor allem die kommunale Ebene ins Auge zu fassen, weil hier der in dieser Richtung verlaufende Trend weitaus am deutlichsten erkennbar ist.

Realistisch betrachtet haben nun allerdings auch und gerade hier die vielfältigen Bemühungen um die Etablierung einer *Praxis* der Bürgerbeteiligung ungeachtet einer sehr großen Zahl verfügbarer Beteiligungsverfahren insgesamt gesehen, d.h. unter Ausklammerung einzelner Gegenbeispiele beurteilt, nur zu bescheidenen Erfolgen geführt. Zwar sind nach den Ergebnissen der Freiwilligensurveys über alle erfassten Bereiche hinweg gerechnet über 24 Millionen Bundesbürger ab 14 Jahren „freiwillig engagiert", was immer dies im einzelnen auch heißen mag. Auf den ersten Blick betrachtet handelt es sich hierbei um ein hervorragendes Ergebnis. Fragt man aber gezielt nach, wie viele von diesen überraschend Vielen auf den Bereich der Bürgerbeteiligung im kommunalen Raum im

engeren Sinne des Wortes entfallen, dann erlebt man eine unerwartete Enttäu-
schung, denn es handelt sich nur um magere 2% von ihnen.
    Die Ergebnisse von Befragungen in verschiedenen Städten bestätigen dieses
Bild sehr nachdrücklich. Nur ein sehr geringer Bruchteil der Mehrheit der Menschen, welche die Bürgerbeteiligung bejahen und einfordern, konnte bisher persönliche Erfahrungen mit ihr gewinnen, wobei hinzukommt, dass es sich in der
Mehrzahl der Fälle um episodische Einmalerfahrungen handelte, die sich nicht in
kontinuierliche Aktivitäten umsetzten, wie sie für die Mehrzahl der Fälle von
„freiwilligem Engagement", so z.b. im Sport, oder im sozialen oder kulturellen
Bereich, typisch sind.

2. Der „Teufelskreis" korrespondierender Hemmungen und Blockierungen bei Bürgern und Entscheidern

Man könnte versucht sein, angesichts des Widerspruchs zwischen einem bei
überwiegenden Teilen der Bevölkerung feststellbaren Beteiligungspotenzial und
einer großen Zahl von Ansätzen zu seiner Aktivierung auf der einen Seite und
dem geringfügigem Ausmaß seiner faktischen Aktualisierung auf der anderen
Seite von einem Paradox zu sprechen. Überraschender Weise sind die Bemühungen um die Aufklärung der Ursachen dieses Widerspruchs bisher noch sehr ge-
ringfügig geblieben. Insbesondere gibt es bisher nur sehr wenige belastbare Belege für die von den verfügbaren und zur Anwendung gelangenden Beteiligungsverfahren erwartbaren Wirkungen. Darüber hinaus besteht aber auch noch
keine befriedigende Klarheit über die bei der Evaluierung dieser Wirkungen
einzusetzenden Kriterien (oder der in Rechnung zu stellenden „Beteiligungsfunk-
tionen", um Heike Walk zu zitieren).
    Ich selbst betrachte es insbesondere als ein großes Versäumnis, dass bisher
der Tatsache noch viel zu wenig Beachtung geschenkt wird, dass es Hemmnisse
und Blockierungen der Bürgerbeteiligung sowohl bei den Bürgern und Bürgerinnen selbst, wie auch bei den kommunalen Verwaltungen und den gewählten
Mandatsträgern gibt und dass diese beiderseitigen Hemmnisse und Blockierungen auf fatale Weise miteinander korrespondieren.
    Der Kern der Schwierigkeiten bei den Bürgern scheint in erster Linie, d.h.
von einer Reihe mitwirkender Ursachen einmal abgesehen, darin zu bestehen,
dass sie den Administratoren und vor allem den politischen Mandatsträgern kein
ausreichendes Vertrauen schenken, was man im allgemeinen weiß und was unter
dem Stichwort der„Vertrauenslücke" heute fast schon gängiges Alltagswissen
ist. „Die Politiker machen doch letztlich was sie wollen" – dieser Satz ist inzwischen zu einer der gängigsten Redewendungen im unserm Lande geworden. Bei

Befragungen stimmen diesem Satz in der Regel ca. 2/3 der Befragten mehr oder weniger einschränkungslos zu.

Es kommt jedoch hinzu, dass die kommunalen Entscheider in den Verwaltungen und Räten das Ergebnis dieses Misstrauens, nämlich das Fernbleiben der Bürger, die leeren Bänke bei zahlreichen Bürgerversammlungen, auch wenn es um wichtige Themen geht, alltagspraktisch erleben und dass sie die Ursachen hierfür sehr häufig exklusiv auf Seiten der Bürgern suchen, indem sie folgern, dass es den Bürgern am Allgemeininteresse fehlt. „Die meisten Bürger interessiert doch letztlich nur, was sie privat und ganz persönlich angeht" – auch dieser Satz ist inzwischen, wie jeder weiß, der sich in den Rathäusern auskennt, zu einer sehr gängigen Redewendung in unserem Lande geworden..

Das Schlimme daran ist, dass sich die beiderseitigen Vorurteile von Bürgern und Entscheidern in einer Art von „Teufelskreis" gegenseitig bestätigen und hochschaukeln. (Man könnte von miteinander verkoppelten und einander steigernden „self-fulfilling prophecies" sprechen). Es entsteht hier eine Sogwirkung, die entgegenstehenden Erfahrungen, Meinungsbeständen und Handlungsansätzen leicht den Boden entzieht und sie mit sich fortreißt. So ist die zeitweilige Begeisterung zahlreicher Bürgermeister für die „Bürgerkommune" aufgrund dieser Sogwirkung inzwischen bereits wieder abgeflaut. Auch die Bürgerbeteiligungsansätze selbst scheinen von dieser Sogwirkung nicht verschont zu bleiben. Die größte Durchsetzungskraft scheint aktuell massenwirksamen Konfliktinszenierungen zuzuwachsen, wie man sie u.a. bei den Auseinandersetzungen um das Projekt „Stuttgart 21" beobachten kann. Das gewissermaßen aufgestaute latente Beteiligungspotenzial erhält hier und bei anderen emotional aufgeladenen Gelegenheiten eine Ausbruchschance, die ähnlich „eruptiv" ist wie der Ausbruch eines Vesuvs über einer Magmablase im Erdinnern.

3. Das Leistungsprofil des Speyerer Bürgerpanel-Ansatzes

Der Speyer Bürgerpanel-Ansatz, den ich in Anbetracht der Themenvorgabe in gebotener Kürze zur Darstellung bringen will, setzt genau an dieser Problemdiagnose an.

Dieser Ansatz geht nämlich zentral davon aus, dass es unumgänglich ist, den genannten „Teufelskreis" zu durchbrechen. Kurz gesagt besteht das handlungsleitende Konzept hierbei darin, beide Seiten, Bürger und Entscheider, in eine Dialogbeziehung zu bringen, die sich beiderseits mit einem Minimum von Aufwendungen und Belastungen und einem Maximum an absehbaren Nutzenwirkungen verbindet, so dass auf beiden Seiten eine Attraktivitätswirkung – in gängiger Ausdrucksweise: eine „Win-win-Situation – entsteht, welche die einer

Beteiligung entgegenstehenden Hemmungen übersteigt und letztlich unwirksam werden lässt.

Das Instrument, das hierbei zur Anwendung gelangt, besteht im Kern in der *repräsentativen Bürgerbefragung*, die allerdings über das im Umfragebereich gängige Niveau hinaus erweitert und intensiviert gehandhabt wird.

Dass die repräsentative Bürgerbefragung bei den *Bürgern* selbst Sympathiewerte und Beteiligungsquoten erzielt, von denen andere Beteiligungsinstrumente nur träumen können, hängt natürlich *erstens* damit zusammen dass sie in zeitlicher Hinsicht ungewöhnlich „niederschwellig" ist. Im wesentlichen besteht der für die Beteiligung erforderliche Zeitaufwand nur in der Zeitspanne, die für ein Interview oder das Ausfüllen eines Fragebogens erforderlich ist. Eine große Rolle spielt hierbei *zweitens* aber auch, dass sie „aufsuchend" ist. Je nach der zur Anwendung kommenden Befragungsart kommt der Interviewer oder der Fragebogen direkt „ins Haus". Der aufsuchende Charakter der Befragung lässt sich darüber hinaus gruppenspezifisch variieren, so dass „schwer erreichbare" Bevölkerungsgruppen wie Menschen mit Migrationshintergrund oder sogenannte „bildungsferne Gruppen" in ihrer eigenen Sprache mit besonderen, auf ihre speziellen Kommunikationsgewohnheiten abgestimmten Ansprachemethoden einbezogen oder auch schlicht beim „sample-Design" überrepräsentiert werden, so dass sie die Chance erhalten, in der Stichprobe angemessen zur Geltung zu kommen. Von besonderer Bedeutung ist aber auch *drittens*, dass mit einer Bürgerbefragung hunderte bis tausende von Bürgern erreicht werden können, so dass eine „breite", wie vor allem auch sozial und ethnisch „ausgewogene" Beteiligung erreichbar wird. Wir steigern diesen Effekt bei unserem Speyerer Bürgerpanel ganz bewusst dadurch, dass wir jedem interessierten Bürger eine Beteiligung anbieten, indem wir verschiedene Zugangswege zur Befragung (neben der Einbeziehung in die Stichprobe selbst insbesondere auch die Nutzung der Einstellung des Fragebogens in das Internet) eröffnen. Von entscheidender Bedeutung ist für die Bürger aber *viertens* dass wir die Befragungshäufigkeit weit über das übliche Maß hinaus bis in den „unterjährigen" Bereich hinein steigern. Wir können auf diesem Wege – nicht nur temporal, sondern auch thematisch – mit der Agenda von Rat und Verwaltung „gleichziehen" und den Bürgern die Möglichkeit einräumen, zu aktuellen kommunalpolitischen Entscheidungsfragen Stellung zu beziehen. Die Durchführung von Serien relativ kurzfristig aufeinander folgender Befragungen bringt letztlich aber auch *fünftens* die für sich allein enorm wichtige Möglichkeit mit sich, die Bürger im Wege der Beantwortung entsprechender Fragen in den Fragebögen über die Wichtigkeit der Themenstellungen in nachfolgenden Befragungen mitbestimmen zu lassen und ihnen auf diesem Wege eine Chance der Mitentscheidung über die Agenda von Rat und Verwaltung einzuräumen.

Indem wir bei alledem das *Repräsentativitätsprinzip* hochhalten, können wir das Bürgerpanel andererseits nun allerdings auch den kommunalen *Entscheidern* als ein zuverlässiges Instrument zur Ermittlung der Interessen, Meinungen, Erwartungen und Problemwahrnehmungen der Bürger/innen, d.h. aber als eine wesentliche Planungs- und Entscheidungshilfe, anbieten. Die erfahrungsgemäß hohe Akzeptanz des Instruments bei den Entscheidern ist aber umgekehrt auch für die Bürger selbst von allergrößter Bedeutung. Sie bedeutet für sie nämlich eine sehr weitgehende Garantie der Erfüllung ihres zentralen Bedürfnisses, „Gehör" zu finden – eine Garantie die sich natürlich durch die *Institutionalisierung* des Verfahrens einschließlich der Rechenschaftslegung noch außerordentlich steigern lässt, weil die Verfahrensanwendung dadurch der stets drohenden Einflussnahme anderweitiger Einflüsse und Interessenlagen weitgehend entzogen und den Bürgern eine Verlässlichkeitsgrundlage angeboten wird, die für die Ausbildung und Konsolidierung von Vertrauensbereitschaft unerlässlich ist.

Mit Institutionalisierung meine ich vor allem erstens die Verbindlichmachung der Verfahrensanwendung in Verbindung mit bestimmten zentralen Themenstellungen der kommunalen Daseinsvorsorge; ich meine damit zweitens die Sicherstellung einer ausreichenden Bereitschaft der Entscheider zum „Ernstnehmen" und zur eingehenden Prüfung und Erörterung (oder „Deliberation") der Bürgervoten; ich meine damit endlich drittens die Sicherstellung einer ausreichend transparenten und intensiven, „Rede und Antwort" einschließenden „Rechenschaftslegung" im Sinne der Rückkopplung der Entscheidungen zu den Bürgern unter Erläuterung der Gründe, die zur Annahme und insbesondere auch zu einer evtl. Ablehnung ihrer Voten geführt haben.

4. Das Bürgerpanel als Grundlage für die Ermöglichung komplexerer Beteiligungsverfahren

Das Bürgerpanel erhebt bei alledem aber keinen Anspruch, ein Universalverfahren der Bürgerbeteiligung zu sein, das die Anwendung aller anderen verfügbaren Verfahren erübrigt. Im Gegenteil lassen sich vom Bürgerpanel her vielfältige Anschlussmöglichkeiten zu anderen Bürgerbeteiligungsansätzen mit ergänzenden „Leistungsprofilen" erschließen. So z.B. lassen sich die Ergebnisse diskursiver – aber nicht repräsentativer – Kleingruppenverfahren durch eine nachfolgende Bürgerbefragung mit einem Legitimationsnachweis ausstatten. Andererseits lassen sich einer Bürgerbefragung – erfahrungsgemäß mit großen Erfolgsaussichten – aber auch Rückmeldebögen beifügen, auf denen die Befragten unter Offenlegung ihrer Namen und Kontaktdaten ihre Bereitschaft zur Mitwirkung an weiteren Beteiligungsansätzen deklarieren können. Das Bürgerpanel eröffnet damit über die mit ihm selbst verbundene Potenzialaktivierung hinaus unmittelbar nutzbare Zugänge zu dem latent vorhandenen Beteiligungspotenzial in der Bevölkerung mit direktem Personenbezug.

Abkürzend behauptet liefert das Bürgerpanel ganz besonders günstige Ausgangsgrundlagen für die Entwicklung mehrteiliger und mehrstufiger, prozesshaft ausgestalteter Beteiligungsverfahren, auf welche die Entwicklung der Bürgerbeteiligung im kommunalen Raum offensichtlich hinzuzielen hat, wenn die „Zuschauerdemokratie" von heute überwunden werden soll.

Literaturverzeichnis

Daramus, Carmen/Klages, Helmut/Masser, Kai (2002): Das Bürgerpanel – eine repräsentative Methode der Bürger- und Bürgerinnenbeteiligung. In: Ley/Weitz (2002): 90-94

Embacher, Serge/Lang, Susanne (2008): Bürgergesellschaft, Bonn: Dietz

Klages, Helmut (2007): Beteiligungsverfahren und Beteiligungserfahrungen, Gutachten erstellt für den Arbeitskreis „Bürgergesellschaft und aktivierender Staat" der Friedrich-Ebert-Stiftung, Bonn

Klages, Helmut (2009a): Stadtentwicklung durch Citizenship at work: Das Bürgerpanel, in: vhw-Tagungssband Public Value durch Urban Governance. Koordination und Kommunikation in der Stadtgesellschaft: 26-32

Klages, Helmut (2009b): Bürgerbeteiligung und Verwaltung. In: König/Kropp (2009): 103-119

Klages, Helmut (2010): Zukunftsperspektiven der kommunalen Bürgerbeteiligung – Bürgerbeteiligung als kooperatives Vorhaben. In: Ministerium des Innern und für Sport des Landes Rheinland-Pfalz (2010): 5-15

Klages, Helmut/Daramus, Carmen/Masser, Kai (2008a): Das Bürgerpanel – ein Weg zu breiter Bürgerbeteiligung, Speyer: Deutsches Forschungsinstitut für öffentliche Verwaltung

Klages, Helmut/Daramus, Carmen/Masser, Kai (2008b): Bürgerbeteiligung durch lokale Bürgerpanels. Theorie und Praxis eines Instruments breitenwirksamer kommunaler Partizipation, Berlin: Ed. Sigma

Klages, Helmut/Daramus, Carmen/Mehrwald, Sylvana (2010): Bürgermonitoring der Metropolregion Rhein-Neckar. Ergebnisse 2007 (Stand 2008). Speyer

Klages, Helmut/Keppler, Ralph/Masser, Kai (2009): Bürgerbeteiligung als Weg zur lebendigen Demokratie. Bonn: Stiftung Mitarbeit

Klages, Helmut/Masser, Kai (2008): Das „Speyerer Bürgerpanel" als Element beteiligungsintensiver Demokratie auf der lokalen Ebene. Die Bürgerbefragung „Unser Nürtingen – unsere Werte" 2008 als Beispiel. Speyer: Deutsches Forschungsinstitut für öffentliche Verwaltung

König, Klaus/Kropp, Sabine (Hrsg.) (2009): Theoretische Aspekte einer zivilgesellschaft-lichen Verwaltungskultur. Speyer: Deutsches Forschungsinstitut für öffentliche Verwaltung

Ley, Astrid/Weitz, Ludwig (Hrsg.) (2002): Praxis der Bürgerbeteiligung. Ein Methoden-handbuch, Bonn: Stiftung Mitarbeit

Masser, Kai (2008): Kommunale Bürgerpanels als Weg zu breiter Bürgerbeteiligung. In: Vetter (2008): 171-194

Masser, Kai (2010): Das Speyerer Bürgerpanel: Konzept und Anwendungserfahrungen. In: Ministerium des Innern und für Sport des Landes Rheinland-Pfalz (2010): 17-52

Ministerium des Innern und für Sport des Landes Rheinland-Pfalz (Hrsg.) (2010): Die Zukunft der Bürgerbeteiligung in Rheinland-Pfalz. Mainz: ISM

Vetter, Angelika (Hrsg.) (2008): Erfolgsbedingungen lokaler Bürgerbeteiligung. Wiesba-den: VS Verlag

Zusätzlich sei eine Internetquelle genannt, die den Text eines Vortrags von H.Klages und K.Masser im kommunalpolitischen Arbeitskreis der Konrad-Adenauer-Stiftung wie-dergibt: http://www.kas.de/wf/de/33.15642

Die doppelte Krise der europäischen Demokratien und die Bedeutung der Direkten Demokratie zu deren Überwindung

Andreas Gross

Direktdemokratische Rechte können bei umsichtiger Ausgestaltung zerrüttete Demokratie(n) heilen, Deutschland kann dabei von schweizerischen und kalifornischen Erfahrungen lernen.

An vielen Orten Europas scheinen sich die Integrations- und Legitimationskräfte der repräsentativen Demokratie erschöpft zu haben. Der Aufstand gegen „Stuttgart 21" ist in Deutschland ebenso wenig singulär wie die deutschen Bürger-Proteste in Europa Ausnahmen wären. In Italien, Frankreich, Großbritannien, Irland oder Österreich fühlen sich viele Bürgerinnen und Bürger von vielen ihrer Repräsentanten in den Parlamenten ebenso schlecht bis gar nicht vertreten.

Mancherorts sind viele Bürger weit in den Mittelstand hinein mehr als enttäuscht über die Schwäche der demokratischen politischen Institutionen, die Finanzkrise nicht nur nicht verhindert zu haben, sondern sie auch sozial so unausgewogen meistern zu wollen. Sie widersetzen sich auch der Umsetzung rechtlich ordnungsgemäß zustande gekommener Entscheidungen, weil sie sich mit ihren Anliegen oder Einsichten während deren Genese marginalisiert, überhört, missverstanden, betrogen oder schlicht ignoriert fühlten. Es „brodelt" in so machen europäischen Gesellschaften, um eine von Oskar Negt auf Deutschland bezogene These zu erweitern. Viele Bürgerinnen und Bürger fühlen sich an vielen Orten tatsächlich von der Demokratie „ausgeschaltet" wie es Peter Sloterdijk formuliert hat.

In Dänemark, Schweden, Belgien, den Niederlanden und der Schweiz suchen viele verängstigte, frustrierte, um Zukunft und Wohlstand fürchtende Bürgerinnen und Bürger eher Zuflucht bei nationalistischen, fremdenfeindlichen Kräften, die derzeit vor allem „den Islam" und „die Ausländer" als Sündenböcke für missliche Lebenslagen brandmarken. Gemäß dem Journalisten Frank A. Meyer, dem Wahlberliner aus der Schweiz, ist dies „der große Zorn der kleinen Leute". Sie illustrieren die eine Quelle der doppelten Krise der derzeitigen Demokratie: Diese vermag national verfasst gegenüber den längst global agierenden Märkten das lebensweltliche Versprechen der europäischen Demokratie, eine faire Verteilung der Lebenschancen, nicht länger einzulösen.

Mit der anderen Seite der doppelten Krise der Demokratie, dem „repräsentativen Absolutismus" (Wolf-Dieter Narr), sehen sich Bürgerinnen und Bürger freilich nicht zum ersten Mal konfrontiert. Bereits vor 150 Jahren fanden viele Bauern, Handwerker und Arbeiter in den schweizerischen Kantonen Baselland und Zürich, ihre Interessen kämen kantonal und auf Bundesebene in den zu den ältesten rein repräsentativen Demokratien Europas gehörenden Parlamenten zu kurz. Die liberalen Sieger von 1848 hatten damals in der Schweiz andere Prioritäten: Der Ausbau der Verkehrswege, vor allem die Eisenbahn, mit all ihren Brücken und Tunnels der große Wachstumsmotor von damals, besetzte alles vorhandene Kapital; viele „der kleinen Leute" mussten wegen der billigeren Konkurrenz ihre Preise senken während die Produktionskosten stiegen, ohne dass sich die liberalen Repräsentanten dieser Sorgen annahmen. So verlangten sie nach „Volksrechten", Initiativ- und Referendumsrechten, um bei ihnen wichtigen Verfassungs- und Gesetzesreformen das „letzte Wort" haben zu können. Sie wollten so aus ihrer „Scheinsouveränität", wie es in ihren Aufrufen hieß, eine echte „Volkssouveränität" machen. So kam die Schweiz über eigentliche demokratische Revolutionen in einigen wichtigen Industriekantonen zu Verfassungsreformen auf Bundesebene, die 1874 mit dem fakultativen Gesetzesreferendum und 1891 mit der Volksinitiative für Verfassungsrevisionen die „Direkte Demokratie" schufen, welche die schweizerische Politik seither so prägt.

Bemerkenswert ist die Ausstrahlung, welche die schweizerische Anwendung einer Idee aus der Mitte des revolutionären Frankreichs von 1791 schon vor mehr als 100 Jahren bis an die Westküste der USA fand: Der New Yorker Journalist John W. Sullivan reiste 1889 nach Zürich und verfasste auf Grund seiner Recherchen bei den Zürcher Pionieren der Direkten Demokratie und seinen Beobachtungen der sofort zahlreichen Initiativen und Referenden im direktdemokratischsten Kanton der Schweiz ein Büchlein, das in den 1890er Jahren in Oregon und Kalifornien unter den dortigen Bauern, Handwerkern und Arbeitern besser verkauft werden sollte als die Bibel. Sie werten sich aus ganz ähnlichen Gründen wie 30 Jahre zuvor ihre Zürcher Kollegen gegen die Geringschätzung ihrer Interessen in den von den Eisenbahnbaronen gekauften Landesparlamenten von Salem und Sacramento: 1904 erweiterten Oregon, 1911 Kalifornien ihre Verfassungen um die partizipativen Bürger- und dank diesen bald auch um die entsprechenden Bürgerinnen-Rechte der Direkten Demokratie.

Seither will trotz aller Unterschiede und immer wieder aufkommender Kritik sowohl in der Schweiz wie an der US-Westküste kaum jemand mehr gänzlich auf die Direkte Demokratie verzichten. Zu deutlich sind ihre Vorteile und Errungenschaften: Die Distanz zwischen Bürgerschaft und politischer Klasse ist deutlich kleiner als anderswo, die Identifikation und Zufriedenheit der Bürger mit dem Staat größer, die repräsentative Demokratie ist repräsentativer, die politischen Systeme sind offener, für Anregungen von unten und aussen zugänglicher, die politische Kultur ist kommunikativer, es kann weniger befohlen, es muss mehr diskutiert, zugehört und überzeugt werden, eine vielfältige Gesellschaft lässt sich partizipativ besser integrieren, alle müssen mehr lernen, auf andere Ansichten und Blickwinkel achten – alles Ansprüche, die moderne, ebenso gut ausgebildete wie informierte Bürgerinnen und Bürger mehr denn je auch in der Politik stellen.

Vor allem in den vergangenen 40 Jahren wurden die Volksrechte dies- und jenseits des Atlantiks deshalb in einer Intensität gebraucht wie nie zuvor. Dabei zeigen sich aber auch unterschiedliche Schwächen im Design der Direkten Demokratie, welche es vielen Deutschen heute schwer macht, sich für die Erweiterung der deutschen Demokratie um direktdemokratische Rechte zu erwärmen. Dabei werden Schwächen der Direkten Demokratie moniert, welche weniger mit den direktdemokratischen Prinzipien und viel mehr mit deren Ausgestaltung und Praxis in der Schweiz und Kalifornien zu tun haben.

In beiden Fällen sind es unzureichend ausgestaltete Schnittstellen, welche die Güte der Direkten Demokratie schmälern. In Kalifornien das viel zu antagonistische Verhältnis zwischen direkter und indirekter Demokratie, in der Schweiz, historisch erklärbar, die unzureichende Abstimmung zwischen den Grund- und Menschenrechten und den Volksrechten.

In Kalifornien können Volksbegehren innert wenigen Monaten am Parlament vorbei zur Abstimmung gebracht werden. Beherrscht wird dort die öffentliche Meinungsbildung durch bezahlte 30 Sekunden kurze Fernsehspots, was das System ungeheuer kostspielig macht. Und der Volksentscheid konzentriert sich auf ordentliche Wahltage, meist einmal pro 12 oder 18 Monaten, was eine große Massierung von Volksentscheiden an einem Wahltag und entsprechend dürftige öffentliche Diskussion der einzelnen Vorlagen zur Folge hat. Konsequenz: In Kalifornien haben sich mächtige, finanzkräftige Interessensgruppen auch der Direkten Demokratie bemächtigt, sie kolonialisiert und mit ihrer Hilfe das Parlament geschwächt, teilweise sogar blockiert.

In der Schweiz ist diese Schnittstelle gut ausgestaltet: Volksbegehren sind dort viel mehr auf institutionelle Kooperation, Dauer und Diskussion angelegt – bereits die Unterschriftensammlung darf 18 Monate dauern –, Verwaltung, Regierung und Parlament nehmen sich Zeit für mehrere, sorgfältige und eingehende Debatten und versuchen mit indirekten oder direkten Gegenvorschlägen den Reformern entgegenzukommen. Diese Aushandlungsprozesse überzeugen sogar die Initianten oft derart, dass sie ihr Volksbegehren beinahe in einem von drei Fällen gar nicht mehr zur Volksabstimmung kommen lassen.

Die Schwäche des helvetischen Designs der Direkten Demokratie liegt in zwei Bereichen. Einerseits erlaubt die Bundesverfassung dem Parlament nur die Ungültigkeitserklärung von Volksinitiativen, welche dem zwingenden Völkerrecht widersprechen. Dazu wird im schweizerischen Rechtsverständnis auch der Kerngehalt der Europäischen Menschenrechts-Konvention (EMRK) nicht gezählt. Das führte nun in den vergangenen zehn Jahren zur Volksabstimmung über sechs grundrechtswidrige Volksbegehren, deren vier sogar von einer Mehrheit von Volk und Kantonen angenommen wurden. Dies bedeutet beispielsweise nun aber im Falle der unmittelbar rechtsgültigen Verfassungsbestimmung gegen den Bau von Minaretten, dass ein Mensch, der deswegen in der Schweiz daran gehindert wird, ein bauordnungs- und zonenplanmäßig korrektes Minarett zu bauen, und seine Klage bis vor den Europäischen Gerichtshof für Menschenrechte in Strassburg zieht, dort höchst wahrscheinlich Recht bekommt. Denn der Verfassungsartikel gegen den Bau der Minarette verletzt in verschiedener Hinsicht die EMRK. Dies wiederum hätte aber zur Folge, dass der Wille einer Mehrheit der Stimmberechtigten nicht umgesetzt werden könnte, was wiederum die Glaubwürdigkeit der Direkten Demokratie untergraben würde, woran niemand ein Interesse haben kann. Ebenso reformbedürftig ist die in der Schweiz fehlende öffentliche Parteienfinanzierung, die fehlende Transparenz der Quellen der in Abstimmungskampagnen investierten Geldmittel – ein Aspekt, der wiederum in Kalifornien gut geregelt ist – sowie fehlende irgendwelche Fairness- und Ausgleichsmechanismen, die für einen fairen argumentativen Wettbewerb sorgen, was die Voraussetzung ist für einen Volksentscheid ist, den die Verliererseite akzeptieren kann.

Die Schweiz ist also punkto Direkte Demokratie kein „Vorbild", wie Schlichter Heiner Geissler am Dienstag in Stuttgart meinte, sondern ebenso wie Kalifornien eine Inspirationsquelle, wie Deutschland die Direkte Demokratie auf der Höhe der Zeit und entsprechend den Ansprüchen einer modernen Bürgergesellschaft einrichten kann. Das würde dem um direktdemokratische Elemente erweiterten System der neuen deutschen Demokratie erlauben, das gesellschaftliche, zivilistische Knowhow, das heute brach liegt – die eigentliche Quelle der Frustrationen so vieler Bürgerinnen und Bürger – für das Wohl und das Gedeihen der Gesellschaft nutzbar zu machen.

Das wiederum hätte nicht nur bessere und von den meisten akzeptierte Beschlüsse zur Folge, sondern auch ein neues Vertrauen in die Problemlösungsfähigkeiten der Demokratie, welche die deutschen Bürgerinnen und Bürger veranlassen könnte, mit anderen Europäern auch die andere Seite der doppelten Krise der europäischen Demokratie anzugehen: Die mangelnde transnationale Verankerung der Demokratie. Denn nicht nur die EU hat mehr Demokratie nötig, sondern die Demokratie ist auch auf Europa angewiesen. Nur so vermag sie die substanzielle Seite ihres Versprechens einzulösen. Doch ohne engagierte, bewegte Bürgerinnen und Bürger, die auch etwas dazu tun, werden diejenigen, die heute in der EU zu viel Macht auf sich konzentriert haben, nicht bereits sein, sie mit dem Parlament und den Bürgern zu teilen. Dazu braucht es das bewegte Engagement der Letzteren.

Wie alle europäischen Gesellschaften braucht heute auch Deutschland die Produkte einer fein und umsichtig ausgestalteten Direkten Demokratie mehr denn je: Bürgerinnen und Bürger, die ihre zivilen und sozialen Kompetenzen einbringen und sich so mit der Politik neu anfreunden; eine Gesellschaft, die viel mehr nachdenkt, diskutiert, aufeinander eingeht und somit mehr lernt und sich kommunikativ besser integriert sowie schließlich Politiker, die weniger vereinsamen und sich weniger entfremden, sondern merken, dass es mit den Bürgerinnen und Bürger sogar einfacher und vor allem dankbarer ist, Werke und Beschlüsse zu fassen, die diesen auch wirklich dienen.

Um den vielen in Deutschland kursierenden Missverständnissen rund um die Direkte Demokratie zu begegnen mögen zusammenfassend die folgenden 13 Thesen zur ihrem theoretischen Charakter und praktischen Konsequenzen hilfreich sein. Ihre geschichtliche Fundierung liegt beim Marburger Philosophen Friedrich Albert Lange (1828-1875), der in den 1860er Jahren beim „Winterthurer Landboten", der Tageszeitung der Demokratischen Bewegung des Kantons Zürich, zwischen 1866 und 1870 Hunderte von Kommentaren zur Theorie und praktischen Bedeutung der Direkten Demokratie schrieb, die bis heute einen ungehobenen Schatz deren Philosophie darstellen[1].

1. In einer Direkten Demokratie wird politische Macht besser und feiner verteilt. Es bleibt mehr Macht bei den BürgerInnen. Diese beschränkt sich nicht ausschließlich auf den Wahlakt. Auch zwischen den Wahlen soll eine kleine Minderheit (beispielsweise 2% aller Wahlberechtigten) das Recht und die Möglichkeit haben, die Souveränitäts-Delegation aufzukündigen und bezüglich eines konkreten Beschlusses des Parlamentes eine Volksabstimmung (Referendum) zu verlangen. Ebenso haben in einer Direkten Demokratie wenige Bürger das Recht, jederzeit allen Bürgern konkrete Verfas-

---

1 Friedrich Albert Lange (1828-1875) ist als Neukantianer und Verfasser von zwei wichtigen Büchern der frühen Arbeiterbewegung („Die Arbeiterfrage" und „Geschichte des Materialismus") bekannt geworden. In seiner Winterthurer Zeit als Redaktor und demokratischer Politiker nahm er sich vor eine „Theorie der demokratischen Republik" zu verfassen, zu der er nicht mehr kam; seine Hunderten von Artikeln zur Direkten Demokratie dürfen als Rohstoff für eine solche Theorie verstanden werden.

sungs- und Gesetzesänderungen vorzuschlagen (Volksinitiativen), über die wiederum in einer Volksabstimmung entschieden wird.

2. Die Direkte Demokratie stärkt also nicht die Macht eines Einzelnen und es geht auch nicht darum, dass Herrschende sich durch irgendwelche Suggestivfragen eine Legitimität verschaffen können, die ihnen nicht zukommt. Hier liegt genau der Unterschied zwischen einer die Demokratie demokratisierenden Direkten Demokratie und einem autoritären undemokratischen „Plebiszit", mit dem Diktatoren von Napoleon dem Dritten über Hitler und Pinochet immer geliebäugelt haben.

3. Auch in einer Direkten Demokratie (DD) ist die parlamentarische Demokratie folglich eine unverzichtbare, wesentliche Institution, kein Gegensatz. Eine der Qualitätsmerkmale einer sorgfältig designten DD ist gerade die Frage, wie die indirekte und direkte Demokratie zusammenspielt. So kann in einer gut ausgestalteten DD das Parlament jeder Volksinitiative ein Gegenvorschlag gegenüberstellen, ebenso wie die Bürger in einem „konstruktiven Referendum" einem bestimmten parlamentarisch beschlossenen Gesetzesartikel eine Alternative gegenüberstellen können sollten, so dass in der Volksabstimmung nicht nur einfach Ja/Nein-Positionen einander gegenüberstehen sondern Varianten, die auch eine differenzierte Diskussion ermöglichen.

4. In einer DD machen einige BürgerInnen allen BürgerInnen Vorschläge für Gesetzes- oder Verfassungsrevisionen. Darüber wird an der Urne geheim abgestimmt. Es geht also weder um Plebiszite, noch um Personen – Sachabstimmungen habe eine ganz andere diskursive Logik als Personenwahlen – oder um Basis- oder Versammlungsdemokratie, welche immer wieder viel zu manipulierbar sind.

5. Eine Volksabstimmung/Volksentscheid (VA) in einer DD ist keine auch „Befragung", keine Instant-Entscheidung, kein „Meinungsbild". Einer VA geht vielmehr ein langer, vielfältiger, reflexiver und kommunikativer Meinungsbildungsprozess voraus. Tempo und Schnelligkeit sind dabei Sekundärtugenden, die Qualität der Kommunikations- und Meinungsbildungsprozesse ist wichtiger.

6. Die Seele der DD ist die Kommunikation, die tausendenfachen Gespräche, das gemeinsame Nachdenken verschiedener Menschen, wo immer sie einander begegnen mögen. Immer wieder verständigt sich die Gesellschaft auf offene kontroverse Fragen. Die Menschen werden nicht nur gefragt, sind finden auch Gehör; sie können nicht nur sagen, was sie denken, es muss ihnen auch zugehört werden – genau das, was heute die meisten in der Demokratie vermissen.

7. Die DD ermöglicht somit auch mehr als singuläre Ja/Nein-Entscheide. Sie entwickelt einen fast permanente Meinungsbildungs- und Entscheidungsprozesse, die in ihren Ergebnissen und Ajustierungen Differenzierungen zulassen, die sich mit den parlamentarisch gefundenen Kompromissen durchaus vergleichen lassen.

8. Die Qualität der DD hängt wesentlich von der Ausgestaltung der Verfahren der Direkten Demokratie, der Art ihrer Wahrnehmung und ihres Umfeldes und den Schnittstellen der DD mit dem Parlament, mit den Grund- und Menschenrechten ab. Die Verhinderung einer Tyrannei der Mehrheit wird durch die Respektierung der Grund- und Menschenrechte gewährleistet mittels der in der Schweiz auf Bundesebene noch fehlenden Verfassungsgerichtsbarkeit.

9. Eine DD ermöglicht allen die für den Wandel notwendige Aufmerksamkeit zu erzeugen und verhindert, dass Markt- und Herrschaftsinteressen alleine die Tagesordnung der öffentlichen Diskussion und der Öffentlichkeit bestimmen.

10. Die Macht, welche BürgerInnen sich durch die DD aneignen, ist die Möglichkeit, Öffentlichkeit herzustellen auch dann und dort, wo politisch Regierende und/oder wirtschaftlich Herrschende dies nicht wollen oder mögen.

11. Finanzielle Ressourcen müssen in der direkten wie der indirekten Demokratie transparent gemacht und ausgeglichen werden, soll die Demokratie nicht zu einem Privileg der Privilegierten verkommen – ein anderes Defizit, das die Schweiz heute noch sehr belastet, in Deutschland aber bereits überwunden ist.

12. Eine fein ausgestaltete Direkte Demokratie trägt zu Qualitäten bei, welche moderne Gesellschaften am nötigsten haben: Kollektive Lernprozesse, gesellschaftliche Integration von Vielfalt ohne Zwang, echte und freiheitliche Identifikationsmöglichkeiten und Identitätsbeschaffung ohne ethnizistische Verirrungen.

13. Vor allem aber ermöglichen sie mehr Freiheit, im ursprünglich republikanischen Sinn: Jene die betroffen sind von Entscheidungen, sind Teil des Entscheidungsprozesses und alle haben die Möglichkeit, miteinander jene Lebensumstände zu gestalten, die alle betreffen.

Heute sind viele Menschen zu mehr Freiheit und echter Demokratie eher fähig als vor 200 Jahren, als diese Ansprüche formuliert worden sind. Dass viele heute ihre entsprechenden politischen Fähigkeiten nicht einbringen können ist ein Teil der Gründe, weshalb heute so viele frustriert sind angesichts der herrschenden Demokratie. Sie nicht ernst zu nehmen und die Demokratie entsprechend zu demokratisieren wäre auch ein ungeheurer Verlust an gesellschaftlicher Energie und gesellschaftlichen Ressourcen. Die Demokratisierung der demokratischen Institutionen muss der Gesellschaft die Nutzung dieser Energien und Ressourcen ermöglichen. So vermöchte sie die doppelte Krise der Demokratie auch zu überwinden.

III. Bürgerbeteiligung bei Kommunalreformen

Die Kommunal- und Verwaltungsreform in Rheinland-Pfalz

Karl Peter Bruch

1. Gründe für eine Kommunal- und Verwaltungsreform

Mit einer umfassenden Kommunal- und Verwaltungsreform möchte die rheinland-pfälzische Landesregierung erreichen, dass die Kommunen und die öffentlichen Verwaltungen rechtzeitig zukunftsfähig ausgerichtet werden.

Eine Kommunal- und Verwaltungsreform ist kein Selbstzweck. Für sie sprechen gewichtige Gründe.

Dies sind einerseits die demografischen Entwicklungen. Sie werden vor allem von einem Rückgang der Bevölkerungszahl, einer zunehmenden Zahl älterer und einer abnehmenden Zahl jüngerer Menschen geprägt sein. Zwar ist mit einem regional unterschiedlichen Verlauf der Entwicklungen innerhalb des Landes zu rechnen. Letztlich werden aber alle Landesteile in städtischen und in ländlichen Gebieten von den Entwicklungen deutlich betroffen sein.

Andererseits sind die öffentlichen Finanzen ein wesentlicher Grund für eine Kommunal- und Verwaltungsreform. Neben anderen Ursachen werden die demografischen Entwicklungen Auswirkungen auf die öffentlichen Finanzen haben. Die für die Zukunft erwartete Situation der öffentlichen Finanzen verlangt einen noch zielgerichteteren und wirtschaftlicheren Einsatz der Finanzmittel auch in den Kommunen. Erreicht werden kann dies etwa mit einer Optimierung von Aufgaben- und Einrichtungsträgerschaften, einer Optimierung von Verfahrensabläufen und Verwaltungsprozessen sowie einer Optimierung kommunaler Gebiets- und Verwaltungsstrukturen.

Einen weiteren Grund für Reformmaßnahmen sieht die Landesregierung in Änderungen des Spektrums der öffentlichen Aufgaben. Aufgaben werden entfallen, hinzukommen oder in einer anderen Intensität oder regional differenziert wahrzunehmen sein.

Außerdem ermöglichen neue Informations- und Kommunikationstechnologien eine schnellere, qualitativ bessere und wirtschaftlichere Abwicklung von Verfahrensabläufen und Verwaltungsprozessen zwischen den Bürgerinnen und Bürgern und den öffentlichen Verwaltungen, behördenintern und zwischen den

Behörden. Bereits heute unterstützen moderne Informations- und Kommunikationstechnologien in erheblichem Umfang die Wahrnehmung öffentlicher Aufgaben. In Zukunft werden technologische Weiterentwicklungen noch wesentlich mehr dazu beitragen können.

2. Ziele der Kommunal- und Verwaltungsreform

Mit der Kommunal- und Verwaltungsreform verfolgt die Landesregierung hauptsächlich die folgenden Ziele:

–   Optimierung der Aufgabenträgerschaften
–   Optimierung von Verfahrensabläufen und Verwaltungsprozessen
–   Optimierung kommunaler Gebietsstrukturen
–   Ausbau kommunaler Kooperationen
–   Ausbau des Bürgerservice der Kommunen
–   Erweiterung der Möglichkeiten einer unmittelbaren Beteiligung der Bürgerinnen und Bürger in kommunalen Angelegenheiten.

3. Bürgerbeteiligung im Rahmen der Kommunal- und Verwaltungsreform

Die Landesregierung hat die Vorbereitungen für eine Kommunal- und Verwaltungsreform von Anfang an auf eine intensive aktive Einbeziehung der Bürgerinnen und Bürger angelegt. Bei der Ausgestaltung dieser Reform sollen nicht nur politische Mandats- und Funktionsträgerinnen und -träger beraten und entscheiden. Vielmehr hat die Landesregierung mit einer Beteiligung der Bürgerinnen und Bürger deren grundsätzlich große Bereitschaft, sich in öffentlichen Angelegenheiten zu engagieren, aufgenommen. Moderne Politik sollte sich nicht nur bei Wahlen dem Votum der Bürgerinnen und Bürger stellen, sondern das vorhandene Potential in der Bevölkerung auch bei wichtigen politischen Vorhaben nutzen. Dies entspricht dem Bild des mündigen Bürgers.

Die Landesregierung hat sich nach ausführlicher Beratung dafür entschieden, die Bürgerinnen und Bürger in einem bundesweit bisher einmaligen zweistufigen Verfahren in die Reformvorbereitungen einzubinden. Dazu wurden passende Instrumente gesucht und mit Hilfe auch von wissenschaftlicher Seite gefunden.

In der ersten Stufe der Bürgerbeteiligung haben im Oktober und November 2007 insgesamt neun Regionalkonferenzen in Worms, Mainz, Ludwigshafen am

Rhein, Speyer, Koblenz, Neuwied, Pirmasens, Trier und Kaiserslautern stattgefunden. Teilnehmerinnen und Teilnehmer an den Regionalkonferenzen sind insgesamt etwa 2.500 Personen, überwiegend kommunale Amts- und Funktionsträgerinnen und -träger sowie Vertreterinnen und Vertreter der Kammern, der Naturschutzorganisationen und der Sozialorganisationen gewesen.

Den Regionalkonferenzen haben sich im April und Mai 2008 fünf Bürgerkongresse in Ludwigshafen am Rhein, Bingen am Rhein, Lahnstein, Kaiserslautern und Trier angeschlossen. Zu diesen Bürgerkongressen sind einerseits Bürgerinnen und Bürger, die sich bereits in öffentlichen Belangen oder in Vereinen und Verbänden engagieren, sowie Vertreterinnen und Vertreter von Organisationen aus dem Landesnetzwerk „Bürgerschaftliches Engagement" durch Herrn Ministerpräsidenten Kurt Beck persönlich eingeladen worden. Ferner haben Bürgerinnen und Bürger aufgrund eines von ihnen bekundeten Interesses Einladungen zu den Bürgerkongressen erhalten. Insgesamt haben 800 Bürgerinnen und Bürger an den Bürgerkongressen teilgenommen. Jeweils in Achtergruppen sind von ihnen folgende allgemeine Themenkomplexe beraten worden:

- Stärken- und Schwächenanalyse der Verwaltung
- Erarbeitung von Kriterien einer bürgernahen Verwaltung
- Erarbeitung von Kriterien einer Gebietsreform.

Die Bürgerkongresse hat ein externes Moderationsbüro vorbereitet, moderiert und ausgewertet. Ihre Ergebnisse enthält die Broschüre „Dokumentation Bürgerkongresse" (www.meinemeinungzaehlt.rlp.de > Die Ergebnisse > Kongressberichte).

Unmittelbar nach den Bürgerkongressen haben rund 150 Bürgerinnen und Bürger in Planungszellen mitgewirkt. Im Juni 2008 sind Bürgerinnen und Bürger in Vallendar, Pirmasens und Prüm jeweils für vier volle Tage zusammengekommen. An diesen Orten haben sich jeweils in zwei Planungszellen etwa 50 Bürgerinnen und Bürger, das heißt circa 25 Teilnehmerinnen und Teilnehmer pro Planungszelle, mit Einzelthemen der Kommunal- und Verwaltungsreform vertieft beschäftigt. Die Teilnehmerinnen und Teilnehmer der Planungszellen sind durch Zufallsstichproben aus dem Einwohnermelderegister ausgewählt worden. Auf diese Weise hat sich die Beteiligung unterschiedlicher Bevölkerungsgruppen, von Männern und Frauen und von verschiedenen Alters- und Berufsgruppen sicherstellen lassen.

Die Planungszellen haben folgende Arbeitseinheiten umfasst:

- Erfahrungen mit Kommunen und Verwaltung?
- Warum eine Kommunal- und Verwaltungsreform jetzt?
- Aufgaben von Kommunen und öffentlicher Verwaltung
- Aufgabenverlagerung und Zuständigkeitsverteilung
- Darstellung der gegenwärtigen Gebietsstruktur
- Bewahrenswertes und neue Anforderungen
- Neue Strukturen und/oder interkommunale Zusammenarbeit
- Anreize für neue Strukturen
- Was heißt Bürgernähe heute?
- Bürgerbeteiligung und bürgerschaftliches Engagement
- Kooperationen und Partnerschaften für die kommunale Daseinsvorsorge
- Politikerhearing
- Bündelung der Empfehlungen zu einem Gesamtkonzept
- Verfahrensbewertung und Ausblick.

Die Planungszellen sind von einem externen Institut vorbereitet, durchgeführt und moderiert worden. Ein Bürgergutachten enthält die Ergebnisse der Planungszellen (www.meinemeinungzaehlt.rlp.de > Die Ergebnisse > Das Bürgergutachten).

Die zweite Stufe der Bürgerbeteiligung zur Kommunal- und Verwaltungsreform hat sich auf eine repräsentative Bevölkerungsbefragung und eine Online-Umfrage erstreckt.

In einem siebenwöchigen Zeitraum von März bis Juni 2009 sind 10.000 zufällig ausgewählte rheinland-pfälzische Bürgerinnen und Bürgern ab 18 Jahren in Interviews mit einer durchschnittlichen Dauer von etwa 30 Minuten befragt worden. Die Befragungen hat ein unabhängiges Meinungsforschungsinstitut zu folgenden Themen durchgeführt:

- Kommunalpolitisches Interesse
- Erste Einschätzung zum Service der Ämter und Behörden
- Die Kommunal- und Verwaltungsreform: Bekanntheit, Interesse, erste Bewertung
- Erfahrungen mit Ämtern und Behörden
- Nutzung des Internet für Kontakte mit der Verwaltung
- Die Kommunal- und Verwaltungsreform: Begründungen
- Kennzeichen einer bürgernahen Verwaltung
- Bürgerbüros

- Bürgerbeteiligung
- Optimierung kommunaler Gebietsstrukturen.

Zeitgleich zu den telefonischen Befragungen ist den Bürgerinnen und Bürgern die Teilnahme an einer Online-Umfrage angeboten worden. Die Online-Umfrage hat zwar im Gegensatz zu den telefonischen Befragungen keine Repräsentativität aufgewiesen. Gleichwohl ist die Teilnahme an der Online-Umfrage eine weitere sehr gute Möglichkeit für die Bürgerinnen und Bürger gewesen, ihre Meinungen und Einstellungen zur Kommunal- und Verwaltungsreform zu äußern.

Die Ergebnisse der telefonischen Befragungen und der Online-Umfrage liegen in Dokumentationen vor (www.meinemeinungzaehlt.rlp.de > Die Bürgerbeteiligung > Die Umfrage).

Außer den telefonischen Befragungen und der Online-Umfrage hat die Landesregierung im Frühjahr 2009 vier regionale Veranstaltungen mit haupt- und ehrenamtlichen Vertreterinnen und Vertretern der kommunalen Gebietskörperschaften über die Kommunal- und Verwaltungsreform durchgeführt.

Die zweistufige Bürgerbeteiligung zur Kommunal- und Verwaltungsreform ist erfolgreich gewesen. Zahlreiche Bürgerinnen und Bürger haben genau beschrieben und diskutiert, was aus ihrer Sicht in den öffentlichen Verwaltungen sehr gut funktioniert. Sie haben aber auch auf den Punkt gebracht, wo es Probleme gibt und etwas geändert werden sollte. Dabei sind besonders schwierige Themen, wie zum Beispiel mögliche Gebietsänderungen von Kommunen, nicht ausgespart worden. Die Bürgerinnen und Bürger haben viele sehr konkrete und konstruktive Vorschläge für eine bürgernahe und effiziente öffentliche Verwaltung erarbeitet. Der Einfluss dieser Vorschläge auf die Kernpunkte der Kommunal- und Verwaltungsreform wird nachhaltig sein.

Die Bürgerbeteiligung zur Kommunal- und Verwaltungsreform ist seitens der Universität Koblenz-Landau, Institut für Sozialwissenschaften, Abteilung Politikwissenschaft, Universitätsprofessor Dr. Ulrich Sarcinelli, wissenschaftlich begleitet worden (www.meinemeinungzaehlt.rlp.de > Wissenschaftliche Begleitung).

4.   Gesetzentwürfe zur Kommunal- und Verwaltungsreform

Unter Berücksichtigung der Ergebnisse der Bürgerbeteiligung und des vom Landtag Rheinland-Pfalz in seiner Sitzung am 11. Dezember 2008 angenommenen Antrags der Fraktion der SPD zu Grundlagen und Zielen einer Kommunal- und Verwaltungsreform sind die Reformeckpunkte der Landesregierung formuliert worden. Die Landesregierung hat die Eckpunkte in der Sitzung des Innen-

ausschusses des Landtags Rheinland-Pfalz am 26. Februar 2009 näher vorgestellt. Auf den Eckpunkten basieren zwei Gesetzentwürfe der Landesregierung zur
Kommunal- und Verwaltungsreform. Sie sind mit Änderungen durch die Fraktionen von SPD und FDP in der Plenarsitzung am 8. September 2010 im Landtag
Rheinland-Pfalz beschlossen worden.

5. Erstes Landesgesetz zur Kommunal- und Verwaltungsreform

Das Erste Landesgesetz zur Kommunal- und Verwaltungsreform enthält insbesondere

– Grundsatzregelungen für Gebietsänderungen von verbandsfreien Gemeinden
  und Verbandsgemeinden,
– eine so genannte Experimentierklausel,
– Regelungen zur Erleichterung einer unmittelbaren Beteiligung der Bürgerinnen und Bürger in kommunalen Angelegenheiten und
– Regelungen zur Erweiterung der Möglichkeiten kommunaler Kooperationen.

Die vor etwa 40 Jahren geschaffene Struktur der Verbandsgemeinden hat sich
grundsätzlich bewährt. Deshalb möchte die Landesregierung die Institution der
Verbandsgemeinden nicht antasten. Sie hält jedoch Optimierungen auf der Ebene
der Verbandsgemeinden und zudem auf der Ebene der verbandsfreien Gemeinden für erforderlich. Zur Optimierung sollen auch durch Gebietsänderungen
kommunale Einheiten mit einer größeren Leistungsfähigkeit, Wettbewerbsfähig-
keit und Verwaltungskraft geschaffen werden.

Für die Landesregierung stehen die Ortsgemeinden im Zuge der Kommu-
nal- und Verwaltungsreform nicht zur Disposition. Mit ihrer prinzipiellen All-
zuständigkeit für die öffentlichen Aufgaben der örtlichen Gemeinschaft sind die
Ortsgemeinden Garant für schnelle und bürgernahe Entscheidungen. In den
Ortsgemeinden wurzelt ferner ein überaus großes ehrenamtliches Engagement
der Bürgerinnen und Bürger. Ohne dieses sehr ausgeprägte ehrenamtliche Engagement könnten schon heute etliche kommunale Aufgaben nicht mehr oder nicht
mehr in der praktizierten Art und Weise erfüllt werden.

Nach dem Ersten Landesgesetz zur Kommunal- und Verwaltungsreform
sollen in der Regel verbandsfreie Gemeinden mindestens 10.000 Einwohnerinnen und Einwohner und Verbandsgemeinden mindestens 12.000 Einwohnerinnen und Einwohner haben. Das Gesetz lässt Ausnahmen zu. So ist eine Unterschreitung der Mindesteinwohnerzahl bei einer Verbandsgemeinde, die mindes-

tens 10.000 Einwohnerinnen und Einwohner, eine Fläche von mehr als 100 Quadratkilometern und mehr als 15 Ortsgemeinden hat, regelmäßig unbeachtlich. Außerdem kann eine Unterschreitung der Mindesteinwohnerzahl bei einer verbandsfreien Gemeinde oder Verbandsgemeinde aus besonderen Gründen unbeachtlich sein. Das Gesetz nennt als besondere Gründe beispielhaft landschaftliche und topografische Gegebenheiten, die geografische Lage unmittelbar an der Grenze zu einem Nachbarstaat oder einem Nachbarbundesland, die Wirtschafts- und Finanzkraft, die Erfordernisse der Raumordnung sowie die Zahl der nicht kasernierten Soldatinnen und Soldaten, Zivilangehörigen und Familienangehörigen der ausländischen Stationierungsstreitkräfte. Je stärker die Einwohnerzahl einer verbandsfreien Gemeinde oder Verbandsgemeinde hinter der gesetzlich geregelten Mindesteinwohnerzahl liegt, desto schwerer müssen in einer Abwägung die besonderen Gründe wiegen, die für den Fortbestand dieser Kommune sprechen.

Die Landesregierung setzt sehr stark auf freiwillige Gebietsänderungen von verbandsfreien Gemeinden und Verbandsgemeinden. Dazu ist eine Freiwilligkeitsphase bis Mitte 2012 angesetzt worden. Innerhalb der Freiwilligkeitsphase haben verbandsfreie Gemeinden und Verbandsgemeinden die Chance, die Zukunft der kommunalen Strukturen vor Ort und damit auch die Zukunft ihrer Bürgerinnen und Bürger aktiv mitzugestalten. Für freiwillige Zusammenschlüsse von verbandsfreien Gemeinden und Verbandsgemeinden sollen maßgeschneiderte gesetzliche und vertragliche Regelungen geschaffen werden.

Die verbandsfreie Stadt Cochem und die Verbandsgemeinde Cochem-Land haben die Freiwilligkeitsphase bereits genutzt. Ihr Zusammenschluss ist am 7. Juni 2009 erfolgt. Näheres regeln das Landesgesetz zum freiwilligen Zusammenschluss der verbandsfreien Stadt Cochem und der Verbandsgemeinde Cochem-Land vom 18. Februar 2009 (GVBl. S. 79) und die ergänzende Vereinbarung zwischen den beiden kommunalen Gebietskörperschaften vom 17. Februar 2009.

Für freiwillige Gebietsänderungen von verbandsfreien Gemeinden und Verbandsgemeinden stellt die Landesregierung eine großzügige Unterstützung in Aussicht. Dabei handelt es sich um eine einmalige einwohnerbezogene finanzielle Zuwendung und um finanzielle Zuwendungen für kommunale Projekte, die der strukturellen Entwicklung der umgebildeten oder neu gebildeten kommunalen Gebietskörperschaft dienen. Hinzu kommen umfassende Beratungsangebote. So berät das Ministerium des Innern und für Sport kommunale Gebietskörperschaften auf deren Bitte hin in Fragen zu Änderungen von Gebiets- und Verwaltungsstrukturen. Sofern Kommunen dies wünschen, gibt das Ministerium des Innern und für Sport ebenfalls Untersuchungen an wissenschaftliche Einrichtungen oder andere Gutachter in Auftrag. Die Kosten dafür trägt das Land.

Nach Auffassung der Landesregierung wird kein Weg daran vorbeiführen, erforderliche kommunale Gebietsänderungen, die nicht auf freiwilliger Basis zu Stande kommen, im Anschluss an die Freiwilligkeitsphase auch ohne Zustimmung der beteiligten Kommunen durch Gesetz zu regeln. Eine entsprechende Regelung ist deshalb bereits in das Erste Landesgesetz zur Kommunal- und Verwaltungsreform aufgenommen worden.

Das Gesetz enthält außerdem eine so genannte Experimentierklausel. Sie soll zu einer Weiterentwicklung bürgernaher, kooperativer Verwaltungen und zu einer Stärkung der bürgerschaftlichen Beteiligung und Mitwirkung beitragen. Die Experimentierklausel lässt zeitlich befristete Ausnahmen von landesrechtlichen Zuständigkeits-, Form- und Verfahrensregelungen zu. Kommunale Gebietskörperschaften, rechtsfähige kommunale Anstalten des öffentlichen Rechts und Zweckverbände können demnach neue Verfahrensabläufe und Verwaltungsprozesse sowie Formen der Bürgerdienste und der unmittelbaren Beteiligung der Bürgerinnen und Bürger in kommunalen Angelegenheiten ausprobieren.

Den Ausbau des Bürgerservice der Kommunen im Zuge der Kommunal- und Verwaltungsreform voranzubringen, ist ein Kernanliegen der Landesregierung. Die Kommunen bieten zwar schon heute ihren Bürgerinnen und Bürgern einen guten Service an. Gleichwohl bestehen nach Auffassung der Landesregierung durchaus noch beträchtliche Potenziale für eine Verbesserung des Bürgerservice der Kommunen. Zusätzliche eGovernment-Angebote sowie eine Erweiterung der Leistungsangebote der Bürgerbüros kommen der Forderung der Bürgerinnen und Bürger, Verwaltungsangelegenheiten mehr als bisher von zu Hause oder wohnungs- oder arbeitsplatznah erledigen zu können, weiter entgegen. In diesem Kontext ist auch ein für zwei Jahre angelegter Modellversuch zu einem mobilen Bürgerservice zu sehen, den das Ministerium des Innern und für Sport vor kurzem gestartet hat und an dem zwei große kreisangehörige Städte und 13 Verbandsgemeinden teilnehmen.

Die unmittelbare Beteiligung der Bürgerinnen und Bürger im kommunalen Bereich wird auch durch die im Ersten Landesgesetz zur Kommunal- und Verwaltungsreform geregelte Absenkung des Mindestunterschriftenquorums für Bürgerbegehren von 15 vom Hundert auf 10 vom Hundert der wahlberechtigten Einwohnerinnen und Einwohner und des Zustimmungsquorums für Bürgerentscheide von 30 vom Hundert auf 20 vom Hundert der Stimmberechtigten erheblich erleichtert. Weiter wird mit dem Positivkatalog eine bislang bestehende Beschränkung der Beteiligungsrechte abgeschafft. Zudem wird mit dem Ratsreferendum ein neues Instrument eingeführt. Dabei können Bürgerentscheide vom Stadt- bzw. Gemeinderat initiiert werden. Bei Bürgerbegehren, die einen Beschluss des Stadt- oder Gemeinderats rückgängig machen wollen, wird die Frist für die Unterschriftensammlung von zwei auf vier Monate verlängert.

Weitere zentrale Regelungen des Gesetzes zielen auf einen Ausbau kommunaler Kooperationen. Die bisherigen Beschränkungen, dass Zweckverbände, Zweckvereinbarungen und rechtsfähige kommunale Anstalten des öffentlichen Rechts lediglich für einzelne Aufgaben oder für mehrere sachlich verbundene Aufgaben in Betracht kommen, sind wegfallen. Damit werden die Möglichkeiten, Aufgaben in diesen Formen wahrzunehmen, deutlich vergrößert. Kommunale Kooperationen können nach Auffassung der Landesregierung zu einer wesentlichen qualitativen und wirtschaftlichen Verbesserung einer Aufgabenerfüllung führen. Die Landesregierung sieht in kommunalen Kooperationen keinen gleichwertigen Ersatz, sondern eine sachgerechte Ergänzung zu erforderlichen kommunalen Gebietsänderungen. Verstärkte kommunale Kooperationen möchte die Landesregierung vor allem auch zwischen kommunalen Gebietskörperschaften erreichen, die ihre Verwaltungssitze in derselben Stadt haben und gleichartige Aufgaben ausüben.

6. Zweites Landesgesetz zur Kommunal- und Verwaltungsreform

Das Zweite Landesgesetz zur Kommunal- und Verwaltungsreform umfasst hauptsächlich Regelungen für Zuständigkeitsverlagerungen. Vorausgegangen ist eine umfassende Aufgabenkritik der Landesregierung. Mit der im Rahmen der Kommunal- und Verwaltungsreform angestrebten Optimierung behördlicher Aufgabenzuständigkeiten knüpft die Landesregierung an die seit vielen Jahren in Rheinland-Pfalz durchgeführten Reformmaßnahmen zur Modernisierung der öffentlichen Verwaltungen an.

Zu diesen Reformmaßnahmen zählen

- die Neuorganisation der Mittelinstanzen der Landesverwaltung mit der Einrichtung der Aufsichts- und Dienstleistungsdirektion und der Struktur- und Genehmigungsdirektionen,
- die Neuorganisation des öffentlichen Gesundheitsdienstes und die Eingliederung der Gesundheitsämter in die Kreisverwaltungen,
- die Reform der Vermessungs- und Katasterverwaltung,
- die Reform der Versorgungsverwaltung und
- die Bildung von nach kaufmännischen Grundsätzen ausgerichteten Landesbetrieben, wie etwa des Landesbetriebs Liegenschafts- und Baubetreuung, des Landesbetriebs Straßen und Verkehr, jetzt Landesbetrieb Mobilität, und des Landesbetriebs Daten und Information.

Die im Gesetz geregelten Zuständigkeitsveränderungen erfolgen überwiegend mit dem Ziel einer bürger-, sach- und ortsnäheren Aufgabenerledigung. Geplant sind weitgehend Zuständigkeitsübertragungen auf Behörden, die bereits gleichartige oder ähnliche Zuständigkeiten ausüben. Mit einer einhergehenden Optimierung der Verfahrensabläufe und Verwaltungsprozesse können die Qualität, Effektivität und Effizienz der Aufgabenwahrnehmung weiter verbessert werden.

7.   Begleitende Gesetzesfolgenabschätzung und gutachterliche Stellungnahme

Zu den Entwürfen eines Ersten und eines Zweiten Landesgesetzes zur Kommunal- und Verwaltungsreform haben das Institut für Gesetzesfolgenabschätzung und Evaluation in Speyer (Universitätsprofessor Dr. Jan Ziekow) und die Technische Universität Kaiserslautern (Universitätsprofessor Dr. Martin Junkernheinrich) eine begleitende Gesetzesfolgenabschätzung durchgeführt. Ferner ist vom Internationalen Institut für Staats- und Europawissenschaften in Berlin (Universitätsprofessor Dr. Dr. h. c. Joachim Jens Hesse) eine gutachterliche Stellungnahme zu Einzelfragen der Kommunal- und Verwaltungsreform abgegeben worden. Diese Untersuchungen und Bewertungen gehen auf eine Vereinbarung zwischen Vertretern aller Fraktionen im Landtag Rheinland-Pfalz zurück.

Nach dem Bericht über die begleitende Gesetzesfolgenabschätzung können die mit den Gesetzen verfolgten Ziele im Wesentlichen erreicht werden. Der Bericht bestätigt die Notwendigkeit von Gebietsänderungen auf der Ebene der verbandsfreien Gemeinden und Verbandsgemeinden. Er kommt zu dem Schluss, dass eine stufenweise Umsetzung der Kommunal- und Verwaltungsreform möglich ist. Das Internationale Institut für Staats- und Europawissenschaften hält in seiner gutachterlichen Stellungnahme die in den Gesetzentwürfen vorgesehenen Maßnahmen ebenfalls prinzipiell für zielführend.

8.   Weitere Maßnahmen der Kommunal- und Verwaltungsreform

Die Landesregierung möchte auf der nächsten Stufe der Kommunal- und Verwaltungsreform die Strukturen der Landkreise und der kreisfreien Städte vertieft überprüfen. Gleichzeitig soll die Aufgabenkritik wieder aufgenommen und in den Zusammenhang mit der Überprüfung der Strukturen der Landkreise und kreisfreien Städte gestellt werden. Eine enge Verzahnung der angegangenen ersten und der nächsten Reformstufe erachtet die Landesregierung für unabdingbar.

Diese Maßnahmen entsprechen auch den Handlungsempfehlungen des Instituts für Gesetzesfolgenabschätzung und Evaluation, der Technischen Universität Kaiserslautern und des Internationalen Instituts für Staats- und Europawissenschaften. Aus ihrer Sicht ist eine Überprüfung der Landkreisstrukturen und der Stellung der kreisfreien Städte sowie eine damit verbundene Fortsetzung der Aufgabenkritik zwingend erforderlich.

Ferner gilt es, die bisherige Einbindung der Bürgerinnen und Bürger in die Vorbereitungen der Kommunal- und Verwaltungsreform insbesondere durch Maßnahmen der Bürgerbeteiligung zu Änderungen von Gebiets- und Verwaltungsstrukturen in den Kommunen weiterzuführen. Die Universität Koblenz-Landau, Institut für Sozialwissenschaften, Abteilung Politikwissenschaft, Universitätsprofessor Dr. Ulrich Sarcinelli hat zu dem Zweck einen Leitfaden für eine Bürgerbeteiligung in der Freiwilligkeitsphase der Kommunal- und Verwaltungsreform erstellt. Der Leitfaden soll kommunalen Gebietskörperschaften eine Orientierung geben, welche Methoden und Prozesse zur Organisation bürgerschaftlicher Beteiligung vor Ort besonders sinnvoll erscheinen. Dabei werden die jeweiligen konkreten Diskussionsanforderungen und kommunalpolitisch relevante Positionen im Hinblick auf mögliche Bürgerbeteiligung berücksichtigt (www.meinemeinungzaehlt.rlp.de > Wissenschaftliche Begleitung).

Bürgerbeteiligung im Rahmen der Kommunal- und Verwaltungsreform (KVR) – Ergebnisse der wissenschaftlichen Begleitforschung[*]

Ulrich Sarcinelli

1. Politische Rahmenbedingungen und Problemstellung

Die öffentliche Infrastruktur im gesamten Land und leistungsfähige Kommunalstrukturen im Interesse der Bürgerinnen und Bürger zukunftsgerecht zu gestalten, gehört zu den vornehmsten staatspolitischen Aufgaben einer jeden Landesregierung. Der rheinland-pfälzische Ministerpräsident Kurt Beck hat sich denn auch in seiner Regierungserklärung vom 30. Mai 2006 zu diesen Zielen ausdrücklich bekannt und zugleich die Absicht zu einer umfassenden Kommunal- und Verwaltungsreform (KVR) bekundet[1]; ein Ziel, das eines der wichtigsten Reformvorhaben der rheinland-pfälzischen Landesregierung in der 15. Legislaturperiode und darüber hinaus werden sollte. In der Folge brachte der erstmals mit einer absoluten SPD-Mehrheit ausgestattete Chef der rheinland-pfälzischen Landesregierung mehrfach den politischen Willen zum Ausdruck, dass ihm eine umfassende Einbeziehung der Bürgerinnen und Bürger in den Reformprozess besonders wichtig sei.

Mit Beschluss[2] vom 11. Dezember 2008 hat der Landtag entschieden, dass die Bürgerinnen und Bürger nicht nur bei der Vorbereitung der Kommunal- und Verwaltungsreform in einem *zweistufigen Verfahren* beteiligt werden. Vielmehr solle die Bürgerbeteiligung bis in die Durchführungsphase der Reform hinein fortgeführt werden. Über das Angebot der Landesregierung zu verschiedenen Beteiligungsmaßnahmen, die auf eine weitere Konkretisierung von Bürgerexper-

[*] Der Beitrag stützt sich in weiten Teilen auf die beiden Berichte zur Bürgerbeteiligung. Vgl. Sarcinelli/König/König 2009 sowie dies. 2010. Den beiden Kooautoren und Projektmitarbeitern Mathias und Wolfgang König sei hier ausdrücklich für die konstruktive Zusammenarbeit gedankt.

[1] Vgl. Beck 2006.

[2] Beschlossen wurde der Antrag der SPD-Fraktion zu „Grundlegenden Zielen einer Kommunal- und Verwaltungsreform in Rheinland-Pfalz (Landtagsdrucksache 15/2900 vom 4. Dezember 2008).

tise zielen, beabsichtigt die Landesregierung, kommunale Gebietskörperschaften in der sog. Freiwilligkeitsphase zu unterstützen, falls diese Bürgerbeteiligungsmaßnahmen durchführen wollen, um eine Optimierung der kommunalen Landkarte zu erreichen.

Mit diesen politischen Vorgaben wird nicht nur dem Umstand Rechnung getragen, „dass die bloße Untersuchung der Sinnhaftigkeit von Territorialanpassungen [allein] nicht mehr als hinreichende Begründungsbasis angesehen..."[3] werden kann. Es werden auch Konsequenzen aus der Erfahrung gezogen, dass entsprechende Reformen aufgrund fehlender Abwägungsprozesse und mangelnder Diskussion von Alternativen verfassungsgerichtlich schon gestoppt wurden[4]. Allerdings wirft der mit diesen politischen Entscheidungen einhergehende Kommunikationsbedarf im Rahmen zu realisierender Beteiligungsprozesse gerade auch im Kontext einer KVR organisatorische und politische Probleme, aber auch spezifische Forschungsfragen, auf.

Die besondere Herausforderung besteht darin, dass die sozialdemokratisch geführten Landesregierungen über Jahre hinweg zwar einen erkennbar bürgergesellschaftlich-politischen Akzent in der „Engagementpolitik" gesetzt haben und das Land Rheinland-Pfalz insofern auch über mehrjährige Erfahrungen mit Methoden, Verfahren und Organisation von Dialogen mit den Bürgern verfügt[5]. Das bundesweit einmalige Vorhaben, umfangreiche Bürgerbeteiligungsprozesse im Zusammenhang mit einer KVR zu organisieren, erwies sich dann aber doch als eine große Herausforderung für die politische Administration. Denn es galt konsultative Prozesse zu organisieren, bei denen Bürgerinnen und Bürger in eine beratende Rolle gebracht werden. Hinzu kommt, dass es sich bei Kommunal- und Verwaltungsreformen um eine hochkomplexe Materie handelt, die Bürgerinnen und Bürger in ihrer Lebenswelt unmittelbar betrifft, die aber mehr noch als andere Probleme als typisches Expertenthema gilt. Letztendlich ging und geht es darum, dass Bürger ähnlich wie Experten ihr (Alltags-)Wissen als Ressource in einen Prozess der Wissensgenerierung einbringen[6]. Zugleich wird durch diese themen- und problembezogene Bürgerbeteiligung einer in der Gesellschaft zunehmend feststellbaren Mentalität Rechnung getragen, verstärkt mitreden zu wollen ohne sich unbedingt organisatorisch oder institutionell dauerhaft einbinden bzw. verpflichten zu lassen.

Dass Bürgerbeteiligungsmaßnahmen darüber hinaus auch der Akzeptanz- und Legitimationsbeschaffung dienen bzw. instrumentalisiert werden können, ist

---

3   Vgl. Hesse 2009: 13.
4   Vgl. März 2007: 433.
5   Vgl. Heuberger/Hartnuß 2010; Heuberger 2010.
6   Vgl. Martinsen 2007: 52.

allerdings die andere Seite der Beteiligungs- und Beratungsmedaille[7]. Umso wichtiger ist es, dass eine den Bürgerbeteiligungsprozess begleitende Forschung, die prozessbegleitend immer wieder auch in Politikberatungsprozesse einbezogen wird, auf analytische Distanz achtet.

2. Organisation, Struktur und Verfahren des Beteiligungsprozesses zur KVR

Insgesamt handelt es sich bei der Bürgerbeteiligung im Rahmen der rheinland-pfälzischen KVR um einen zunächst zweistufigen Beteiligungsprozess, dem sich die sog. Freiwilligkeitsphase anschließt, in welcher die Kommunen bei der Gestaltung ihrer Vorschläge zur KVR Angebote zur Bürgerbeteiligung initiieren können.

Die *erste Stufe der Bürgerbeteiligung* diente vor allem einer ersten allgemeinen Informationsgewinnung und –vermittlung durch die Bürger, nachdem sich bereits der Gemeinde- und Städtebund sowie der Städte- und Landkreistag auf vorläufige Eckpunkte – die so genannte 63er Liste[8] – mit dem Ministerium des Inneren und für Sport verständigt hatten. Der Parlamentsbeschluss vom 11. Dezember 2008 zur Reform greift die Beratungsergebnisse der ersten Stufe auf und ist zugleich die Basis für die Konzeption der zweiten Stufe der Bürgerbeteiligung.

Die *zweite Stufe der Bürgerbeteiligung* war darauf angelegt, die Ergebnisse der ersten Beteiligungsstufe weiter zu konkretisieren und durch die angestoßene öffentliche Diskussion zu aktualisieren. Die Erkenntnisse der Bürgerbeteiligung sollten zusammen mit den verwaltungswissenschaftlichen Erkenntnissen und den landespolitischen Zielen in die Entwürfe für ein erstes und zweites Landesgesetz zur KVR eingehen, die der Ministerrat am 15. September 2009 im Grundsatz gebilligt hat und die einer Vielzahl von Organisationen zur Stellungnahme zugeleitet wurden.

---

7   Vgl. Weber 2005: 23 ff.
8   Diese Liste wird in Medien und Stellungnahmen bisweilen auch als 64er oder 65er Liste bezeichnet.

Abbildung 1:   Bürgerbeteiligung im Reformprozess

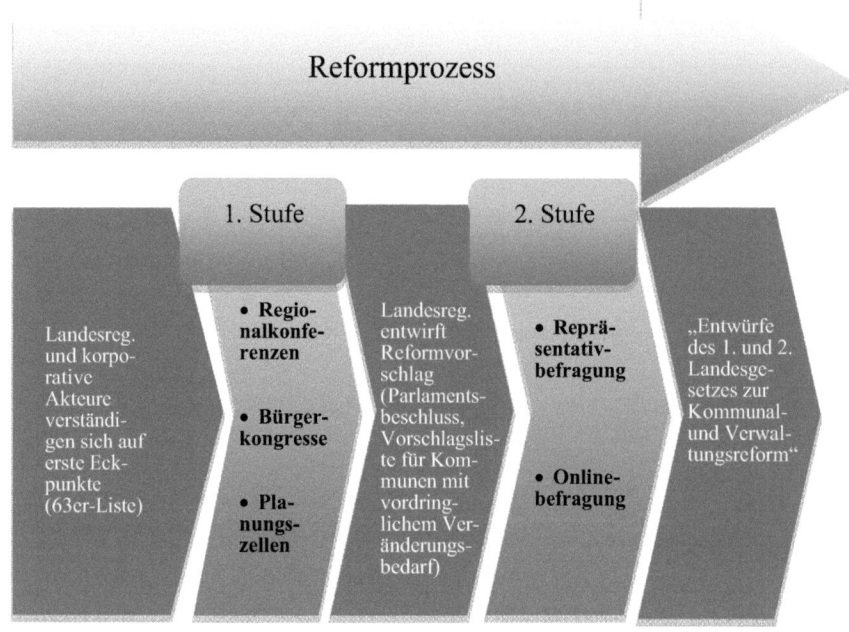

Quelle: Sarcinelli/König/König 2009: 11

2.1. Die erste Stufe der Bürgerbeteiligung

Neun Regionalkonferenzen: Von Oktober bis November 2007 fanden in Worms, Mainz, Ludwigshafen, Speyer, Koblenz, Neuwied, Pirmasens, Trier und Kaiserslautern sogenannte Regionalkonferenzen[9] statt. Zielgruppen waren insbesondere kommunale Mandatsträger als Fachpublikum, aber auch interessierte Bürger durften teilnehmen. Die Konferenzen dauerten ca. drei bis vier Stunden und waren als – auch medienöffentliche – Auftaktveranstaltungen gedacht, in

---

9   Insgesamt nahmen mehr als 2500 Personen an den Bürgerkonferenzen teil.

denen breit gefächerte Diskussionen über die Notwendigkeit und die Ausrichtung der Kommunal- und Verwaltungsreform geführt wurden, ohne dass seitens der Landesregierung bereits konkrete Reformvorschläge auf den Tisch kamen. Befragt wurden nach jeder Konferenz 2-3 zufällig ausgewählte Teilnehmer (unter Berücksichtigung unterschiedlicher politischer Couleur und verschiedener kommunaler Ebenen) auf der Basis eines leitfadengestützten Fragebogens.

Fünf Bürgerkongresse: Die Bürgerkongresse wurden unter dem Slogan „Meine Meinung zählt!" und mit einer breiten Informationskampagne beworben. An alle rheinland-pfälzischen Haushalte wurde ein Flyer und an alle Kommunalverwaltungen wurden Multiplikatorenpakete verschickt. Zusätzlich wurde mit Radiospots auf die Veranstaltungen aufmerksam gemacht. Multiplikatoren aus der Gesellschaft erhielten ein persönliches Anschreiben des Ministerpräsidenten. Die Beteiligungshürde für den Kongress sollte möglichst niedrig sein.

Die Bürgerkongresse fanden samstags in Ludwigshafen, Bingen, Lahnstein, Kaiserslautern und Trier statt. Begonnen wurde um 10 Uhr mit einer Begrüßung durch den Ministerpräsidenten bzw. durch den Innenminister oder Innenstaatssekretär. Die politischen Akteure verließen dann die Veranstaltung wieder, um die Bürgerinnen und Bürger unbeeinflusst arbeiten zu lassen. Pro Kongress berieten zwischen 150 und 250 Bürgerinnen und Bürger in Achtergruppen über die folgenden, allgemeinen Themen- bzw. Fragekomplexe:

1.   Stärken- und Schwächenanalyse der Verwaltung
2.   Erarbeitung von Kriterien einer bürgernahen Verwaltung
3.   Erarbeitung von Kriterien einer Gebietsreform

Die Fragekomplexe wurden dabei entweder von Videosequenzen zur Thematik oder von kurzen Impulsreferaten umrahmt, so dass eine gewisse Sensibilisierung der Teilnehmer erfolgte. In einem kostenlos zugeschickten Reader konnten sich die Bürger bereits vor dem Kongress in das Thema KVR einarbeiten. Die Ergebnisse der Gruppen wurden dann auf Wandzeitungen übertragen und jeweils von Sprechern präsentiert. Im nächsten Schritt erfolgten Rundgänge an den Wandzeitungen. Dabei konnten die Teilnehmerinnen und Teilnehmer zu bestimmten Aussagen ihre Zustimmung oder Ablehnung markieren. Am Ende des Tages durften alle ihre Kernforderungen auf so genannte „Zukunftsbausteine" (Pappschachteln) schreiben. Diese wurden dann am 1.7.2008 bei einem Pressetermin dem Innenminister übergeben. Zusätzlich sind die einzelnen Dokumentationen der jeweiligen Bürgerkongresse im Internet – transparent für jedermann – abrufbar[10].

Befragungen im Rahmen der Begleitforschung ergaben eine relativ hohe Zufriedenheit der meisten Bürgerkongressteilnehmer. Kritisiert wurden allerdings die Teilnehmerzusammensetzung sowie die „relativ unkonkreten" Ergebnisse. Man hatte erwartet, dass die Landesregierung ihre eigenen Überlegungen zur Diskussion stellte. Hier zeigt sich ein grundsätzliches Problem, wenn Bürger in die Beratungsrolle gebracht werden. Bürger verfügen über wenig Erfahrung, in einer offenen Willensbildungs- und Beratungssituation eigene Positionen zu entwickeln und einzubringen. Vielmehr erwartet man als Bürger allenfalls zu vorgegebenen, von Experten und/oder der Verwaltung erarbeiteten Vorlagen in einer eher fortgeschrittenen Phase der Planung Stellung zu nehmen, nicht aber selbst konzeptionell gefragt und ernst genommen zu werden.

Aufgrund des offenen Anmeldeverfahrens kamen überwiegend die „üblichen Verdächtigen", also relativ zahlreiche Vereinsvertreter oder Kommunalpolitiker. „Normalbürger" waren unterrepräsentiert. Dies schmälerte jedoch nicht die Beratungsleistung der Bürgerkongresse, da die meisten Vorschläge dokumentiert wurden und in kurzer Zeit eine breitgefächerte Ideensammlung der Bürger, trotz der vorgenannten Verzerrungen, zustande kam. So forderten die Teilnehmer insbesondere eine bürgernahe, gut zu erreichende Verwaltung mit langen Öffnungszeiten und gut qualifiziertem Personal. Die Notwendigkeit einer Gebietsreform – das für die lokale Identität besonders heikle Problem – wurde differenziert betrachtet. Man wolle zukunftsfähige, transparente Strukturen, aber überwiegend dort, wo dies im Einvernehmen mit den Betroffenen geschehe.

Die Medien interessierten sich sehr für den ersten Bürgerkongress, der in Ludwigshafen stattfand. Dabei wurde diese Art von Bürgerpartizipation weder als „perfekte Bürgerbeteiligung" noch als Alibiveranstaltung bewertet. Das Medieninteresse an den Bürgerkongressen ging nach dem ersten Kongress merklich zurück. Meist berichteten nur die Lokalzeitungen am Standort der jeweiligen Veranstaltung. Die Präsentation der „Zukunftsbausteine" am 1.7.2008 fand kaum medienöffentliche Resonanz. Ganz offensichtlich fehlt dieser Art von Bürgerberatungs- und Beteiligungsverfahren der Nachrichtenwert. Die Oppositionsparteien im Landtag, die CDU und die FDP, kritisierten die Bürgerkongresse als Alibiveranstaltungen und insbesondere die Union warf der Landesregierung vor, nicht ernsthaft mit ihr zu reden und stattdessen eine PR-Kampagne zu fahren.

Hier zeigt sich ein weiteres strukturelles Merkmal von Bürgerbeteiligung. Werden Bürger als aktives und beratendes Element im politischen Prozess ernst genommen, so kann sich dies durchaus zu einem Gegengewicht zur institutiona-

---

10 www.buergerkongresse.rlp.de.

lisierten Politik (Regierung, Opposition, Parlament, Verbände etc.) entwickeln. Kritik wird dann daran geübt, dass verfassungsrechtlich herausgehobene Organe (z.b. das Parlament) in ihrer Willensbildung wenn nicht präjudiziert, so doch in ihrer freien Entscheidung eingeschränkt werden. Jenseits dieser juristischen Sicht wird eher verdeckt Kritik geübt, weil das Kritisieren von mehr Bürgerbeteiligung dann politisch als wenig opportun erscheint. Und es überrascht auch nicht, wenn die Opposition Konkurrenz in einem Bürgerwillen sieht und dabei die Regierung in den Verdacht zu bringen versucht, das Bürgervotum für eigene politische Zwecke zu instrumentalisieren.

Sechs „Planungszellen": Nach den Bürgerkongressen wurden im Juni 2008 insgesamt sechs sogenannte „Planungszellen" an den Standorten Vallendar, Pirmasens und Prüm eingesetzt. Das von Peter C. Dienel in den siebziger Jahren entwickelte, inzwischen international anerkannte Verfahren wird oft unter dem Label „Citizens' Jury[11]" gehandelt.

In jeder der sechs realisierten „Planungszellen" arbeiteten vier Tage lang etwa 25 Personen[12], die durch eine Stichprobe zufällig ausgewählt worden waren. Die statistischen Verzerrungen der Bürgerkongresse bei der Teilnehmerzusammensetzung der Bürgerkongresse konnten dadurch vermindert werden. Ziel war es, vertiefte Ideen und Lösungsvorschläge von Teilnehmern aus verschiedenen Strukturgebieten zu erfassen[13]. Es wurden Fragenkomplexe bearbeitet, z.B. „wie eine moderne Kommune und Verwaltung sowie zukunftsfähige Gebietsstrukturen auszusehen hätten" und „wie das Land Rheinland-Pfalz mehr Bürgernähe und neue Formen der Zusammenarbeit von Staat, Bürgerschaft und Wirtschaft fördern könne". Am vierten Tag wurden die Ergebnisse von den Teilnehmern reflektiert und teilweise neu bewertet. Alle vier Tage waren in vier Arbeitseinheiten gegliedert, die dem gleichen Muster folgten. Zuerst informierten ein oder mehrere Experten zu einer Fragestellung und nach einer kurzen Fragerunde erarbeiteten die Teilnehmer in Kleingruppen Ideen, die sie auf Metaplankarten schrieben. Nach einer kurzen Vorstellung im Plenum erfolgte eine individuelle Bewertung, indem die Teilnehmer ihre Zustimmung zu einzelnen Karten markieren konnten. Auf der Grundlage dieser Bewertungen wurde vom Durch-

---

11 Citizens Jury und „Planungszelle" wurden unabhängig voneinander entwickelt.
12 Die meisten Teilnehmer wurden für die vier Tage durch Bildungsurlaub vom Arbeitgeber freigestellt und erhielten zusätzlich eine Aufwandsentschädigung.
13 Stellvertretend für den „städtischen" Raum wurde die kreisfreie Stadt Pirmasens zusammen mit der Verbandsgemeinde Pirmasens-Land ausgewählt. Für den „verstädterten" Raum waren dies die Verbandsgemeinde Vallendar zusammen mit der Stadt Bendorf und für den „ländlichen" Raum die Verbandsgemeinde Prüm zusammen mit der Verbandsgemeinde Arzfeld.

führungsträger der „Planungszellen" ein Bürgergutachten[14] erstellt, das von den Teilnehmern gegengelesen werden konnte. Die Teilnehmer forderten insbesondere die Stärkung der Kommunen. Sie plädierten für eine Verwaltung vor Ort sowie für bessere Rahmenbedingungen, auch für politische Partizipation. Zu den Aufgaben der Verwaltung sowie zu einer Gebietsreform wurden unterschiedliche Lösungsvorschläge erarbeitet. Alle Ergebnisse sind in einem 192-seitigen, online[15] zugänglichen und dem Ministerpräsidenten im Rahmen einer Pressekonferenz[16] überreichten Bürgergutachten nachlesbar. Dieser sicherte zu, die Ergebnisse ernst zu nehmen und die Bürger in einer zweiten Beteiligungsstufe erneut einzubinden. Alle Oppositionsparteien befürworteten in Presseerklärungen das Bürgergutachten und verwiesen darauf, dass sich ihre Vorstellungen im Bürgergutachten wieder fänden, sahen aber jeweils ihre eigene Position gestärkt.

2.2. Die zweite Stufe der Bürgerbeteiligung

Im Zentrum der zweiten Beteiligungsstufe standen eine Repräsentativ- sowie eine Onlinebefragung. „Im Wege einer repräsentativen Umfrage sollen die Meinungen von Bürgerinnen und Bürgern zu beabsichtigten Reformschritten und zu Erwartungen ähnlich wie bei der ersten Stufe der Bürgerbeteiligung konkreter erfragt werden"[17], so der Parlamentsbeschluss vom 12. Dezember 2008. Ziel dieser Befragungen war es, die Ergebnisse der ersten Stufe der Bürgerbeteiligung mit dem repräsentativen Bevölkerungswillen rückzukoppeln.

Repräsentativbefragung: Durchgeführt wurden 10.000 Telefoninterviews (Dauer jeweils ca. 30 Min.). Dazu wurden die Ergebnisse der Bürgerkongresse und Planungszellen von der Administration (Ministerium des Inneren und für Sport) zusammengefasst und thematisch in folgende Themenkomplexe gegliedert[18]:

- Aufgabenwahrnehmung
- Kommunale Gebietsstrukturen

14 Vgl. Ministerium des Inneren und für Sport Rheinland-Pfalz 2008.
15 www.planungszelle.rlp.de.
16 Bei der Pressekonferenz waren viele Teilnehmer aus den „Planungszellen" anwesend. Pressekonferenzen sollen dabei die Ernsthaftigkeit der Bürgergutachten betonen und damit auch die Bedeutung der Arbeit der Bürger. Neben dem Bürgergutachten wurde dem Ministerpräsidenten auch eine zusammenfassende Kurz-Dokumentation der Bürgerkongresse übergeben.
17 Landtagsdrucksache 15/2900: 4.
18 Vgl. www.buergerkongresse.de.

- Interkommunale Zusammenarbeit
- Bürgerservice
- Bürgerbeteiligung

Onlinebefragung: Parallel zur Repräsentativbefragung wurde eine freiwillige, nicht repräsentative Online-Befragung auf der Homepage[19] durchgeführt. Diese wurde gemeinsam mit der Repräsentativbefragung in einem Flyer beworben und an alle rheinland-pfälzischen Haushalte verteilt. Neben zusätzlicher Informationsgewinnung durch offene Fragen (qualitative Erhebung) konnten sich Personen beteiligen, die nicht durch die Zufallsauswahl der Repräsentativbefragung erfasst wurden. Insgesamt beteiligten sich 4.104 Personen im Befragungszeitraum: 23. März – 02. Juni 2009.

2.3. Die Bürgerbeteiligung in der „Freiwilligkeitsphase"

Die sog. Freiwilligkeitsphase bietet eine zeitlich befristete Handlungs- und Entscheidungschance, in der die Kommunen und kommunalen Gebietskörperschaften unter Berücksichtigung der konkreten Problemlagen und Bedingungen vor Ort über die Details der sie betreffenden Reformschritte und –maßnahmen entscheiden. Sie hat experimentellen Charakter, ebenso wie die mögliche Bürgerbeteiligung in dieser Phase. Im Verlauf der Reformdebatte wurde die Freiwilligkeitsphase als politische Vorgabe kritisiert. Die Kritik betrifft nicht die Beteiligung von Bürgerinnen und Bürgern, sondern das „Damoklesschwert" gesetzlicher Entscheidungen nach Ende der Freiwilligkeitsphase, etwa in Form von Zwangsfusionen.

Im Rahmen der wissenschaftlichen Begleitforschung ist eine umfangreiche Handreichung (Leitfaden) für Möglichkeiten der Organisation von Bürgerbeteiligung bei örtlichen Fusionsdiskussionen und -prozessen in der Freiwilligkeitsphase erarbeitet worden. Dabei geht es um ein Instrumentarium (Typologie von kommunalen Problemlagen, Phasenmodell, „Methoden-Koffer") mit dem auf kommunaler Ebene pragmatisch gehandelt und Entscheidungen im Verlauf der Freiwilligkeitsphase transparent dargestellt werden können. Zu diesem Zweck wurde eine in der Wirtschaft bereits erfolgreiche Methode, die Balanced-Score-Card (englisch: für *ausgewogener zielorientierter Berichtsbogen*) (BSC), genutzt und an die Bedürfnisse von kommunalen Gebietskörperschaften angepasst. Die BSC beruht auf relativ wenigen – aber besonders relevanten – Kennzahlen[20], strukturiert die Ausgangslage und macht mögliche Veränderungsprozesse über-

---

19   www.meinemeinungzaehlt.rlp.de.
20   Alexander/Friedrichsen 2005: 5.

sichtlich, so dass es leichter möglich ist, strategiekonforme Maßnahmen zu initiieren und umzusetzen[21]. Grundlage der vorgelegten Typologie von möglichen Problemlagen in den kommunalen Gebietskörperschaften war die systematische Auswertung umfangreicher, Leitfaden gestützter Interviews mit 155 kommunalen Eliten.

Der entwickelte Leitfaden gibt kommunalen Gebietskörperschaften eine Orientierung, welche Methoden und Prozesse zur Organisation bürgerschaftlicher Beteiligung unter Berücksichtigung der spezifischen Bedingungen vor Ort als besonders sinnvoll erscheinen.

3. Ausgewählte Befunde der Begleitforschung

3.1. Befunde zur ersten Beteiligungsstufe

Zusammengefasst, lassen sich Konzept und wesentliche Befunde zu den ***Bürgerkongressen*** wie folgt veranschaulichen:

Abbildung 2:   Konzept und zusammenfassende Ergebnisse der
              Bürgerkongresse

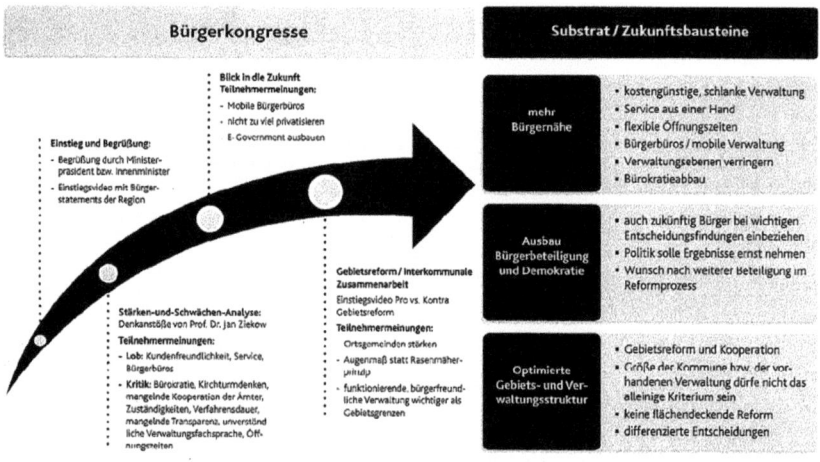

Quelle: Sarcinelli/König/König 2009: 15

---

21   Horváth & Partner 2001: 10-11.

Die folgende Übersicht dokumentiert holzschnittartig die in einem umfangreichen Bürgergutachten zusammengetragenen Ergebnisse der *Planungszellen*:

Abbildung 3:   Konzept und zusammengefasste Ergebnisse der Planungszellen

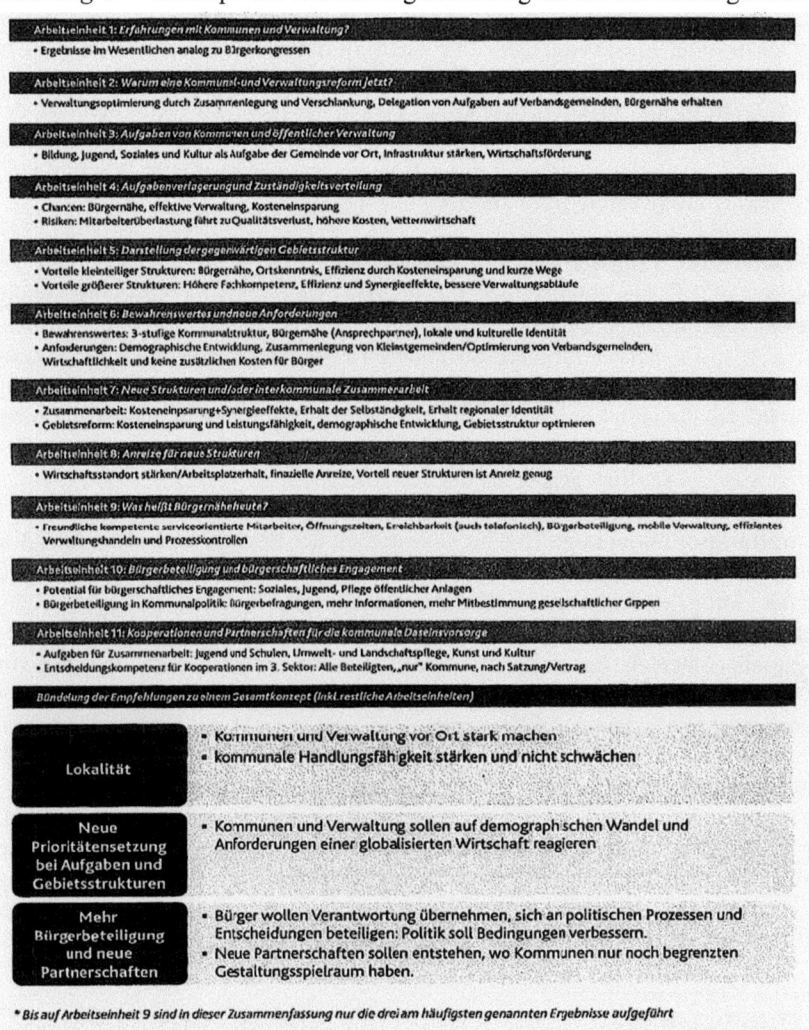

Quelle: Sarcinelli/König/König 2009: 1

3.2. Befunde zur 2. Beteiligungsstufe

Insgesamt wurden durch die Repräsentativbefragung und die Online-Befragung alle wesentlichen, von der Administration identifizierten Themenkomplexe der ersten Beteiligungsstufe entweder direkt oder indirekt abgefragt. Fragen, die „Entweder-Oder-Entscheidungen" zur Auswahl hätten, wurden nicht gestellt. In der Repräsentativbefragung gab es ebenfalls keine Fragen, die auf einen Ausbau der Aufgabenkritik abzielen. Konkrete Vorschläge konnten „lediglich" in der Online-Befragung[22] eingebracht werden. Die komplette Auswertung der zweiten Stufe der Bürgerbeteiligung ist auf der Homepage[23] veröffentlicht. Nachfolgend werden kurz ausgewählte Befunde zusammengefasst.

Informiertheit, Transparenz und Einstellung zur Reform: Die Mehrheit der rheinland-pfälzischen Bevölkerung (60 Prozent) weiß, dass die Landesregierung an einer KVR arbeitet. Die Hälfte derjenigen, die von der Reform gehört haben, fühlt sich ausreichend informiert, die andere Hälfte hätte gerne mehr Informationen (62 Prozent der Teilnehmer der Online-Befragung wünschen sich ebenfalls mehr Informationen). Gerade das Informationsbedürfnis der Jüngeren im Alter von 18-24 Jahren, also jener Personengruppe, die die Reform am stärksten betreffen wird, ist deutlich größer als bei den Älteren[24].

Verwaltungsoptimierung: Eine breite Mehrheit der Bevölkerung steht der KVR grundsätzlich positiv gegenüber, wobei die Zustimmung zur Reform unabhängig von der Größe des Wohnorts ist. Die Befragten zeigten sich mit ihrer Verwaltung überwiegend zufrieden und gaben ihre Einschätzung zu möglichen Optimierungsmaßnahmen ab. Ein mobiler Service („die Verwaltung kommt zu Ihnen vor Ort"), der auf den Bürgerkongressen und Planungszellen[25] gefordert wurde, stößt interessanter Weise kaum auf Resonanz[26].

Gebietsreform: Bei einer Veränderung der Gebietsstruktur gehen die Meinungen auseinander. Bei 44 Prozent der Befragten kommt es auf den Einzelfall an. Die meisten Befragten sprechen sich für freiwillige Lösungen aus. Ist die eigene Verbandsgemeinde von einer Zusammenlegung betroffen, steigt die Ablehnung etwas an. So findet auch das Argument, dass die Landesregierung klare Kriterien festlegen und danach die Reform durchführen solle, im Vergleich zu allen ande-

---

22 Vorschläge wurden hier eher allgemein vorgebracht, z.B. Abbau von Doppelzuständigkeiten.
23 www.meinemeinungzaehlt.rlp.de.
24 Vgl. polis-sinus 2009a: 2-6.
25 Vgl. Nexus 2008: 119-120.
26 Vgl. polis-sinus 2009a: 12-23.

ren genannten Argumenten die geringste Zustimmung[27]. Ein Hauptkriterium der Landesregierung ist die Einwohnerzahl, die bis zum Jahr 2020 voraussichtlich um 14,9 Prozent schrumpft[28]. Die Gebietsreform als Reaktion auf den demografischen Wandel erreicht allerdings bei den erfragten Argumenten den vorletzten Platz[29].

Bürgerbeteiligungsprozess und Ausbau von Beteiligungsmöglichkeiten: Die Bürgerbeteiligung im Rahmen der Kommunal- und Verwaltungsreform ist nur rund einem Viertel der Befragten bekannt; insbesondere in der jüngeren Generation ist die Kenntnis davon vergleichsweise niedrig. Trotz des Informationsdefizits begrüßen 80 Prozent den für Deutschland bisher einmaligen Beteiligungsprozess[30]. Obwohl das Interesse, sich persönlich bei der Ausgestaltung der KVR zu beteiligen, relativ gering ist, zeigen die Befragten generell großes Interesse an Bürgerbeteiligung in ihrer Kommune und begrüßen den Ausbau von Beteiligungsangeboten. So befürworten neun von zehn Befragten die Vereinfachung zu Einwohneranträgen, Bürgerbegehren und Bürgerbescheiden sowie die Förderung und Unterstützung von bürgerschaftlichem Engagement und Ehrenamt. Rund drei Viertel stimmen Beteiligungsformen wie Bürgerbefragungen, Bürgerkongressen, Planungszellen oder Stadtteilkonferenzen zu[31].

3.3. Befunde zur Freiwilligkeitsphase [32]

Hinsichtlich der Problemwahrnehmung für die Notwendigkeit einer Kommunal- und Finanzreform werden von den befragten kommunalen Eliten (155 Intensivinterviews) der demographische Wandel, die Finanzsituation sowie die neuen Informationstechnologien als Hauptanstöße genannt. Von den Reformzielen trifft die Weiterentwicklung von Bürgernähe auf sehr hohe (rund 92 Prozent) und die Kommunalisierung von Aufgaben unter Berücksichtigung des Konnexitätsprinzips auf hohe Zustimmung (79 Prozent). Zwar findet auch die Forderung nach „mehr Demokratie" mit gut zwei Dritteln der Befragten (rund 68 Prozent) eine deutliche Mehrheit. Ein knappes Drittel kann diesem Reformziel jedoch nicht zustimmen. Eine sehr klare Mehrheit (88 Prozent) befürwortet prinzipiell die Freiwilligkeitsphase und möchte in diesem Rahmen entsprechend Möglichkeiten

---

27   Vgl. ebenda: 33-35.
28   Vgl. Ministerium des Inneren und für Sport Rheinland-Pfalz 2009: 1.
29   Vgl. polis-sinus 2009a: 22; 35.
30   Vgl. ebenda: 28-29.
31   Vgl. ebenda: 31-32.
32   Vgl. Sarcinelli/König/König 2010: 13-17.

für ihre Gebietskörperschaft nutzen (rund 76 Prozent), um die eigene Zukunft in weitgehend selbst gestalten zu können. Dies wird nicht zuletzt vor dem Hintergrund zu erwartender, gesetzlicher Konsequenzen gesehen. Interesse verdienen in diesem Kontext auch die funktionalen Zuordnungen von Bürgerbeteiligung: Beteiligung als „Werkzeug effizienten Regierens" findet die Zustimmung von rund 78 Prozent und Bürgerbeteiligung zum Zweck der Einbeziehung in die „Reform-Planung" stimmen rund 89 Prozent zu. Immerhin noch rund 60 Prozent befürworten eine Vor-Ort-Beteiligung in der Freiwilligkeitsphase. Differenziert man die Antworten („trifft völlig zu", „trifft eher zu"), dann ist der Anteil derjenigen, welche die generelle Einbeziehung der Bürger in die Reform-Planung für besonders wichtig halten, fast doppelt so groß wie der Anteil derjenigen, die sich für eine Vor-Ort-Bürgerbeteiligung aussprechen. Für rund 40 Prozent der Befragten ist die Vor-Ort-Beteiligung im Reformkontext allerdings nicht relevant.

Diese verschiedenen Befunde zeigen ein in der politischen Kulturforschung vielfach identifiziertes Phänomen: Das prinzipielle Einverständnis mit einer Norm lässt noch nicht auf eine ebenso große, individuelle Bereitschaft zur Befolgung der Norm schließen. So verweisen auch hier die Befragungsergebnisse auf ein hohes Einverständnis mit Notwendigkeit und Bedeutung der Bürgerbeteiligung im Prinzipiellen. Zugleich spricht im Speziellen aus den Daten einer qualifizierten Minderheit eine gewisse Skepsis, Unsicherheit oder gar Ablehnung gegenüber der Organisation von Bürgerbeteiligung vor Ort.

Was Unterstützungsmaßnahmen seitens der Landesregierung anbelangt, so erhalten die Vorgaben „Finanzielle Unterstützung" rund 84 Prozent, „Sachverstand bereitstellen" rund 87 Prozent und „Unterstützung bei Beteiligungsprozessen" erstaunlicher Weise sogar knapp 90 Prozent Zustimmung. Auch aus diesem Befund spricht die Notwendigkeit, dem hohen Interesse an Bürgerbeteiligung durch Bereitstellung von Beratungskompetenz Rechnung zu tragen. Dass die Akteure vor Ort solche Unterstützungsleistungen zur Organisation von Bürgerbeteiligung eher von neutraler, z.B. wissenschaftlicher und weniger von politisch-administrativer Seite (Landesregierung) Seite wünschen, unterstreicht die Reserve gegenüber politischen Interventionen ‚von oben' und das Interesse an einer möglichst autonomen kommunalen Steuerung der mit der KVR zusammenhängenden Gestaltungsaufgaben.

4.   Fazit: Bürgerbeteiligung – ein Demokratieexperiment oder mehr?

Versucht man eine abschließende Bewertung der – politisch nicht weniger als wissenschaftlich ambitionierten – Bürgerbeteiligung im Rahmen der rheinland-

pfälzischen KVR, so kann man die damit verbundene, politische Mitgestaltungs-
aufforderung seitens politischer Akteure bzw. des politischen Mitgestaltungsan-
spruchs seitens der Bürgerinnen und Bürger in dreierlei Hinsicht dimensionieren:

(1) *Juristische vs. sozialwissenschaftliche Dimension:* Aus juristischer Perspektive lässt die Landesverfassung lediglich konsultativ-mitgestaltende Verfahren
zu. Plebiszitäre Elemente, wie z.b. der Volksentscheid, haben zwar Entschei-
dungsfunktion, aber aufgrund einer vorgegebenen Ja-Nein-Entscheidung keinen
Mitgestaltungscharakter. Nur eine Änderung der Landesverfassung würde die
Einführung plebiszitär-mitgestaltender Elemente ermöglichen. Aus sozialwissenschaftlicher wie auch aus gesellschaftspolitischer Sicht sind die Qualität der
Teilhabe an Entscheidungsprozessen und damit eine damit verbundene Weiterentwicklung der Demokratie – auch unterhalb der Hürde plebiszitärer Voten –
von Interesse. Dabei können auch rein konsultative Verfahren hilfreich sein,
wenn durch neue, Deliberation[33] ermöglichende, institutionelle Arrangements
und Gelegenheitsstrukturen Kommunikationsprozesse initiiert und Beteiligung
organisiert werden, von denen politischer Einfluss ausgeht und ggf. auch politischer Druck ausgeübt wird.

(2) *Politische Spielwiese vs. Entscheidungsalternative:* Konsultative Verfahren
dürfen nicht als „Spielwiese" oder als Mitmach-Alibi missverstanden werden.
Denn je aufwändiger konsultative Verfahren sind, desto größer werden die Erwartungen der Beteiligten. Erzeugen solche Beteiligungsmöglichkeiten dann
noch Medienresonanz, nimmt auch der öffentliche Druck zu. Allerdings können
durch den Einsatz von Bürgerbeteiligung zusätzliche gesellschaftliche Ressourcen erschlossen und neue Partizipationsmöglichkeiten begründet, relevante Informationen und Daten ermittelt und an die Entscheidungsebene weitergegeben
werden. Damit werden fachspezifisch verengte Sichtweisen aufgebrochen und
bürgernahe Gesichtspunkte in die Lösungsideen integriert. Bürgerinnen und
Bürger können angeregt werden, über den Beteiligungsprozess hinaus freiwillig
aktiv zu werden und sich weiter zu engagieren. Hingegen führt sich Denn Bürgerbeteiligung als politische „Spielwiese" oder als „Beschäftigungsprogramm"
selbst ad absurdum. Schließlich gilt: Wird Bürgerbeteiligung – in welcher Form
auch immer – initiiert, so muss sie nachweislich Konsequenzen haben. Die Bürgerinnen und Bürger wollen die Folgen ihres Engagements spüren, ggf. sollte
informiert werden, warum ihren Vorschlägen nicht gefolgt werden kann. Je klarer Entscheidungsalternativen diskutiert werden, desto größer wird die Bereitschaft zum Engagement sein. Die Frage ist allerdings, inwieweit die Politik tat-

---

33 Deliberation meint dabei einen klugen diskursiven Beratungs- und Abwägungsprozess (vgl.
    Habermas 1983).

sächlich bereit bzw. in der Lage ist, die in Bürgerbeteiligungsverfahren gefundenen Lösungen umzusetzen.

(3) *Legitimität vs. Kontrolle:* Die mit politischen Beteiligungsverfahren verbundenen, hohen Transaktionskosten lassen sich mit Legitimitätsgewinnen rechtfertigen. Das bedeutet: Bürgerbeteiligung bringt Reibungsverluste mit sich und erfordert hohen politisch-administrativen Aufwand. Sie fördert dann aber auch die politische Akzeptanz einer Reform und trägt zur Legitimation politischer Entscheidungen bei. Richtig organisiert kann sie Beteiligungsinteresse und Engagementbereitschaft der Bürgerinnen und Bürger steigern. Zugleich bedeutet Bürgerbeteiligung immer auch Machtteilung. Schlecht vorbereitet und halbherzig organisiert kann sie zu politischem Kontrollverlust der Exekutive über den Reformprozess führen. Insofern enthält Bürgerbeteiligung politische Risiken, die einerseits um der Freiheit willen eingegangen werden müssen, die andererseits aber auch die Handlungs- und Problemlösungsfähigkeit von Politik und Verwaltung nicht blockieren sollten. Schließlich ist auch die Bürgerbeteiligung im Rahmen der rheinland-pfälzischen KVR so angelegt, dass sie „im Schatten der Hierarchie"[34] bzw. „im Schatten der Mehrheitsentscheidung"[35] stattfindet und den demokratisch legitimierten Entscheidungsorganen die politische Letztverantwortung nicht abnimmt.

Insgesamt kann ein engagierter Bürgerbeteiligungsprozess konfliktkanalisierend wirken und so zum Abbau von politischer Distanz und Politikverdrossenheit beitragen[36]. Die Begleitforschung zeigt jedenfalls, dass Umfang und Art der Beteiligung der Bürgerinnen und Bürger positiv aufgenommen werden. Verbunden ist damit zugleich die Skepsis, ob der Bürgerwille dann letztlich auch ernst genommen wird, ein zentrales Problem für die politische Glaubwürdigkeit des Reformprozesses. In diesem Zusammenhang sollte die repräsentative Demokratie nicht gegen direktdemokratische Verfahren ausgespielt werden. Bürgerbeteiligung mit plebiszitärem Charakter könnte das Parlament zu sehr unter Druck setzen und Abwehrreaktionen hervorrufen. Andererseits stellt sich die Frage, wie sinnvoll eine allzu strikte Unterscheidung zwischen repräsentativ-demokratischer vs. bürger-demokratischer Politik angesichts der Komplexität politischer Prozesse heute noch ist. So macht die Debatte um die Modernisierung des Staates deutlich, dass die Vorstellung eines hoheitlichen, allein über Repräsentativorgane handelnden Staates mehr und mehr von Staatsvorstellungen abgelöst wird, in denen der Staat in ein komplexes System von Akteuren und Prozessen eingebunden ist. Neuere Charakterisierungen wie „Verhandlungsstaat", „kommunizieren-

---

34   Scharpf 1991: 623.
35   Ders. 2000: 92 und 323 ff.
36   Vgl. von Trott zu Solz/Wimmer 2001: 471.

der Staat", „Gewährleistungsstaat" etc. verdeutlichen den Wandel eines wissenschaftlichen Staatsverständnisses, das im Rahmen von Governancetheorien die „Existenz einer horizontal und vertikal differenzierten Regelungsstruktur"[37] berücksichtigt.

Stecken die Versuche, diese eher steuerungstheoretisch motivierte, akteurszentrierte – öffentliche und private Träger einbeziehende – Debatte mit bürgergesellschaftlichen bzw. zivildemokratischen Ansätzen zu verbinden, wissenschaftlich noch in den Anfängen, so hat Rheinland-Pfalz über die Jahre hinweg einen konsequenten Weg „von der Engagementförderung zur Engagementpolitik"[38] beschritten. Mag sich diese eher unspektakuläre Beteiligungspraxis auch nicht im Länderranking[39] direktdemokratischer Beteiligungschancen niederschlagen, so sollte ihre Relevanz für den Aufbau einer „Bürgergesellschaft"[40] doch nicht unterschätzt werden. Insgesamt stellt sich dieser spezifisch rheinland-pfälzische Weg einer KVR als der Versuch einer Reformpolitik auf ‚leisen Sohlen' dar; ein Politikstil, bei dem es unter Einsatz diskursiver Praktiken in politisch-administrativer Hinsicht um „weiche Steuerung"[41] und in demokratietheoretischer Hinsicht um Legitimitätsgewinn geht.

Literaturverzeichnis

Alexander, Martin/Friedrichsen, Mike (2005): Die Balanced Scorecard – Kontext, Prinzip und Reflexion. Flensburg: Universitätsverlag

Beck, Kurt (2006): Regierungserklärung vom 30. Mai 2006. In: Staatszeitung II/2006. Auszug aus der Regierungserklärung, 1-12

De La Rosa, Sybille/Gädecke, Dorothea (2009): Steuerung durch Argumente. In: Göhler/Höppner/De La Rosa (2009): 74-137

Dienel, Peter C. (Hrsg.) (2005): Die Befreiung der Politik. Wiesbaden: VS Verlag

Göhler, Gerhard/Höppner, Ulrike/De La Rosa, Sybille (Hrsg.) (2009): Weiche Steuerung. Studien zur Steuerung durch diskursive Praktiken, Argumente und Symbole. Baden-Baden: Nomos

Grande, Edgar/May, Stefan (Hrsg.) (2009): Perspektiven der Governance-Forschung. Baden-Baden: Nomos

---

37 Mayntz 2009: 11.
38 Heuberger 2010: 28.
39 Vgl. http://www.mehr-demokratie.de/ranking.html.Hier liegt Rheinland-Pfalz auf dem vorletzten Platz. Siehe auch Kost, Andreas (2005): Direkte Demokratie in den deutschen Ländern: eine Einführung, 1. Aufl. Wiesbaden, 2005.
40 Vgl. Heuberger 2010; Heuberger/Hartnuß 2010.
41 Vgl. Göhler/Höppner/De La Rosa 2009; De La Rosa/Gädecke 2009.

Habermas, Jürgen (1983): Moralbewußtsein und kommunikatives Handeln. Frankfurt a.M.: Suhrkamp

Heinze, Rolf G./Olk, Thomas (Hrsg.) (2001): Bürgerengagement in Deutschland. Bestandsaufnahme und Perspektiven. Opladen: Leske + Budrich

Hesse, Jens Joachim (2009): Verwaltung erfolgreich modernisieren. Das Beispiel einer Kreisgebietsreform. Baden-Baden: Nomos

Heuberger, Frank W. (2010): Rheinland-Pfalz auf dem Weg zur Bürgergesellschaft: Theoretische Grundlagen und landespolitische Rezeption einer gesellschaftspolitischen Leitidee. In: Sarcinelli (2010): 21-30

Heuberger, Frank W./Hartnuß, Birger (2010): Vom bürgerschaftlichen Engagement zur Engagementpolitik. Entwicklungsetappen der Bürgergesellschaft in Rheinland-Pfalz. In: Sarcinelli (2010): 451-470

Horváth & Partner (2001): Balanced scorecard umsetzen. 2., überarb. Aufl. Stuttgart

Kost, Andreas (2005): Direkte Demokratie in den deutschen Ländern. Eine Einführung. Wiesbaden: VS Verlag

Leggewie, Claus (Hrsg.) (2007): Von der Politik- zur Gesellschaftsberatung? Neue Wege öffentlicher Konsultation. Frankfurt: Campus

März, Wolfgang (2007): Verwaltungsreform ohne Regionalkreise. Zum Urteil des LVerfG Mecklenburg-Vorpommern. In: Neue Juristische Zeitschrift für Rechtsentwicklung und Rechtsprechung in den Neuen Ländern 2007, 433-443

Martinsen, Renate (2007): Gesellschaftsberatung als 'Chinese Whisper' - zur Rolle von (medial vermittelter) Öffentlichkeit in Politikberatungsprozessen. In: Leggewie (2007): 51-69

Mayntz, Renate (2009): Governance-Theorie: Erkenntnisinteresse und offene Fragen. In: Grande/May (2009): 9-20

Ministerium des Innern und für Sport Rheinland-Pfalz (2008): Dokumentation Bürgerkongresse im Rahmen der Kommunal- und Verwaltungsreform in Rheinland-Pfalz. Mainz: ISM

Ministerium des Innern und für Sport Rheinland-Pfalz (2009): Vorschläge zur Gebietsreform. Mainz: ISM

Polis + Sinus (2009a): Repräsentativbefragung im Rahmen der Bürgerbeteiligung zur Kommunal- und Verwaltungsreform. Ergebnisdokumentation. München

Polis + Sinus (2009b): Kommunal- und Verwaltungsreform. Auswertung der Online-Befragung. München

Sarcinelli, Ulrich/König, Mathias/König, Wolfgang (2009): Bürgerbeteiligung im Rahmen der Kommunal- und Verwaltungsreform in Rheinland-Pfalz. Gutachten zur ersten und zweiten Stufe der Bürgerbeteiligung, Oktober 2007 – September 2009. Mainz

Sarcinelli, Ulrich/König, Mathias/König, Wolfgang (2009): Bürgerbeteiligung im Rahmen der Kommunal- und Verwaltungsreform in Rheinland-Pfalz. Gutachten zur Bürgerbeteiligung in der Freiwilligkeitsphase. Leitfaden für kommunale Gebietskörperschaften. Mainz

Sarcinelli, Ulrich u.a. (Hrsg.) (2010): Politik in Rheinland-Pfalz. Gesellschaft, Staat und Demokratie. Wiesbaden: VS-Verlag

Scharpf, Fritz W. (1991): Die Handlungsfähigkeit des Staates am Ende des zwanzigsten Jahrhunderts. In: Politische Vierteljahresschrift, 32. Jg., 621-634

Scharpf, Fritz W. (2000): Interaktionsformen. Akteurszentrierter Institutionalismus in der Politikforschung. Opladen: Leske + Budrich

von Trott zu Solz, Levin/Wimmer, Ansgar (2001): Wettbewerb und Modellprojekt. „Bürgerorientierte Kommune – Wege zur Stärkung der Demokratie". In: Heinze/Olk (2001): 453-482

Weber, Tim (2005): Bürgerbeteiligung und direkte Demokratie. Zwei Freundinnen verändern Politik. In: Dienel (2005): 23-25

Die Planungszelle im Einsatz: Bürgervoten für die Kommunal- und Verwaltungsreform in Rheinland-Pfalz

Hans-Liudger Dienel

Erstmalig in Deutschland haben Landespolitik und Verwaltung das für die Zukunft des Landes zentral wichtige, politisch umkämpfte und thematisch anspruchsvolle Entscheidungsfeld einer umfassenden Kommunal- und Verwaltungsreform für eine direkte Bürgerbeteiligung geöffnet. Es ist ohne Frage ein mutiger Schritt, die Bürger/innen des Landes ergebnisoffen um Empfehlungen für die Eckpunkte der Reform zu bitten. Andernorts werden der Bürgerbeteiligung oft generös die weniger wichtigen „Sonntagnachmittagsthemen" überantwortet.

Für ihren Mut werden Politik und Verwaltung von den im Zufall ausgewählten Bürgergutachter/innen reich belohnt: mit klaren Empfehlungen, die sich in dem Bürgergutachten wiederfinden, das vor zwei Jahren an die Landesregierung übergeben wurde.

An drei Standorten von Rheinland-Pfalz, in Vallendar, Pirmasens und Prüm, haben 144 im Zufall ausgewählte Bürgerinnen und Bürger sich durch Expertenvorträge über die verschiedenen Aspekte der Kommunal- und Verwaltungsreform informiert, kontroverse Positionen von Politikern und Lobbyisten kennen gelernt und sich in Kleingruppendiskussionen eine Meinung darüber gebildet, was bei der Kommunal- und Verwaltungsreform besonders beachtet werden sollte. Ihre Empfehlungen sind eindeutig und wegweisend. Sie zeigen, dass die Bürgerinnen und Bürger reformfreudig sind und insbesondere angesichts der zukünftigen demographischen Entwicklung Reformbedarf sehen. Sie wollen nicht, dass alles so bleibt, wie es ist, sondern richten ihre Empfehlungen an den Anforderungen der Zukunft aus, ohne Bewährtes und Bewahrenswertes aufzugeben: Lokalität, Kommunalität und Verwaltung vor Ort sollen stark gemacht werden. Kommunen und Verwaltung müssen neue Prioritäten setzen, um sich für den demographischen Wandel und die globalisierte Wirtschaft zu wappnen. Verwaltung muss sich zu einer serviceorientierten, mobilen und flexiblen Dienstleistungseinrichtung modernisieren. Die dreistufige Kommunalstruktur aus Kreis, Verbandsgemeinde und Ortsgemeinde soll erhalten bleiben, genauso wie

Bürgernähe und kulturelle Identität bei den Gebietsstrukturen. Aber Gebiets-strukturen müssen sich auch an Wirtschaftlichkeitsgesichtspunkten und der de-mographischen Entwicklung orientieren. Und die Bürgerinnen und Bürger wol-len mehr Chancen für eine politische Beteiligung, sie wollen sich engagieren und in Partnerschaften mit Kommunen und Wirtschaft zusammen arbeiten, um Kommunen und Verwaltung zukunftsfähig zu machen.

Die zwei Jahre seit der Übergabe des Bürgergutachtens haben gezeigt, dass Planungszellen mit ihren Empfehlungen gerade in schwierigen, kontroversen Entscheidungen ihre größte Wirkung entfalten. Sie erleichtern damit kollektiv bindende Entscheidungen.

Die wichtigsten Merkmale einer Planungszelle lassen sich in wenigen Wor-ten zusammenfassen: Eine Planungszelle besteht aus einer Gruppe von Bürgern, die nach einem Zufallsverfahren als Bürgergutachter ausgewählt wurde und für eine begrenzte Zeit vergütet und damit von ihren arbeitstäglichen Verpflichtun-gen freigestellt wird, um, assistiert von Prozessbegleitern, Lösungen für vorge-gebene lösbare Probleme zu erarbeiten. In einer Planungszelle arbeiten in der Regel 20 bis 25 Bürgergutachter/innen für meist vier Tage an einer konkreten Problemstellung. Experten und betroffene Interessenvertreter geben ihnen kon-troverse Informationen. Ständig wechselnde Kleingruppen garantieren faire Ge-sprächssituationen. Die Empfehlungen werden als Bürgergutachten zusammen-gefasst. Dieses Bürgergutachten entfaltet in der Regel eine große politische Durchschlagskraft, weil der Bürgerwille konkret greifbar und durch die Zu-fallsauswahl breit legitimiert ist. Die hohe Akzeptanz der Empfehlungen in der Bevölkerung eröffnet ein beachtliches Aktivierungspotential nicht nur bei den Teilnehmern der Planungszellen, sondern generell bei den Bürger/innen. Pla-nungszellen eignen sich daher vor allem für die Bearbeitung von Problemen, deren Lösung aber eine breite gesellschaftliche Zustimmung erfordern. Für die-sen Problemtyp sind sie wegen der Zufallsauswahl und der dadurch sichtbaren Repräsentativität, Akzeptanzgeneratoren und anderen Verfahren turmhoch darin überlegen, kollektive bindende Entscheidungen zu produzieren. Leider sind Pla-nungszellen in der Vergangenheit nur selten für wirklich konfliktuöse Themen eingesetzt worden, nicht zuletzt, weil Auftraggeber die direktdemokratischen Verfahren gern in den vermeintlich ungefährlichen Bereich des „Wünsch-Dir-was" und der Leitbildentwicklung schieben.

1. Warum haben sich Planungszellen nicht stärker verbreitet?

Planungszellen und die ähnlich strukturierten "Citizen's Juries" sind unabhängig von einander in den 1970er Jahren von Peter Dienel (Universität Wuppertal[1]) und Ned Crosby, dem Gründer des „Jefferson Center for Democratic Processes" in den Vereinigten Staaten[2] entwickelt worden. Als Peter Dienel und Ned Crosby ihre politischen Erfindungen vorstellten, haben Sie von vorn herein den masenhaften Einsatz ihrer Verfahren erhofft, geplant und vorausgesagt. Peter Dienel hat in seinem Buch „Die Planungszelle" die Einrichtung eigenständiger Verwaltungsstrukturen für die regelmäßige Durchführung großer Zahlen von Planungszellen gefordert[3]. Nun ist es trotz aller Erfolge im Einsatz der Planungszellen bisher in Kontinentaleuropa nicht gelungen, über je einzeln beschlossene Modellprojekte als erfolgreiche Solitäre hinauszukommen. Die folgende Tabelle gibt einen Überblick auf die seit den 1970er Jahren durchgeführten Planungszellenprojekte:

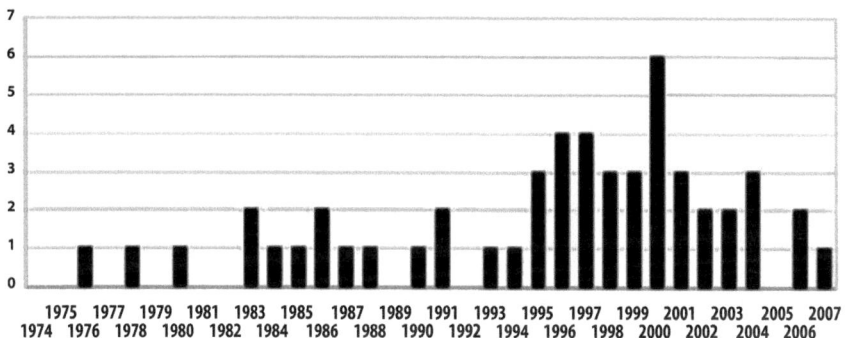

Bild: Bisherige Einsätze von Planungszellen in Kontinentaleuropa (Vergne, 2009)

Bei der Bewertung der Zahlen muss man zwar berücksichtigen, dass jedes Modellprojekt aus mehren einzelnen Planungszellen à 25 Bürger/innen besteht, meist zwischen 4 und 12 PZ, so dass insgesamt bisher rund 10.000 Bürgergutachter/innen an PZ-Projekten beteiligt waren. Dennoch können wir feststellen, dass die Verwendung des Verfahrens hinter dem unterstellten Bedarf, den vorhandenen Einsatzmöglichkeiten und den ursprünglich avisierten Teilnehmerzah-

---

1   www.planungszelle.de.
2   http://www.jefferson-center.org.
3   Dienel 1978.

len zurückgeblieben ist. Warum sind Planungszellen und andere deliberative Beteiligungsverfahren nicht häufiger eingesetzt worden? Die Befürworter und Vertreter der direkten Demokratie haben in der Literatur diese Frage in der Regel mit Verweis auf die geringe Akzeptanz der direktdemokratischen Verfahren in Politik und Verwaltung beantwortet[4]. Die Vertreter der repräsentativen Demokratie und der fachlich legimierten Verwaltung würden aus jeweils anderen Gründen die bürgerschaftliche Mitwirkung als Konkurrenz empfinden und verhindern; die Gewählten, weil sie sich als die einzigen Repräsentanten des Volkes verstünden, und die Verwaltung, weil sie durch die Bürgergutachter/innen ihr Expertenwissen und ihren Expertenstatus infragegestellt sähe. Peter Dienel hat viele Jahre seines Lebens damit zugebracht, sowohl gewählte Repräsentanten, als auch Vertreter der Verwaltung davon zu überzeugen, dass ein Schulterschluss mit direktdemokratisch legimierten Verfahren und Empfehlungen das Zustandekommen kollektiv bindender Entscheidungen und damit auch die Akzeptanz von repräsentativer Demokratie und Verwaltung erhöhen würde.

Der Verweis auf die Zurückhaltung von Politik und Verwaltung ist sicher richtig, kann aber aus meiner Sicht allein die Entwicklung nicht erklären. Auf den folgenden Seiten werde ich weitere Gründe für den nur punktuellen, wenn auch im Einzelfall meist sehr erfolgreichen Einsatz von Planungszellen präsentieren.

2. Die Nischenorientierung der Förderer direktdemokratischer Verfahren

Die Promotoren und Protagonisten der deliberativen Demokratie sind selbst eine wichtige Bremse für die Durchsetzung der von ihnen geföderten Verfahren. Auf diesen Aspekt hat kürzlich Helmut Klages in seiner Studie „Beteiligungsverfahren und Beteiligungserfahrungen" hingewiesen, ohne sich explizit auf die Planungszelle zu beziehen[5]. Viele direktdemokratische Verfahren, etwa die Zukunftswerkstatt und die Bürgerinitiative seien in den 1970er Jahren im Umfeld des linksalternativen Milieus entstanden, das sich auf Kritik an den herschenden Verhältnissen und damit implizit auf einen Nischenstatus zurückgezogen hätte. Manche äußere Merkmale der damaligen Verfahren, so der herrschaftsfreie Diskurs im egalistischen Stuhlkreis, würden weite Teile der weniger gesprächsorientierten Gesellschaft ausschließen. Damit seien diese Verfahren in einem bestimmten Milieu gefangen. Für die Nischenorientierung des linksalternativen Milieus gibt es sicherlich viele gute Beispiele, etwa die Widerstände innerhalb

---

4   Pàllinger 2007.
5   Klages 2007.

der grünen Partei gegenüber der Verwässerung ökologischer Ziele zugunsten größerer Akzeptanz in der Mitte der Gesellschaft. Allerdings übersieht Klages, dass die Planungszelle (und auch andere Verfahren) von ihren „Erfindern" gerade als ein Versuch verstanden wurden, die überwiegend oppositionelle Bürgerbewegung zu einer konstruktiven Bürgerbeteiligung zu machen. Dagegen boten und bieten die formalen Beteiligungsverfahren, etwa Anhörungsverfahren auf kommunaler Ebene, wie sie seit den 1970er Jahren rechtlich kodifiziert wurden, wenig mehr als die Möglichkeit, Betroffenenrechte zu wahren und Planungen zurückzuweisen, also „dagegen zu sein", aber kaum Möglichkeiten einer konstruktiven Gestaltung der Zukunft.

3. Falsche Zuordnung von Problemen und Problemlösungsverfahren

Eine besondere Stärke der Verfahren Planungszelle und Bügergutachten ist ihre Entscheidungsorientierung. Das Verfahren ist somit für Problemlagen, die entschieden werden wollen, besonders geeignet. Mitnichten alle Problemstellungen gehören aber zu diesem Problemtyp. Offene Problemstellungen etwa, bei denen Lösungen erst noch neu gedacht, kreiert und erfunden werden müssen, gehören zu einer anderen Kategorie als Problemstellungen, bei denen bereits mehrere alternative, aber unvereinbare Lösungen auf dem Tisch liegen und eine Entscheidung erforderlich ist. Für konfliktuöse Probleme wiederum sind Planungszellen/Bürgergutachten ganz besonders gut geeignet, weil sie durch die Zufallsauswahl der Bürgergutachter/innen eine breit legitimierte und akzeptierte Empfehlung produzieren und damit eine kollektiv bindende Entscheidung befördern. Gerade mit diesem Problemtyp aber hat die repräsentative Demokratie strukturelle Schwierigkeiten, weil auch die Stimmen der Minderheit bei den nächsten Wahlen gebraucht werden. Daher gibt es die Tendenz, konfliktuöse Probleme zu vertagen. Landauf, landab finden wir solche vertagten, weil konfliktuösen, Probleme. Hier kann das Bürgergutachten helfen, die notwendige Akzeptanz für die konfliktuöse Entscheidung zu generieren, auf der sich Parlament und Verwaltung dann abstützen können. Die Bürgergutachter/innen selbst wiederum sind in der Planungszelle in der Lage, unangenehme Wahrheiten auszusprechen und harte Entscheidungen zu treffen; dafür sind sie berufen. So haben in den USA Citizen Juries für die Lösung bestimmter Probleme Steuererhöhungen gefordert[6]. Bei offenen Problemen, bei denen kreativer Freiraum, spielerischer Zugang, Brainstorming und Zeit gefordert sind, haben Planungszellen dagegen keinen großen Vorteil gegenüber Verfahren wie Open Space und Zukunftswerk-

---

6   Crosby 2005: 112.

stätten. Das Problem der falschen Zuordnung von Problemlagen und -lösungsverfahren wird dadurch verschärft, dass viele Verfahrensprotagonisten nur für ein Verfahren werben und ein Verfahren anwenden. Dies galt insbesondere auch für die Generation der Verfahrenserfinder. Ich spreche von Harrison Owens "Open space", Lars Kluvers "Konsensus Konferenz", Tony Gibsons "Planning for Real", Robert Jungks "Zukunftswerkstatt", Horst Zillessens "Mediationen", Ned Crosbies "Citizen's Juries" and natürlich auch von Peter Dienels "Plannungszellen". Wir brauchen Meta-Matching Verfahren für die Zuordnung von Problemlagen und Verfahren[7].

4. Betonung der Neuartigkeit des Verfahrens Planungszelle/ Bürgergutachten

„Neu" verkauft sich gut, sagt eine grundlegende Marketingregel. Für die Verbreitung des Verfahrens Planungszelle hat sich der Hinweis auf die Neuartigkeit des Verfahrens als Argument für den erstmaligen Einsatz aber als ein zweischneidiges Schwert und für den standardisierten Einsatz auch als Bummerang erwiesen. Ein großer Teil der bisherigen Pilotprojekte sind als innovative Modellversuche inszeniert worden. Der Mitteleinsatz wurde konsequenterweise oft mit dem regional oder thematisch erstmaligen Einsatz begründet. In einzelnen Fällen kamen die Mittel sogar direkt aus Forschungstöpfen. Das Durchsetzungsargument der Neuartigkeit des Verfahrens aber schleift sich schnell ab. Im Rückblick kann man daher feststellen, dass es bei den meisten Probeläufen trotz enthusiastischer Rückmeldungen und breiter Akzeptanz der Empfehlungen, also einem erfolgreichen Einsatz, kein Follow-Up gab, nicht zuletzt weil der Einsatz als neu verkauft worden war. Planungszellen sind aber nicht neu, sondern vielmehr für die verschiedensten Aufgabenstellungen seit Jahrzehnten erprobt. Ihre Stärke und ihre Leistungsfähigkeit sind dutzendfach nachgewiesen. Planungszellen und Bürgergutachten sollten als erprobter Problemlöser und nicht als Pilotversuche vermarktet werden.

5. Fehlende institutionelle Unterstützung für das Verfahren

Nur in zwei Ländern sind Planungszellen oder planungszellenähnliche Citizen Juries in den vergangenen Jahren in größeren Zahlen zum Einsatz gekommen: in Großbritannien und in Japan. In beiden Fällen gab es – allerdings jeweils unter-

---

7   Fuhrmann 2005.

schiedliche – starke institutionelle Unterstützer. In England hat die von Labour geführte Regierung unter Tony Blair seit 1995 Citizen Juries in großer Zahl eingesetzt, um ihre neue Gesundheitspolitik und eine neue Haltung zur Gentechnik, hochgradig konfliktuöse Probleme, direktdemokratisch zu begleiten und zu unterstützen[8]. Konsequenterweise wurde die Durchführung der Citizen Juries an eine bekannte Marketingagentur vergeben. Natürlich wurden Citizen Juries daraufhin als reine Akzeptanzbeschaffer diskreditiert[9]. Die Neutralität des Durchführungsträgers ist ein Kernkriterium für die Qualitätssicherung des Verfahrens. Gleichwohl haben viele Bürger/innen in weit über 100 Citizen Juries ergebnisoffen über die neue Gesundheitspolitik diskutiert und votiert; ein großer Schritt in Richtung eines breiteren Einsatzes. Citizen Juries sind seither in Großbritannien mehrfach in größeren Zahlen für verschiedene konfliktuöse Probleme eingesetzt worden. Erstmalig hat eine Verwaltung dauerhaft dieses direktdemokratische Verfahren unterstützt. Die französische Präsidentschaftskandidatin Segoline Royal hat vor einigen Jahren ähnliches für Frankreich gefordert. Der breite Einsatz von Citizen Juries stand in ihrem Regierungsprogramm.

In Japan kam die institutionelle Unterstützung dagegen von einer Nichtregierungsorganisation, also „von unten", auch wenn es sich bei dem „International Chapter" um eine den regierenden Liberaldemokraten nahestehende Organisation junger Führungskräfte aus Wirtschaft und Verwaltung handelt. Wenn ich es richtig verstehe, endet beim „International Chapter" die Mitgliedschaft mit 45 Jahren. Die Organisation hat sich zum Ziel gesetzt, auf lokaler und regionaler Ebene Japan zukunftsfähiger zu machen. Diese starke und politisch akzeptierte NGO setzt sich seit einigen Jahren mit großem Engagement für die Verbreitung des demokratischen Politikbausteins Planungszelle auf kommunaler Ebene ein. Nur in Japan hat es bisher einen solchen Protagonisten für den breiten Einsatz von Planungszellen und Bürgergutachten gegeben; mit großem Erfolg[10]. Seit 2005 haben viele Planungszellenläufe für die Lösung meist lokaler, konfliktuöser Probleme stattgefunden, oft angeregt von der lokalen Gruppe des International Chapter bei der jeweiligen Stadtregierung. Mit der jährlichen Planungszellen-Messe, auf der Kommunen sich über neueste Einsätze und Erfolge informieren können, und einem PZ-Unterstützungsverein ist Japan einen erfolgreichen Bottom-Up Weg gegangen, während in Großbritannien für einen ebenfalls erfolgreichen Top-Down Ansatz für für den breiten Einsatz von Planungszellen steht.

Die Zukunft der Planungszelle und Bürgergutachten im deutschsprachigen Raum wird unter anderem davon abhängen, wie die Erfahrungen aus Großbritannien und Japan konstruktiv aufgegriffen und genutzt werden. Planungszellen

---

8   Kuper 1995; Coote 1997; Barnes 1999; Dunkerley 1997.
9   Wakeford 2002.
10   Shinoto 2005.

und Bürgergutachten sind auf Untertützer angewiesen, welche die Verfahren kennen, ihre Vorteile einschätzen und schätzen und ihre breite Durchsetzung sehen wollen. Die neutralen Durchführungsträger in Deutschland haben sich vor zwei Jahren zu einem Netzwerk zusammengeschlossen, um sich über Qualitätskriterien, Einsätze und Erfahrungen auszutauschen. Das Netzwerk veranstaltet jährliche Treffen in Wuppertal, Berlin und München[11]. Einen breiteren Ansatz hat das Netzwerk „Procedere" gewählt, dass sich in jährlichen Tagungen dem Vergleich unterschiedlicher partizipativer Verfahren widmet[12].

Literaturverzeichnis

Barnes, Marian (1999): Building a Deliberative Democracy. An evaluation of two Citizen's Juries. London: Institute for Public Policy Research

Coote, Anna/Lenhaglan, Jo (1997): Citizens' Juries: From Theory to Practice. London: IPPR

Crosby, Ned/Nethercut, Doug (2005) Citizens Juries: Creating a Trustworthy Voice of the People. In: Levine/Gastil (2005): 111-120

Dienel, Hans-Liudger (Ed.) (2007): European Citizens' Consultation. Citizens' Report: Key Points for an Open, Ecological and Civil Europe. Berlin: nexus Institute

Dienel, Peter (1978): Die Planungszelle. Eine Alternative zur Establishment Demokratie. Opladen: Westdeutscher Verlag

Dienel, Peter (Hrsg.) (2005): Die Befreiung der Politik. Wiesbaden: VS Verlag

Dunkerley, David/Glasner, Peter (1998): Empowering the public? Citizen's Juries and the new genetic technologies. In: Critical Public Health 8: 181-192

Fuhrmann, Raban (2005): Den Wandel gestalten. KMU Magazin, H 9

Huget, Holger (2007): Demokratisierung der EU. Normative Demokratietheorie und Governance-Praxis im europäischen Mehrebenensystem. Wiesbaden: VS Verlag

Klages, Helmut (2007): Beteiligungsverfahren und Beteiligungserfahrungen. Bonn: Friedrich-Ebert Stiftung

Klages, Helmut/Daramus, Carmen/Masser, Kai (2008): Das Bürgerpanel – Ein Weg zu breiter Bürgerbeteiligung. Speyer: Deutsches Forschungsinstitut für öffentliche Verwaltung

Kuper, Richard (1996): Citizen's Juries: The Hertfordshire Experience, Working Paper, University of Hertfordshire Business School, UK

Levine Peter/Gastil, John (Ed.) (2005): The Deliberative Democracy Handbook. Strategies for Effective Civic Engagement in the Twenty-First Century. New York: Wiley

---

11   Informationen unter www.partizipative-methoden.de.
12   Informationen unter www.procedere.org.

Pállinger, Zoltán Tibor (Ed.) (2007): Direct democracy in Europe. Developments and prospects. Wiesbaden: VS Verlag

Shinoto, Akinori (2005): Die PZ in Japan. In: Dienel (2005): 125-129

Smith, Graham/Wales, Corine (2000): Citizen's Juries and Deliberative Democracy. In: Political Studies 48: 51-65

Vergne, Antoine (2008): Les jurys citoyens. Une nouvelle chance pour la démocratie? Paris: Fondation Jaen-Jaurès

Wakeford, Tom (2002): Citizen's Juries: a radical alternative for social research, in: Social Research Update 37 (http://sru.soc.surrey.ac.uk/SRU37.pdf)

Das aktuelle rheinland-pfälzische Reformprojekt im Kontext und Vergleich der Kommunalreformen in Deutschland

Hellmut Wollmann

Mit Blick auf das aktuelle rheinland-pfälzische Reformprojekt sollen sich die folgenden vergleichenden (knappen) Bemerkungen zu den Kommunalreformen in Deutschland auf zwei Reformstränge richten und beschränken, nämlich die kommunale Gebietsreform und die Reform der Verfahren der kommunalen Bürgerbegehren und -entscheide.

1. Kommunale Territorialreformen

1.1. Vergleichender Länderüberblick

Die Länder der „alten" Bundesrepublik wurden in den 1960er und 1970er Jahren – im zeitlichen und konzeptionellen Einklang mit anderen (verkürzt gesprochen) „nordeuropäischen" Ländern, insbesondere England und Schweden – von einer Welle kommunaler Gebietsreformen erfasst, die von einer zweifachen Zielsetzung bestimmt und angetrieben waren[1]. Zum einen ging es darum, die historisch gewachsenen, in der Regel (sehr) kleinteiligen kommunalen Territorialstrukturen an die durch Industrialisierung und Urbanisierung ausgelösten siedlungsstrukturellen und sozio-ökonomischen Veränderungen sowie an die gestiegenen Aufgaben anzupassen, die die Kommunen im expandierenden Sozial- und Interventionsstaat der Nachkriegszeit zu bewältigen hatten. Zum anderen waren sie darauf gerichtet, das demokratische Potential der lokalen Ebene zu sichern.

Prozedural war den in den einzelnen Bundesländern verfolgten Reformstrategien gemeinsam, dass die von den Landesregierungen angestrebten Territorialstrukturen zunächst durch Beratungskommissionen und öffentliche Anhörungen

---

[1] Vgl. das „klassische" Werk von Norton 1994: 40 ff. Zur Typologie des „nordeuropäischen" und „südeuropäischen" Reformmusters vgl. Norton 1994: 40 ff. Für einen die Reformen in Deutschland, Schweden, U.K. und Frankreich vergleichenden Überblick vgl. Wollmann 2008: 53 ff. Zur Entwicklung in den Bundesländern vgl. Laux 1999.

usw. „partizipativ" vorbereitet wurden und in einer sog. Freiwilligkeitsphase, verbunden mit finanziellen Anreizen, die Zustimmung der betroffenen Kommunen erreicht werden sollte; jedoch wurde die von der Landesregierung angestrebte territoriale Struktur letztlich – unter Berufung auf übergeordnete „Gründe des Gemeinwohls" – durch verbindliche Landesgesetzgebung gegebenenfalls auch gegen lokales Widerstreben festgelegt. Diese letztliche parlamentarische Entscheidung stimmt mit dem Vorgehen in den „nordeuropäischen" Ländern verfolgten Vorgehen überein und unterscheidet sich von dem sog. „südeuropäischen" Reformmuster, in dem – so in Frankreich und Italien – die kommunalen Territorialreformen im Wege von Eingemeindungen nur mit Zustimmung der betroffenen Gemeinden bzw. der lokalen Bevölkerung verwirklicht werden können.

In der inhaltlichen Ausgestaltung der kommunalen Gebietsreformen wiesen die Bundesländer beträchtliche Unterschiede auf, in denen die zweifache Zielsetzung (Steigerung der administrativ-operativen Handlungsfähigkeit versus Sicherung der lokalen Demokratie) und die Lösung der hierin enthaltenen Zielkonflikte Ausdruck fanden. Hierbei machten sich wesentlich die spezifischen siedlungsstrukturellen Gegebenheiten (überwiegend städtische oder ländliche Strukturen) der Länder und auch ihre politische Konstellation geltend.

Im Chor der den 1960er und 1970er Jahren verwirklichten Territorialreformen traten insbesondere zwei unterschiedliche Reformstrategien hervor[2].

Auf der einen Seite die (stärker urbanisierten) Länder Nordrhein-Westfalen und Hessen, deren verhältnismäßig „radikale" Territorialreformen darauf gerichtet waren, territorial und demographisch „maßstabsvergrößerte" Einheitsgemeinden durch umfangreiche Eingemeindungen zu schaffen. Exemplarisch hierfür ist Nordrhein-Westfalen, wo durch gebietlichen Neuzuschnitt Einheitsgemeinden mit durchschnittlich 44.000 Einwohnern entstanden.

Auf der anderen Seite die (eher ländlichen) Länder Rheinland-Pfalz und Schleswig-Holstein, in denen auf Eingemeindungen verzichtet wurde. So zählt Rheinland-Pfalz insgesamt 2298 Gemeinden mit durchschnittlich 1.700 Einwohnern, womit das Land die geringste Gemeindedurchschnittsgröße aller Bundesländer und darüber hinaus aller EU-Länder (neben der Tschechischen Republik mit durchschnittlich 1.640 und Frankreich mit 1.720 Einwohnern)[3].

Um die weiterbestehenden kleinen Kommunen operativ zu unterstützen, wurden interkommunale Verbände eingeführt, die konzeptionell und organisatorisch Ähnlichkeit mit den in Frankreich (ebenfalls in Reaktion auf die dortige hochgradige kommunale Kleinteiligkeit) eingeführten interkommunalen Verbän-

---

2   Vgl. Laux 1999.
3   Vgl. die Übersicht bei Dexia 2008: 41.

den (*syndicats, communautés*)[4] haben. Hierbei „erfand" Rheinland-Pfalz die kommunalinstitutionelle (und -geschichtliche) Innovation der Verbandsgemeinde als eine Art „Doppeldecker-Gemeinde", innerhalb der die historischen Gemeinden („Ortsgemeinden") als politische Gemeinden (mit wichtigen traditionellen Zuständigkeiten wie Budgetrecht, lokale Planungshoheit usw.) fortbestehen, während Verbandsgemeinden (ihrerseits „vollwertige" kommunale Gebietskörperschaften mit gewählten Vertretungen) übergreifende Funktionen (z.b. Flächennutzungsplanung) und die operative Unterstützung der „Ortsgemeinden" übernehmen. Die in Rheinland-Pfalz entstandene Kommunalstruktur setzt sich aus 12 kreisfreien Städten, 28 verbandsfreien Städten/Gemeinden (also „Einheitsgemeinden"), 163 Verbandsgemeinden sowie 2.258 verbandsangehörigen Städten/Gemeinden zusammen Hingegen wurden in Schleswig-Holstein eine aus interkommunalen Verbänden („Ämtern") und den ihnen angehörenden Gemeinden bestehende „Doppelstruktur" eingeführt, wobei – im wesentlichen Unterschied zu den rheinland-pfälzischen Verbandsgemeinden und ihren direkt gewählten Vertretungen – die Vertretungsorgane der „Ämter" nicht direkt, sondern indirekt von den Gemeindevertretungen der amtsangehörigen Gemeinden gewählt werden.[5].

Nach 1990 schlugen auch die neugebildeten ostdeutschen Länder territoriale Reformstrategien ein, in denen einerseits der Zuschnitt der Gemeinden – ungeachtet ihrer hochgradigen gebietlichen Kleinteiligkeit mit durchschnittlich kaum 2.000 Einwohnern – unverändert blieb (auch aus politischem Respekt vor dem gerade erlebten basis-demokratischen Aufbruch in den kleinen Gemeinden) und andererseits – wie in den westdeutschen Ländern – interkommunale Verbände (Verwaltungsgemeinschaften, Ämter) geschaffen wurden.[6] Beispielhaft war Brandenburg mit 1.479 Gemeinden (mit durchschnittlich 1.800 Einwohnern), von denen 95 Prozent den 152 „Ämtern" angehörten.

Inzwischen ist in den ostdeutschen Ländern eine neue Runde von Kommunalreformen eingeläutet worden, die darauf zielen, die Zahl der (kommunalverbandsfreien) Einheitsgemeinden durch Eingemeindungen usw. zu erhöhen und die „Doppelstruktur" aus interkommunalen Verbänden und Kleingemeinden entsprechend zu verringern[7]. Diese neuerliche Reformwelle wurde und wird wesentlich von der Erfahrung und Einschätzung angestoßen, dass die Klein- und

---

4   Vgl. Details bei Wollmann 2008: 45 ff.; Kuhlmann 2009: 90 ff.

5   In den anderen Bundesländern wurden „gemischte" Strategien eingeschlagen, indem einerseits Eingemeindungen, allerdings in zurückhaltendem Maße, durchgeführt und andererseits interkommunale Verbände (Verwaltungsgemeinschaften, Ämter) zur Eingliederung und Unterstützung der verbleibenden kleinen Gemeinden eingeführt wurde (für Einzelheiten vgl. Laux 1999).

6   Vgl. Einzelheiten bei Wollmann 1997: 290 ff.

7   Vgl. Kuhlmann 2009: 116 ff.; Wollmann 2010.

Kleinstgemeinden, insbesondere in peripheren Lagen, demographisch, politisch, operativ, finanziell und ökonomisch „ausbluten" und die „Doppelstruktur" aus interkommunalen Verbänden und Kleingemeinden zudem zunehmend politische und funktionale Defizite (insbesondere hohe Koordinations-, Konflikt- und „Transaktionskosten") anstatt funktional-operativer Gewinne erzeugen.

Den Auftakt für die neuerliche Reformwelle gab das Land Brandenburg, wo der Landtag eine Gemeindegebietsreform beschlossen hat, durch die mit Wirkung zum 1.1.2005 die Zahl der Gemeinden von ursprünglich 1479 auf 421 (mit durchschnittlich 8.000 Einwohnern) reduziert werden, von denen 35 Prozent Einheitsgemeinden sind und 65 Prozent den nunmehr 54 Ämtern angehören[8].

Das jüngste Beispiel bietet Sachsen-Anhalt[9], wo der Landtag eine Kommunalreform beschlossen hat, durch die mit Wirkung zum 1.1.2011 die Zahl der Gemeinden durch Eingemeindungen von ursprünglich 1.030 (mit durchschnittlich 2.000 Einwohnern) auf 219 Gemeinden (mit durchschnittlich 10.900 EW) verringert werden soll, die je etwa zur Hälfte Einheitsgemeinden sind und den neugebildeten 18 Verbandsgemeinden angehören. (Man beachte: die bisherige Institution der Verwaltungsgemeinschaften wurde, dem Vorbild von Rheinland-Pfalz folgend, durch die der Verbandsgemeinden ersetzt).

In beiden Ländern wurden die Reformen – der bisherigen Reformpraxis in diesen und in den anderen Bundesländern folgend – durch die Bildung von Reformkommissionen und öffentliche Anhörungen (der kommunalen Spitzenverbände usw.) vorbereitet und durch eine (von finanziellen Anreizen begleitete) „Freiwilligkeitsphase" eingeleitet. Soweit Gemeinden nicht zustimmten, wurde das Reformkonzept der Landesregierung gegen deren teils heftigen Protest durch verbindliche Landesgesetzgebung festgelegt. Die von betroffenen Gemeinden bei den Landesverfassungsgerichten eingereichten Klagen wurden von diesen durchweg abgewiesen.

1.2. Reformprojekt in Rheinland-Pfalz

Vor diesem Hintergrund sei zum rheinland-pfälzischen Reformprojekt das folgende angemerkt.

---

8   Vgl. ebda.
9   http://www.sachsen-anhalt.de/LPSA/index.php?id=43179.

1.2.1. Vorbereitung

In ihrer Begründung zum Gesetzentwurf vom 20.4.2010 hebt die Landesregierung hervor, „die Bürgerinnen und Bürger in Rheinland-Pfalz (seien) von Anfang an umfassend und intensiv in die Vorbereitungen der Kommunal- und Verwaltungsreform einbezogen worden. In einem bundesweit bislang einmaligen (sic! H.W.) zweistufigen Verfahren haben die Bürgerinnen und Bürger an der Vorbereitung dieser Reform aktiv mitwirken können"[10].

Die Abfolge von (neun) Regionalkonferenzen, (fünf) Bürgerkongressen und (sechs) Planungszellen sowie Umfragen und Anhörungen der kommunalen Spitzenverbände und eingeholten Gutachten deutet auf einen breit angelegten öffentlichen Diskussionsprozess hin.

Allerdings blieb der bei weitem brisanteste kommunalpolitische Konfliktstoff dadurch von vornherein ausgespart, dass sich das Reformprojekt auf den Neuzuschnitt der verbandsfreien Städte/Gemeinden und der Verbandsgemeinden beschränkt und den der unzähligen Klein- und Kleinstgemeinden ausblendet.

1.2.2. Verfahren

In Übereinstimmung mit dem in den anderen Bundesländern verfolgten Reformverfahren ist für die Durchsetzung der Reformziele eine „Freiwilligkeitsphase" bis Mitte 2012 vorgesehen. Kommen „freiwillige" Zusammenschlüsse bis dahin nicht zustande, „sollen anschließend die aus Gemeinwohlgründen erforderlichen Gebietsänderungsmaßnahmen ohne Zustimmung der beteiligten Kommunen gesetzlich geregelt werden"[11]. Auch in Rheinland-Pfalz behalten sich somit Landesregierung und Landesparlament das Recht vor, das anstrebte Reformkonzept letztlich durch verbindliche Landesgesetzgebung zu verwirklichen.

1.2.3. Inhaltliche Ziele

Das im Gesetzgebungsverfahren befindliche Reformprojekt zielt und beschränkt sich inhaltlich darauf, einen territorialen Neuzuschnitt der (28) verbandsfreien Städte/Gemeinden und der (163) Verbandsgemeinden (mit einer angestrebten Regelgröße von durchschnittlich 10.000 für die ersteren und 12.000 Einwohnern für die letzteren) zu erreichen, während die (2.258) verbandsangehörigen Ortsgemeinden (ebenso wie die Kreise) ausdrücklich unberücksichtigt bleiben.

---

10   Vgl. Landtag Rheinland-Pfalz, Drs. 15/4488,
11   Ebenda, S. 22.

Die inhaltliche Beschränkung des Reformprojekts ist während des Gesetzgebungsverfahren von mehreren Seiten scharf kritisiert worden.

■ So bemängelte der *Städtetag Rheinland-Pfalz*, dass die Landesregierung
  also die Frage der Ortsgemeinden und ihrer Eingemeindung praktisch igno-
  riere und sich hierbei von der „Zielvorstellung eines ,Landes der Dörfer'"
  leiten lasse, die den siedlungsstrukturellen Gegebenheiten und den sozio-
  ökonomischen und finanziellen Herausforderungen weder aktuell ge-
  schweige denn in der Zukunft gerecht werde[12].

■ Auch im Gutachten des *Instituts für Gesetzesfolgenabschätzung und Evaluation Speyer* stellt die Fokussierung der Gebietsreform auf die Ebene der
  verbandsfreien Gemeinden und Verbandsgemeinden unter Ausblendung der
  Ebene der Landkreise und der Ortsgemeinden einen zentralen Kritikpunkt
  dar[13].

Zwar könnten die herkömmliche ländliche (oder gar dörfliche) Siedlungsstruktur
des Landes Rheinland-Pfalz und die hiervon beeinflußte „politische Kultur"
insgesamt ein prozedural und inhaltlich behutsames Reformvorgehen nahelegen.
Auch könnte der (vom Land Rheinland-Pfalz „erfundene) kommunale „Doppel-
decker" die politischen und funktionalen Effekte des Fortbestands der Klein- und
Kleinstgemeinden bis zu einem gewissen Grad abmildern.

Jedoch sehe auch ich – zumal vor dem Hintergrund der in den ostdeutschen
Ländern auch und gerade die Kleingemeinden einbeziehenden Territorialrefor-
men – eine gravierende Schwäche des vorliegenden Projekts in der bisherigen
Ausblendung der bestehenden Kleingemeinden.

Nach den Landtagswahlen im März 2011 sollte unverzüglich, dann wahlpoli-
tischer Rücksichtnahmen fürs erste ledig, die Reformdiskussion wieder aufgenommen und das „heiße Eisen" einer entschiedenen territorialen Reform der
Klein- und Kleinstgemeinden des Landes mit landes- und kommunalpolitischem
Mut angepackt werden.

2. Bürgerbegehren und Bürgerentscheid

2.1. Ländervergleich

Mit Ausnahme von Baden-Württemberg, wo der kommunale Bürgerentscheid
bereits 1956 – allerdings in einer prozedural und inhaltlich einschränkenden

---

12 A.a.O., 25.
13 A.a.O., 28.

Variante – geregelt worden ist, stellte seine Einführung in den anderen Bundesländern (in Rheinland-Pfalz durch Gesetzesnovelle vom 21.1.1994) kommunalrechtliches und -politisches Neuland dar[14]. Auch wenn deren Regelungen in den Bundesländern prozedural und inhaltlich hinter denen in der Schweiz als dem europäischem Mutterland der direkten Demokratie noch beträchtlich zurückbleiben, sind sie nunmehr in der Spitzengruppe europäischer Kommunalsysteme.

Neben den sog. Ratbegehren, durch die Bürgerentscheide auch von den Gemeindevertretungen (in sieben von dreizehn Ländern) eingeleitet werden können[15], können Bürgerentscheide durch sog. Bürgerbegehren, also von den Bürgern selbst, initiiert werden. Für deren Zulässigkeit sind als Verfahrenshürde Mindestzahlen für die sie unterstützenden Bürger („Antragsquorum") landesgesetzlich vorgeschrieben, die meist 15 Prozent der Wahlberechtigten betragen[16].

Als weitere Verfahrenshürde ist für den nach erfolgreichen Bürgerbegehren einleiteten Bürgerentscheid als Verfahrenshürde vorgeschrieben, dass nicht nur die Mehrheit der Abstimmenden genügt, sondern diese einen Mindestprozentsatz der Wahlberechtigten („Zustimmungsquorum") erreichen muss. Dieses beträgt meist 25 Prozent (in Rheinland-Pfalz bislang 30 Prozent)[17].

Weiterhin sind inhaltliche Hürden in einigen Ländern zum einen in den sog. *Positivkatalogen* festgelegt, in denen die für den Bürgerentscheid zulässigen Materien (teilweise einengend) enummeriert sind[18]. Zum andern enthalten die landesgesetzlichen Regelungen sog. *Negativkataloge,* durch die bestimmte Materien als Gegenstand von Bürgerentscheiden ausgeschlossen sind[19].

In letzter Zeit sind in einigen Bundesländern die prozeduralen und inhaltlichen Hürden für die Initiierung und Annahme von Bürgerentscheiden merklich gesenkt und ist damit die Anwendung erleichtert worden.

---

14 Einen wesentlichen Anstoß zu diesem „Siegeslauf" der direkt-demokratischen Mitwirkungs- und Entscheidungsrechte gab die von der demokratisch gewählten „Nach-Wende"-DDR-Volkskammer verabschiedete DDR-Kommunalverfassung vom 17.5.1999, in die Bürgerbegehren und –entscheide unverkennbar in der Absicht aufgenommen wurden, damit ein Stück basisdemokratisches Erbe der ostdeutschen „friedlichen Revolution" zu bewahren, vgl. Wollmann 1999: 41. Den Auftakt unter den „westdeutschen" Länder mache das Land Schleswig-Holstein mit der Novellierung der Gemeindeordnung vom 2.4.1990.
15 Vgl. die Übersicht bei Wollmann 2008: 76.
16 Für Details vgl. Wollmann 2008: 76.
17 Vgl. Übersicht bei Wollmann 2008: 76. In Bayern als einzigem Bundesland sah die ursprüngliche landesgesetzliche Regelung vom 1.10.1995 kein Zustimmungsquorum vor. Nachdem der Bayerische Verfassungsgerichtshof mit Urteil vom 29.8.1997 das Fehlen eines Abstimmungsquorums in Verbindung mit der dreijährigen Bindung eines Bürgerentscheids für verfassungswidrig erklärt hatte, wurde mit Gesetzesänderung vom 1.4.1999 ein Abstimmungsquorum von zwischen 20% (in Gemeinden mit bis zu 10.000 EW) und 10 % (in Städten mit über 10.000 EW) festgesetzt (vgl. Wollmann 2008: 76).
18 Für Einzelheiten vgl. Mehr Demokratie, Positionen 12: 2.
19 Für Einzelheiten vgl. Mehr Demokratie, Positionen 12: 3.

Dies trifft beispielsweise auf Baden-Württemberg zu, dessen frühe Regelung von 1956 als prozedural wie inhaltlich besonders restriktiv galt. Durch eine Reform von 2005 wurde der Positivkatalog gestrichen und 2009 wurde das Abstimmungsquorum auf 20 Prozent gesenkt. Noch weiter ging Thüringen in einer Novelle vom 8.4.2009, durch die das Abstimmungsquorum, nach Gemeindegröße gestaffelt, auf 20 Prozent (bis zu 10.000 Einwohnern), 15 Prozent (bis zu 50.000 EW) und 10 Prozent (über 100.000 EW) gesenkt worden ist.

Auch in den inhaltlichen Anforderungen hat es wichtige Veränderungen gegeben.

1. Der Positivkatalog wurde in allen Ländern entweder gestrichen oder inhaltlich gelockert – außer bislang in Rheinland-Pfalz[20].
2. Der Negativkatalog wurde „ausgedünnt". Während in einigen Bundesländern der Sachverhalt „Beteiligungsverfahren, insbesondere Bauleitplanung" nach wie vor im Negativkatalog aufgeführt wird, wurde er in Bayern, Hessen, Sachsen und Sachsen-Anhalt gestrichen[21].

2.2.   Reformperspektive in Rheinland-Pfalz

Mit der im Gesetzentwurf vorgesehenen Absenkung

*   des Initiativquorums von 20 auf 10 Prozent und
*   des Zustimmungsquorums von 30 auf 20 Prozent würde das Land Rheinland-Pfalz Anschluss an das „Mittelfeld" der Regelung finden.

Allerdings sollte für Festlegung des Abstimmungsquorums eine „Staffelung" entsprechend der jüngsten Thüringer Regelung (oder gar eine nach „bayerischem Muster")[22] in Erwägung gezogen werden.

Angesichts dessen, dass Rheinland-Pfalz inzwischen das einzige Bundesland mit einem (restringenden) *Positivkatalog* ist (§ 17a), sollte dessen Streichung bzw. wesentlich flexiblere Fassung vorgenommen werden.

Aus dem *Negativkatalog* sollten (dem Beispiel der Länder Bayern, Hessen, Sachsen und Sachsen-Anhalt folgend) der Ausschluss für „die Aufstellung, Änderung und Aufhebung von Bauleitplänen" und „Vorhaben, für deren Zulassung

---

20   Für Einzelheiten vgl. Mehr Demokratie, Positionen 13, 1.3.
21   Vgl. Mehr Demokratie, Positionen 13, 1.4.3.
22   Vgl. oben Fußnote 19.

ein Planfeststellungsverfahren oder ein förmliches Verwaltungsverfahren mit Öffentlichkeitsbeteiligung erforderlich ist" gestrichen werden.

2.3. Anwendungspraxis und vergleichende Einschätzung

Die Einführung der Bürgerentscheide[23] hat das kommunalpolitische „Machtverhältnis" zwischen Bürger, Kommunalvertretung und Bürgermeister ohne Zweifel nachhaltig verändert – und sei es als kommunalpolitisches Damoklesschwert, mit dessen Einsatz sowohl die Kommunalvertretung als auch der Bürgermeister jederzeit zu rechnen haben[24]. Die Bedenken, die die drei kommunalen Spitzenverbände in ihren Stellungnahmen im laufenden rheinland-pfälzischen Gesetzgebungsverfahren mit auffallender Einmütigkeit gegen eine Stärkung der direktdemokratischen Entscheidungsrechte der Bürger vorgetragen haben[25], scheinen einseitig und „parteilich" von der Sorge um die Stellung der Kommunalvertretung bestimmt. Auch kann das Argument nicht überzeugen, dass die bislang geringe Anwendung von Bürgerentscheiden in Rheinland-Pfalz nicht auf deren prozedural and inhaltlich eingeschränkte Regelung, sondern auf das bestehende „gestufte und austarierte System der Bürgerbeteiligungsmöglichkeiten"[26] zurückzuführen sei, dank dessen auf die Bürgerentscheide als „ultima ratio" kaum zurückgegriffen werde. Vielmehr legt der Vergleich mit der Anwendungspraxis in anderen Bundesländern den Schluss nahe, dass anwendungsfreundlichere prozedurale und inhaltliche Regelungen sehr wohl geeignet sind, die Bürger zu veranlassen und zu ermutigen, von Bürgerentscheiden häufigeren Gebrauch zu machen und eine entsprechende kommunalpolitische Übung und Anwendungskultur zu begründen. Ein jüngstes Beispiel hierfür bietet Baden-Württemberg, wo Bürgerbegehren und Bürgerentscheide seit 1956 jahrzehntelang ein kommunalpolitisches Schattendasein hatten und wo die (anwendungsfreundlichen) Novellierungen von 2005 und 2009 einen raschen Anstieg der Zahl der Bürgerentscheide nach sich zogen

Die kommunalpolitische Relevanz und Brisanz, die die Bürgerbegehren und Bürgerentscheide mancherorts inzwischen gewonnen haben, sei abschließend anhand einiger Handlungsfelder und Beispiele veranschaulicht.

---

23 Vgl. die instruktive Übersicht bei Bogumil/Holtkamp 2006: 108 ff. vgl. auch Wollmann 2008: 74 ff., vgl. grundsätzlich die laufend aktualisierte Datenbank der Forschunngsstelle Bürgerbeteiligung und direkte Demokratie der Universität Marburg, http://cgi-host.uni-marburg.de/~mittendv/fsportal/article.php?sid=8
24 Vgl. Wollmann 2008: 77.
25 LT Drs., a.a.O, 24.
26 LT Drs., a.a.O, 24.

Im Bereich *der kommunalen Daseinsvorsorge* finden sich zahlreiche Beispiele, in denen die Privatisierung von Stadtwerken und anderen kommunalen Betrieben durch Bürgerentscheide, deren Unterstützer die Erhaltung dieser Betriebe im kommunalen Eigentum und unter kommunalem Einfluss sichern wollten, verhindert worden sind. So etwa in einem Bürgerentscheid 2001 in Düsseldorf gegen die Privatisierung der Stadtwerke[27] oder 2008 in Leipzig gegen den Teilverkauf der Stadtwerke Leipzig an Gaz de France[28].

Ein anderes Beispiel spektakulärer Bürgerentscheide sind *Verkehrsplanungen und Verkehrseinrichtungen*. Großes nationales ja internationales Aufsehen erregte der Bürgerentscheid am 28.2.2005 in Dresden, der dem Bau der Elbbrücke zustimmte und im Ergebnis dazu führte, dass die UNESCO ihre Anerkennung des Dresdner Elbufer-Ensembles als Weltkulturerbe zurückzog[29]. Ein weiterer aufsehenerregender Fall zeichnet sich potentiell derzeit in Stuttgart im Streit um den Bahnhofsneubau „Stuttgart 21" ab, in dem der Stuttgarter Gemeinderat inzwischen offenbar nicht ausschließt, per Ratsbegehren einen Bürgerentscheid herbeizuführen.

Ein weiteres Anwendungsfeld sind Planungsverfahren, einschließlich Bauleitplanung, in dem Maße geworden, wie Bürgerentscheide zu diesen Sachverhalten in einigen Ländern (Bayern, Hessen, Sachsen und Sachsen-Anhalt) im Grundsatz zulässig geworden sind[30]. Zwar sind hierdurch neue kommunalpolitische Konfliktfelder (zwischen der fachgesetzlich gesicherten Entscheidungszuständigkeit der Kommunalvertretung und Bürgerentscheid) eröffnet worden, jedoch sind inzwischen etwa zum umstrittenen „Planungsstopp" (durch Bürgerentscheid) einschränkende (und die Konfliktlinien klärende) verwaltungsgerichtliche Entscheidungen ergangen.

Wie diese (und andere) Beispiele veranschaulichen, ist das kommunalpolitische „Machtverhältnis" zwischen Bürgern, Kommunalvertretung und Bürgermeister potentiell und faktisch dadurch durchaus einschneidend verändert worden, dass – über die bisher vielfach vorhandenen (partizipativen) Beratungs- und Anhörungsrechte der Bürger hinaus – förmliche Entscheidungsrechte der Bürger begründet worden sind, durch die diese in bestimmten Sachfragen – sozusagen als „kommunaler Souverän" – an die Stelle der gewählten („repräsentativen") Kommunalvertretung treten und auch deren Entscheidungen gegebenenfalls aufheben („kassieren") können. Dabei zeigt sich, dass in wachsendem Umfang durchaus schwerwiegende kommunale Entscheidungen von den Bürgern im Wege von Bürgerentscheiden getroffen werden. Dabei mag manche kontroverse

---

27 Vgl. www.bürgerbegehren-düsseldorf.de.
28 http://www.leipzig.de/de/buerger/politik/wahlen/buergerent/2008/index.aspx.
29 Vgl. Wollmann 2008: 77 mit Nachweisen.
30 Vgl. Mehr Demokratie, Positionen 13, 1.4.3.

Entscheidung, wie etwa die zum Bau der Elbbrücke in Dresden, durchaus Stoff und Anlass bieten, an der kommunalpolitischen und inhaltlichen „Weisheit" des „kommunalen Souveräns" zu zweifeln. Indessen sind auch Entscheidungen der „repräsentativen" Kommunalvertretungen nicht selten alles andere als der „Weisheit letzter Schluss". So ist die von den Kommunalvertretungen beschlossene Privatisierung von Stadtwerken und anderen kommunalen Einrichtungen inzwischen vielerorts als ökonomischer und politischer Fehler erkannt worden und unternehmen Städte große (auch finanzielle) Anstrengungen, diese im Wege der „Rekommunalisierung" rückgängig zu machen; nicht wenige Kommunalvertretungen und Bürgermeister dürften sich inzwischen nachgerade wünschen, dass ihnen seinerzeit ihre Bürger per Bürgerentscheid in den Arm gefallen wären und die Privatisierung verhindert hätten.

Literaturverzeichnis

Bogumil, Jörg/ Holtkamp, Lars (2006): Kommunalpolitik und -verwaltung. Wiesbaden: VS Verlag

Dexia (2008): Subnational Governments in the European Union. Paris: Dexia

Kuhlmann, Sabine (2009): Politik- und Verwaltungsreform in Kontinentaleuropa, Nomos: Baden-Baden

Laux, Eberhard (1999): Erfahrungen und Perspektiven der kommunalen Gebiets- und Funktionalreformen. In: Wollmann/Roth (1999): 168-184

Mehr Demokratie (o.J.) Positionen 12

Mehr Demokratie (o.J.), Positionen 13

Norton, Alan (1994): International Handbook on Local and Regional Government. Aldershot: Elgar

Wollmann, Hellmut u.a. (1997a): Transformation der politisch-administrativen Strukturen in Ostdeutschland. Opladen: Leske + Budrich

Wollmann, Hellmut (1997b): Transformation der ostdeutschen Kommunalstrukturen: Rezeption, Eigenentwicklung, Innovation. In: Wollmann (1997a): 258-330

Wollmann, Hellmut (1999): Kommunalpolitik – zu neuen (direkt-)demokratischen Ufern? In: Wollmann/Roth (1999): 37-53

Wollmann, Hellmut (2008): Reformen in Kommunalpolitik und -verwaltung. England, Schweden, Frankreich und Deutschland im Vergleich, Wiesbaden: VS Verlag

Wollmann, Hellmut (2010): Territorial Local Level Reforms in the East German Regional States (Länder): Phases, Patterns, and Dynamics. In: Local Government Studies, vol. 36, no. 2, 251-271

Wollmann, Hellmut/Roth, Roland (Hrsg.) (1999): Kommunalpolitik. 2. Aufl. Opladen: Leske + Budrich

IV. Bilanz und Perspektiven

Engagement- und Demokratiepolitik in Deutschland: Beobachtungen vom Tage, kritische Bilanz und Ausblick

Warnfried Dettling

Ich bin jetzt innerhalb von rund zehn Jahren zum dritten oder vierten Mal bei einer Veranstaltung des Landes Rheinland-Pfalz zum Thema Bürgergesellschaft, Bürgerbeteiligung oder bürgerschaftliches Engagement, und ich muss sagen: Das war nicht nur eine der intensivsten Tagungen zu diesem Thema, es ist vor allem sehr eindrucksvoll zu beobachten, wie über die Jahre hinweg das Land und sein Ministerpräsident dieses Thema beharrlich weiter verfolgen, die Debatte voran treiben und das Thema nicht nur allgemein „hoch" halten, sondern es ganz konkret an einem wichtigen Reformvorhaben durchbuchstabieren. Ohne wohlfeile Komplimente zu machen, kann man doch ganz nüchtern feststellen, dass Rheinland-Pfalz damit in Deutschland an der Spitze der Bewegung ist. Und wenn das so bleiben und wenn darüber hinaus dieses gute Beispiel Schule machen soll in anderen Bundesländern, dann kommt es langfristig und grundsätzlich auf drei Dinge an, die ich abschließend wenigstens kurz erläutern möchte.

1. Über Beteiligungsillusionen und Beteiligungsfrustrationen

Der erste Punkt: Bürgerbeteiligung ist eine wunderbare Sache. Niemand ist dagegen, alle verbinden etwas Positives damit. Aber wie schaffen wir es eigentlich, Beteiligungs*illusionen* zu verhindern und dadurch womöglich – ungewollt, aber folgenschwer – Beteiligungs*frustrationen* zu programmieren? Darin sehe ich eine große Gefahr. Es ist deshalb wichtig, die Bürger nicht nur zu beteiligen, sondern ihnen hinterher auch offen und ehrlich zu sagen, was aus ihrer Beteiligung, ihren Ideen und Vorschlägen geworden ist. Deshalb halte ich es für entscheidend, was der Ministerpräsident zu Beginn gesagt hat, dass es eine offene und ehrliche Rückmeldung gibt zu den Bürgern, zu jenen, die konkret beteiligt waren, aber auch generell ins Land hinein: eine offene und ehrliche Auskunft, *was nicht* umgesetzt worden ist von all diesen wunderbaren Ideen und *warum* etwas nicht umgesetzt worden ist, wo es gesellschaftliche oder bürokratische

Widerstände gab und gibt für konkrete Vorschläge oder allgemein für mehr Beteiligungsdemokratie. Die Sozialdemokratie ist ja historisch eine geübte Partei darin, gesellschaftliche Widerstände gegen einen wünschenswerten Fortschritt zu thematisieren – und sie zu überwinden.

Bürgerbeteiligung wird nur erfolgreich sein als ein offener kommunikativer Prozess, und sie ist wie dereinst der Sozialismus eine „dauernde Aufgabe", das heißt: Man kann den Beteiligungsmotor nicht wie bei einem Auto anspringen lassen und wieder abstellen. Wenn das Land es ernst meint mit diesem neuen Politikansatz, dann muss es überlegen, auf welchen anderen Handlungsfeldern der Politik ein ähnlicher Beteiligungsprozess initiiert werden kann.

Das war mein erster Punkt: Wie verhindert man Beteiligungsillusionen und wie kann man dieses Verfahren und diese Methode auf Dauer stellen, damit dann andere Länder das gute Beispiel aufgreifen.

2. Die Verfassung des Gemeinwesens: Erosion oder lebendige Demokratie?

Zweitens: Wenn Rheinland-Pfalz das Thema wirklich ernst meint, dann stellt sich die Frage, ob das Land und seine Regierung in der politischen Öffentlichkeit nicht doch einen sehr grundsätzlichen Gedanken ins Spiel bringen sollten: die Ergänzung der repräsentativen Demokratie durch Formen der direkten Demokratie und durch neue Formen der Bürgerbeteiligung. Ich knüpfe an an das, was Herr Roth, Herr Gross und andere auf dieser Tagung gesagt haben. Ich glaube, dass wir gegenwärtig an einem historischen Moment angekommen sind, den man etwas übertreibend aber im Kern treffend bezeichnen könnte als eine *Delegitimierung der repräsentativen Demokratie* nicht durch äußere Feinde oder durch extremistische Parteien, sondern aus der Mitte der Gesellschaft; Delegitimierung der repräsentativen Demokratie auch nicht nur als Folge des Verhaltens der Politiker, sondern auf Grund gesellschaftlicher Entwicklungen, auf Grund der Veränderung des Parteiensystems, auf Grund neuartiger Ansprüche an die Politik. Wir erleben einen grundsätzlichen Wandel im Gefüge der Politik und der gesellschaftlichen Orientierung. Es verändert sich die Art und Weise, wie Menschen Politik verstehen und Demokratie begreifen. Über fast ein halbes Jahrhundert hinweg war die Bundesrepublik Deutschland erfolgreich, weil sie sich gegen die inneren und äußeren Feinde der Demokratie behauptet und weil sie politische, wirtschaftliche und soziale Stabilität auf hohem Niveau gebracht hat. Die politische Beteiligung konzentrierte sich auf Wahlen, die „Willensbildung des Volkes" auf die Parteien, die Erwartungen der Menschen auf den wirtschaftlichen und sozialen „Output" des politischen Systems. Auch Politik verstand sich als arbeitsteiliger Prozess, in dem die alle vier Jahre gewählten Politiker ihrer Aufgabe nachgingen und Politik als Beruf gemacht haben.

Diese Formen der Politik und der Demokratie gingen lange gut, und sie brachten, in der ersten formativen Periode der jungen Bundesrepublik, einen großen historischen Fortschritt in der deutschen Geschichte. Doch die Zeiten haben sich geändert. Die Menschen sind andere geworden wie auch die Gesellschaft und das gesamte Umfeld der Politik. Wir leben mitten in einer *neuen formativen Phase* der Bundesrepublik Deutschland, in einer Phase, die langsam und nicht ohne Irritationen und Widersprüche einen Strukturwandel der Demokratie und der Politik hervorbringen wird.

Es geht nicht um die falschen Alternativen repräsentative *oder* direkte Demokratie, Bürgerbeteiligung *oder* parlamentarische Demokratie, es geht um Ergänzungen und um intelligente Kombination unterschiedlicher Formen der Demokratie. Wir müssen lernen, *Demokratie im Plural* zu denken und im Plural zu diskutieren und zu praktizieren: repräsentative Demokratie, Volksbegehren und Volksentscheide, neue und frühe Partizipationsformen, Dezentralisierung und gesellschaftliche Selbstorganisation, wo immer es möglich ist. Nicht das „Oder" sondern das „Und" ist die Chiffre für die Politik der Zukunft. Die Deutschen haben ein besonderes Geschick darin, in Entweder-Oder-Ausschliessungskategorien zu denken: Soll man Kinder erziehen in der Familie oder im Kindergarten? Brauchen wir wirtschaftliches Wachstum oder soziale Gerechtigkeit oder ökologische Rücksicht auf die natürliche und soziale Umwelt?

3. Vertrauen zwischen Bürger und Staat: eine neue Balance

Was das Land Rheinland-Pfalz gemacht und worüber diese Tagung debattiert hat ist ein Thema, das die staatliche Ordnungspolitik für lange Zeit beherrschen wird: Wie kann es gelingen, die Demokratie lebendig zu halten und sie vor einer Korrosion von innen her zu bewahren? Je weniger der Bürger *in* Wahlen entscheiden kann, wer regiert und was gemacht wird, um so mehr will er *zwischen* den Wahlen intervenieren können. Diese neue Lage ist eine Folge nicht irgendwelcher Verschwörungstheorien, sondern eine Folge der Veränderung des Parteiensystems. Keine Partei wird mehr vor der Wahl sagen, mit wem sie nach der Wahl eine Regierung bildet und mit wem nicht. Sie wird sich hüten, man weiß ja nie. Und je weniger die Bürger in Wahlen entscheiden können, umso wichtiger ist es für eine vitale Demokratie, dass es noch andere Formen der Beteiligung gibt.

Viele Zeichen deuten darauf hin, dass die Beziehungen, das Vertrauen zwischen Bürger und Staat gestört sind. Das hat auf komplizierte, aber wirksame

Weise etwas mit der Architektur des Grundgesetzes zu tun – und mit den historischen Erfahrungen, die in die Verfassung der Bundesrepublik eingegangen sind.
Der Publizist Rüdiger Altmann hat einmal mit Blick auf das Grundgesetz von
einem „Misstrauensvotum gegen das Volk" gesprochen, diesen „unberechenba-
ren Lümmel" (Heinrich Heine). Das Grundgesetz wollte aus den Erfahrungen der
Vergangenheit lernen und die zweite deutsche Demokratie vor totalitären Versu-
chungen und Parteien bewahren. Das ist hervorragend gelungen. Aber in anderen
Zeiten drohen der Demokratie andere Gefahren, nicht von außen, sondern von
innen, nicht von ihren Feinden, sondern von der Gleichgültigkeit und von der
Entfremdung ihrer Bürger. Die Bürger misstrauen den politischen Repräsentanten und Institutionen auch deshalb, weil diese ihnen nicht vertrauen und sie nicht
oder zu wenig beteiligen. Das Grundgesetz hat sich bewährt als Brandmauer
gegen die Katastrophen der Vergangenheit. Die Väter und Mütter des Grundgesetzes konnten nicht wissen, was die künftigen Gefahren der Demokratie sein
werden, die auf leisen Sohlen und von innen kommen, die Gefahr der Korrosion
der Demokratie. „Korrosion" meint die Verrostung der tragenden Teile auf
Grund von Materialermüdung. Übertragen auf die Demokratie würde das bedeuten, dass die Institutionen wie Fassaden zwar noch vorhanden sind, aber demokratisches Leben und alle Vitalität in ihnen erloschen sind. Bürgerbeteiligung
wie sie auf dieser Tagung vorgestellt und diskutiert wurde ist ganz gewiss ein
Mittel zur Revitalisierung der Demokratie, aber auf Dauer nur dann, wenn wir
lernen, die demokratische Frage grundsätzlicher zu stellen und Demokratie im
Plural zu denken. Demokratie kennt viele Formen.

4.   Nötig: Eine Kultur des Gemeinsinns

Und schließlich *der dritte Punkt:* Wir gehen immer davon aus, dass Bürgerbeteiligung, Bürgerengagement, Demokratie als Lebensform, das Interesse an den
„res publicas", den öffentlichen Dingen gleichsam naturwüchsig vorhanden sind.
Woher nehmen wir eigentlich diesen Optimismus? Andere politische Kulturen
hatten unterschiedliche Begriffe, um deutlich zu machen, worum es geht. Die
Griechen sprachen vom „Idiotes", der nur Privatinteressen kennt und verfolgt,
und vom „Polites", dem Bürger im eigentlichen und anspruchsvollen Sinn, der
sich für die Polis, für das Gemeinwesen engagiert. Öffentliches Interesse, die
Sorge um das „gemeine", das gemeinsame Wohl aller, kurzum republikanische
Tugenden: Wie kommen wir eigentlich zu der Annahme, dass es sich dabei um
Ressourcen handelt, die von selbst gegeben sind und von selbst nachwachsen?
Könnte es nicht sein, dass wir eine ganz andere Entwicklung erleben? Früher,
vor 150, 200 Jahren gab es drei große sozialmoralische Milieus, in denen Ge-

meinwohlorientierung und Solidarität gelernt, gelehrt und vor allem trainiert wurden: die Arbeiterbewegung, die katholische Soziallehre und den bürgerlichen Protestantismus. Die Frage ist, was passiert, wenn diese großen sozialmoralischen Milieus nach und nach schmelzen? Dann muss man versuchen, diese sozialen Ressourcen auf andere Weise zu hegen und zu pflegen und nachwachsen zu lassen. Da ist einmal – das Stichwort ist gefallen – die Schule, verstanden und organisiert auch und gerade als eine „Schule der Demokratie". Und zum anderen kommt es darauf an, freiwilliges Engagement, ehrenamtliche Aktivitäten soweit es geht zu unterstützen. Es könnte eine Art Selbstverpflichtung des Staates geben – jedes Bundesland könnte damit anfangen –, dass keine Bereitschaft zu sozialem Engagement deshalb brachliegen bleibt, weil es an finanziellen Mitteln fehlt. Die Selbstverpflichtung des Staates liefe darauf hinaus, alles zu tun, damit vorhandene Bereitschaften zur Solidarität auch tatsächlich sich ausleben können – zum Wohl des Ganzen. Eine Kommission der Bosch-Stiftung hat schon vor Jahren den Vorschlag gemacht, jeden jungen Menschen, der sich sozial engagieren will, wird mit einem finanziellen „Paket" (Versicherung, Taschengeld usw.) auszurüsten, das er dann bei einer sozialen Einrichtung oder einem anderen Engagement seiner Wahl einlösen könnte. Solidarität im Großen und Ganzen hat nur dann eine sichere Zukunft, wenn sie im Kleinen und Besonderen, im gesellschaftlichen Nahbereich trainiert wird. Die soziale Dienstpflicht ist in Deutschland tabu. Aber ein Gemeinwesen, das nach dem Ende der Wehrpflicht von seinen Bürgern nichts anderes erwartet als den Gesetzen zu gehorchen und Steuern zu zahlen, hat keine Idee mehr von sich selbst, keinen Anspruch an sich und andere. Eine Kultur des Gemeinsinns versteht sich nicht von selbst, ist aber eine Voraussetzung dafür, dass auch neue Formen der Bürgerbeteiligung, wie sie auf dieser Tagung diskutiert wurden, mehr sind als nur eine Vertretung des eigenen Interesses in einem neuen Gewande.

5. Zwei-Säulen-Modell: Staat und Bürgergesellschaft?

Im Verlaufe der Tagung ist immer wieder die Frage aufgeworfen worden, ob die neuen Formen der Bürgerinitiativen, Bürgerbeteiligung und auch der direkten Demokratie nicht eine eigene Organisationsstruktur brauchen, eine eigene übergreifende Institution oder Anlaufstelle, angesiedelt etwa beim Bundespräsidenten, die der Bürgerbeteiligung gegenüber der etablierten, „staatlichen" Politik mehr Dauer und Durchschlagskraft verleiht. Die Rede war von einem Zwei-Säulen-Modell mit dem Staat als der einen und der Bürgergesellschaft (Bürgerbeteiligung) als der anderen Säule.

Der Gedanke klingt gut, es ist aber mehr als zweifelhaft, ob er wirklich trägt. Es erscheint mir nicht zielführend, „die" Bürgergesellschaft gegen „den" Staat in Stellung zu bringen. Es kommt nicht auf das Gegeneinander, sondern auf das intelligente Miteinander an, und zwar auf allen Ebenen: im Bund, in den Ländern und in den Kommunen. Dieses neue kooperative Verhältnis zwischen staatlichen (kommunalen) und bürgergesellschaftlichen Akteuren muss auf allen Ebenen organisiert werden und ist an verschiedene Voraussetzungen gebunden: Einmal müssen beide Seiten ihre jeweiligen Grenzen erkennen und einsehen, dass sie gemeinsam mehr vermögen, mehr erreichen, mehr „Macht" haben. Der Staat: Regierung, Politiker und Parteien müssen Macht abgeben, und die Akteure der Zivilgesellschaft müssen sich verabschieden von dem hohen Anspruch, dass Vernunft und Moral a priori auf ihrer Seite sind. Staat und Gesellschaft müssen auf allen Ebenen lernen, dass nur ein zunächst konfliktreiches Miteinander Weg zum gemeinsamen Erfolg und zu einer besseren Politik ist.

Das bedeutet, und dies ist eine weitere Voraussetzung für ein gelingendes Miteinander von Staat und Bürgergesellschaft, den Abschied vom traditionellen Staatsdenken und das Einüben einer neuen Streit- und Konfliktkultur. Eine Gesellschaft wächst zusammen durch die Art und Weise, wie sie auf zivilisierte Weise ihre Konflikte ausgetragen hat: Integration durch Konflikt. Und Konflikte können auch dadurch entschärft werden, dass sie räumlich gleichsam getrennt werden. Parallelgesellschaften sind nur dann von Übel, wenn sie kein Durchgangsstadium sind, sondern ein Dauerzustand, der eine soziale, ethnische, konfessionelle Unterschichtung der Gesellschaft zementiert. Das katholische Milieu im Deutschen Reich, die (polnische) Arbeiterschaft im Ruhrgebiet waren beides zugleich: eine Parallelgesellschaft zunächst und dann ein gelungenes Beispiel gesellschaftlicher Integration.

6.   Zurück zu den republikanischen Wurzeln

Die Neuordnung der Beziehungen zwischen Bürger und Staat, repräsentativer und direkter Demokratie, Bürgerbeteiligung und staatlicher Ordnung verlangt mehr als andere Formen und Verfahren. Sie verlangt ein neues Denken über die öffentlichen, gemeinsamen Angelegenheiten, das nicht in der Hegelschen Tradition vom Staat, sondern in der republikanischen Tradition vom Bürger ausgeht. Das griechische und das römische Staatsdenken kannte keinen Staat, es kannte die Polis und die Res Publica, die Bürger und die politische Gemeinschaft, und fragte dann weiter, was die Bürger brauchen zu einem „guten Leben" – und was sie mit Blick auf dieses Ziel alleine, mit anderen oder nur gemeinsam erreichen können und wie dementsprechend die politische Gemeinschaft, die „umfassende" Ordnung des Gemeinwesens gestaltet sein müsste. Der Aufbruch zu mehr Bürgerbeteiligung und Bürgergesellschaft könnte beginnen mit einer Rückkehr zu den Wurzeln der politischen Philosophie.

40 Jahre Bürgerbeteiligung – Demokratie als Wagnis[*]

Ulrich von Alemann

1. Dinner speeches sind grausam: Sie halten vom Essen ab. Für den Redner sind sie doppelt grausam: Auch er hat Hunger, aber er muss sich auch noch auf den Vortrag konzentrieren. Wir haben nun einen lieben langen Tag lang über Demokratie, Bürgerbeteiligung, Engagement, Partizipation, Teilhabe, Mitwirkung usw. usw. diskutiert, räsoniert, reflektiert und debattiert. Kann ich nun noch etwas Neues, Originelles, Sensationelles beitragen? Wohl kaum. Auch darüber wie überraschend, vielleicht sogar bestürzend aktuell das Thema in den letzten Wochen und Monaten geworden ist, haben wir schon gesprochen. Zwei Volksentscheide in Bayern zum Nichtraucherschutz und in Hamburg zur Schulpolitik waren erfolgreich. Stuttgart steht unter Druck der Bahnhofsumbaugegner. Vom Echo auf Sarrazins schrille Thesen will ich gar nicht reden. „Volk der Widerborste" hat der SPIEGEL letzte Woche getitelt und führt ein: „Eine Protestwelle rollt durch Deutschland. Allerorten kämpfen Bürger gegen die Projekte von Politikern. Die Demokratie wirkt lebendig, aber manchmal prallen auch Allgemeinwohl und Egoismus aufeinander. Die Modernisierung des Landes könnte aufgehalten werden."[1] Vielleicht ist so viel Aktualität Anlass für einen Blick zurück, zurück auf Entstehung und Grundlagen der Debatte um Demokratie und Demokratisierung.

„Alle Staatsgewalt geht vom Volke aus", so ist es in unserer Verfassung festgelegt und dieses Prinzip liegt wörtlich oder sinngemäß allen demokratischen Verfassungen zugrunde. Aber wo geht sie hin? Fragte schon Bert Brecht. In das Parlament sagt der Jurist. Aber das ist vielleicht doch nicht alles. Die Beteiligung der Bürger an der Politik gehört zu den unabdingbaren Elementen einer Demokratie. Die Teilnahme der Bürger wird dabei nicht nur als ein Wert an sich gesehen. Vielmehr werden einer direkten Bürgerbeteiligung grundlegende politische Funktionen zugesprochen. So schafft Bürgerbeteiligung Legitimation, indem sie

---

*   Vortrag als „dinner speech" im Anschluss an die Fachtagung „Meine Meinung zählt!" veranstaltet von der Staatskanzlei Rheinland-Pfalz und dem Deutschen Forschungsinstitut für Öffentliche Verwaltung Speyer am 6. September 2010. Ich bedanke mit bei Herrn Jens Walther, M.A., der ganz wesentliche Vorarbeiten zu diesem Beitrag beigesteuert hat.
1   Bartsch 2010: 64.

die Rückbindung der politischen Entscheidungen an die Interessen der Bürgerinnen und Bürger sichert. Auf diese Weise wird Vertrauen und Unterstützung in die politischen Entscheidungsträger generiert. Dies wiederum sichert die Demokratie. Die Legitimation fördert die Akzeptanz und die Effektivität.

Der beste Weg, die Demokratie eines Landes zu stärken, scheint daher in dem Bemühen zu bestehen, seine partizipatorischen Strukturen zu verbessern. Denn Demokratie baut gleichermaßen auf einem Mindestmaß an Partizipation wie Repräsentation der Bevölkerung auf. Gemäß dem demokratischen Ideal erscheint es wünschenswert, dass sich möglichst viele Bürger möglichst umfassend an den politischen Entscheidungsprozessen beteiligen. Also eine Beteiligung, die über die, für eine Demokratie konstitutive, Partizipationsform, ja, Partizipationsform der Wahl hinausgeht.

Nachdem wir uns im Verlauf dieser Tagung ausführlich mit aktuellen Entwicklungen der Bürgerbeteiligung in Deutschland auseinandergesetzt haben, lassen sie mich nun einmal 40 Jahre zurückblicken. Noch in den 60er Jahren des 20. Jahrhunderts konnten die Bürgerinnen und Bürger in Deutschland fast ausschließlich über repräsentativ-demokratische Teilhabeformen wie Bundestags- oder Landtagswahlen ihren politischen Interessen Ausdruck verleihen.

So wurde in Deutschland der Wunsch nach mehr Mitbestimmung und Einflussnahme immer deutlicher und von immer mehr Gruppen der deutschen Gesellschaft geäußert. Engagierte Bürger fühlten sich zunehmend regiert und verwaltet und standen der Komplexität gesellschaftlicher wie politischer Vorgänge kritisch gegenüber. Dies führte mehr und mehr zu einer Entfremdung von Wählern und Gewählten bzw. von Bürgern und Repräsentanten. Verschärft wurde dies durch das erdrückende Gewicht einer Großen Koalition und dem Fehlen einer effektiven Opposition.

Aus dieser Entfremdung und der gesamtgesellschaftlichen Forderung nach mehr Demokratie resultierten schlussendlich die APO und die Studentenproteste der 68er. Partizipations- und Demokratisierungsreformen wurden vor allem von jungen Bürgern mit Nachdruck immer mehr ersehnt. Die deutschen Jugendlichen zahlten zwar Steuern und leisteten Wehrdienst, doch volljährig und wahlberechtigt wurden sie erst mit 21 Jahren. Dieser Widerspruch störte auch den damaligen Bundeskanzler Willy Brandt, so dass in Reaktion auf diese Bewegung Partizipation und Demokratisierung zum politischen Programm wurden. In seiner Regierungserklärung, vom 28. Oktober 1969, stellte er daher klar:

> „Wir wollen mehr Demokratie wagen. Wir werden unsere Arbeitsweise öffnen und dem kritischen Bedürfnis nach Information genüge tun. Wir werden daraufhin wirken, dass durch Anhörungen im Bundestag, durch ständige Fühlungnahme mit den repräsentativen Gruppen unseres Volkes und durch eine umfassende Unterrichtung über die Regierungspolitik jeder Bürger die Möglichkeit erhält, an der Reform von

Staat und Gesellschaft mitzuwirken. (...) Wir werden dem Hohen Hause ein Gesetz unterbreiten, wodurch das aktive Wahlalter von 21 auf 18, das passive von 25 auf 21 Jahre herabgesetzt wird. (...) Mitbestimmung, Mitverantwortung in den verschiedenen Bereichen unserer Gesellschaft wird eine bewegende Kraft der kommenden Jahre sein."[2]

Willy Brandt zeigte sich damals offen für die Forderung der Bundesbürger nach mehr Demokratie. Er sah Demokratie als Wagnis. Das war sie und zwar mehr, als sich junge Menschen heute vorstellen können. Was jedoch in seiner Rede deutlich zum Ausdruck kommt, ist der Respekt der damaligen Regierenden vor einer direkten und breiten Beteiligung der Bürger, vor allem der jungen Bürger, an den politischen Entscheidungsprozessen des Staates. Es ist nahezu bestürzend aktuell, was Brandt 1969 forderte: die Arbeitsweise der Regierung öffnen, dem Bedürfnis nach Information genügen, ständige Fühlungnahme durch Anhörungen mit repräsentativen Gruppen, umfassende Unterrichtung über die Regierungspolitik sowie die Möglichkeit der Bürger, an der Reform von Staat und Gesellschaft mitzuwirken. Ja, was haben wir denn heute den ganzen Tag anderes diskutiert? 40 Jahre später?

Dieses Defizitempfinden wurde von den Gegnern der sozialliberalen Regierungspolitik naturgemäß nicht geteilt und ganz anders zum Ausdruck gebracht. So forderte etwa der ehemalige Bundesjustizminister und CSU Bundestagsabgeordnete Richard Jäger zur Herabsetzung des Wahlalters:

„So wie man im Militär erst gehorchen lernt, bevor man befehlen kann, kann man auch im Staatsleben zuerst einmal dienen, ehe man führt."

Der Herr Jäger hatte übrigens wegen seiner Befürwortung der Todesstrafe auch den Spitznamen „Kopf-ab-Jaeger". Das waren doch erkennbar andere Zeiten. Aber auch auf Seiten der Wissenschaft stand man den sozialliberalen Demokratisierungsbestrebungen häufig schroff ablehnend gegenüber. Beispielhaft steht dafür die Kritik von Wilhelm Hennis an dem Prozess der Demokratisierung:

„Ich scheue mich nicht zu sagen, dass das, was sich hinter diesem Begriff verbirgt, auf die Preisgabe von Grundlagen der abendländischen Kultur hinausläuft, wie sie einschneidender nicht gedacht werden kann."[3]

Demokratie als Wagnis: So sahen es auch andere Autoren, wie Lübbe, Schelsky, Scheuch. Das können wir uns heute kaum mehr vorstellen. Demokratisierung

---

2   Plenarprotokoll Deutscher Bundestag, Stenographischer Bericht. 6. Wahlperiode, 5. Sitzung. Bonn 28. Oktober 1969.
3   Hennis 1970: 22.

war des Teufels. Wir besaßen doch eine Demokratie, nämlich die des Grundgesetzes, die keine direkte war. Mehr war nicht drin. Mehr war Hybris, Systemver-
änderung, Revolte, war der „adamitische Neid"[4] auf ein Paradies, das nur schief-
gehen konnte. Erbsünde und die Folgen. Demokratisierung war der Sündenfall.
      Trotz dieses mulmigen Gefühls auf Seiten des Staates wurden die Entgren-
zung der Demokratie und die Beteiligung des Souveräns weiter vorangetrieben.
Im Zuge der Partizipationseuphorie wurde die westdeutsche Demokratie ausgebaut und die Mitverantwortung der Bürger gestärkt. Neben der Senkung des
Wahlalters wurden ein neues Betriebsverfassungsgesetz und eine Reform der
Hochschulverfassungen beschlossen. Alle drei Reformen erweiterten die Möglichkeiten demokratischer Mitbestimmung der Bürgerinnen und Bürger in unserem Land.
      Ich selbst war damals ein junger Wissenschaftler an der Universität Bonn
und hatte mit Studenten und jungen Kollegen aus dem „Mittelbau" frech ein
DFG-Projekt beantragt, was damals nur Professoren zukam. Wir bekamen 1973
den Zuschlag und eröffneten den Abschlußbericht mit den Worten: „Demokratisierung und (...) Partizipation und Mitbestimmung sind Schlüsselworte aktueller
politischer Frontbildung. Das erschöpft sich nicht im Grabenkampf der beiden
großen politischen Parteien um „Mehr Demokratie wagen" auf Seiten der SPD
und „Demokratisierung gleich Systemüberwindung" auf CDU-Seite".[5] Diese
Fronten über das „ob" von mehr Demokratie gibt es heute nicht mehr, wohl aber
über das „wie".

2. Legitimation durch Partizipation war nun die Devise, auch zum Zwecke der
politischen Integration vor allem der protestierenden Jugend. Die Zunahme von
Bürgerinitiativen und Protestbewegungen drückte die wachsende Forderung nach
mehr politischer Beteiligung aus. Die Bürgerinitiativbewegung bricht mit der
Parteiendemokratie und mit der fleißig eingeübten Einwirkungsmöglichkeit über
die Parteien auf die Wahlteilnahme. Die Einflussnahme durch den aktiven mündigen Bürger erstreckt sich nun auch auf den politischen Protest und die ihn
charakterisierenden Partizipationsformen wie Demonstrationen, Sitzblockaden
oder Boykotte.
      Bürgerbeteiligung tritt als Recht der Teilhabe am Prozess der Entschei-
dungsfindung immer mehr ins Bewusstsein der Bundesbürger. Sie ist Reaktion
auf Unzufriedenheit mit dem repräsentativen System und auf fehlende Mitwirkungsmöglichkeiten. Bürgerinitiativen stellen eine Ergänzung der vorhandenen

---

4   Hennis 2000: 223.
5   Alemann 1978: 13.

Beteiligungsformen dar, ohne dass sie durch den Gesetzgeber zuvor institutionalisiert worden sind; also als eine nicht verfasste Form direkter Demokratie. Weitergehende Beteiligungsmöglichkeiten schienen noch ein zu großes Wagnis. Das Gespenst von Weimar war noch zu präsent. Durch die Herabsetzung des Wahlalters setzte Brandt in der Diskussion um mehr Bürgerbeteiligung zwar ein deutliches Zeichen der Handlungsbereitschaft. Doch wurden auf Ebene des Bundes keine weiteren, genuin direktdemokratischen Elemente eingeführt. Stark vertreten war weiterhin die Ansicht, Bürgerbeteiligung vor allem auf Wahltermine zu reduzieren. So waren die verfassten Einflussmöglichkeiten der Bürger auf Landes- wie auf Bundesebene nur „direktdemokratische Ornamente am repräsentativen Staatsgebäude"[6]. Auch die Protestpraxis der 70er und 80er Jahre führte nicht zu einer Erweiterung dieses institutionellen Repertoires.

3. In den meisten Landesverfassungen der Bundesländer waren schon bei ihrer Gründung nach dem Zweiten Weltkrieg direktdemokratische Partizipationsinstrumente eingeführt worden. Die süddeutschen Bundesländer waren zu erheblich größeren partizipatorischen Zugeständnissen bereit: So kannten Bayern und Hessen neben Volksbegehren und Volksentscheid auch das obligatorische Verfassungsreferendum: also die Verpflichtung, die jeweilige Verfassung nur mit Zustimmung des Souveräns zu ändern oder zu ergänzen. Ein Grund dafür, warum noch heutzutage eine seltsam anmutende Norm, wie die Todesstrafe, in der Hessischen Landesverfassung zu finden ist. Auch in Nordrhein-Westfalen lautet der erstaunliche Artikel 2 der Verfassung von 1950: „Das Volk bekundet seinen Willen durch Wahl, Volksbegehren und Volksentscheid". „Doch die Verhältnisse, sie sind nicht so" – könnte man mit der Dreigroschenoper intonieren. Tatsächlich hat es in NRW in 60 Jahren nur ein erfolgreiches Volksbegehren gegeben – das Volksbegehren von 1978 gegen die Kooperative Schule. Darauf knickten Landtag und Landesregierung ein und kassierten den Gesetzentwurf.

Auch die Verfassung von Rheinland-Pfalz, die von den Bürgerinnen und Bürgern in einer Volksabstimmung angenommen wurde, gehört zu den frühen Landesverfassungen, die ganz selbstverständlich das repräsentative System durch unmittelbare Einflussmöglichkeiten des Bürgers ergänzten. Das klassische Volksgesetzgebungsverfahren in Form von Volksbegehren und Volksentscheid war von Anfang an Bestandteil vieler Landesverfassungen. Diese Instrumente blieben jedoch aufgrund der restriktiven Regelungen bzw. der zu hohen Quoren lange ohne praktische Bedeutung.

---

6   Knemeyer 1997: 22.

Auf Ebene der Kommunen war die Lage nicht viel besser. Nur das deutsche Mutterland direkter Demokratie, Baden-Württemberg, kannte seit seiner Gründung 1952 über den allgemeinen Wahlakt hinausgehende Entscheidungsmöglichkeiten in seiner Landesverfassung, vor allem aber in der Gemeindeordnung. So war in Baden-Württemberg die direkte Einflussnahme der Bürger in Form einer Direktwahl der Bürgermeister, einer Auswahl der Bürgervertreter sowie seit 1956 in Form von Bürgerentscheid und Bürgerbegehren erlaubt – lange bevor andere Bundesländer zu ähnlichen direktdemokratischen Zugeständnissen bereit waren. Aufgrund der begrenzten Praxis von Volksbegehren und Volksentscheid auf Ebene der Bundesländer und der begrenzten Institutionalisierung von Bürgerbegehren und Bürgerentscheid auf kommunaler Ebene entwickelte sich in der alten Bundesrepublik jedoch keine starke Dynamik hinsichtlich eines breiteren Ausbaus direktdemokratischer Instrumente.

4. Die Bundesrepublik befand sich auf Ebene der Kommunen, der Bundesländer und des Bundes de facto im Zustand einer begrenzten, primär repräsentativen Demokratie. Länderverfassungen und Kommunalordnungen erhielten bis dato nur vereinzelt Rudimente unmittelbarer Bürgerbeteiligung.

Nur langsam sollten sich in den folgenden Jahren und Jahrzehnten die Beteiligungsmöglichkeiten der Bürgerinnen und Bürger verbessern.[7] So gewann die Debatte um direkte Demokratie erst in den 1990er Jahren wirklich aktuelle und praktische Bedeutung. Die Erfahrungen der Bürgerbewegung in der DDR 1989/1990 gaben wichtige Impulse für die Diskussion im wiedervereinigten Deutschland. Mit der friedlichen Revolution der Bürgerbewegung gegen das Regime in der DDR gestand man der Bürgerbeteiligung einen eigenen Stellenwert im politischen System der Bundesrepublik ein.

So entwickelte sich zu Beginn der 1990er Jahre eine neue weitaus stärkere Reformwelle. Diese führte bundesweit zu einer erheblichen Veränderung der Kommunalverfassungen. Es wurden nicht nur kommunale Bürgerbegehren und Bürgerentscheide bundesweit institutionalisiert, sondern auch die Direktwahl der Bürgermeister und Landräte ermöglicht. Man gab dem Bürger durch die Änderung der kommunalen Wahlsysteme mehr Einfluss auf die Auswahl seiner kommunalen Repräsentanten.

Auch in Rheinland-Pfalz setzte Anfang der 1990er Jahre eine verfassungsrechtliche Diskussion über eine Ausdehnung unmittelbarer Bürgerbeteiligung ein. Nach dem Regierungswechsel 1991 reformierte die neue sozialliberale Landesregierung die rheinland-pfälzische Kommunalverfassung, die mit der Einfüh-

---

7   Vetter 2008b: 9-27.

rung von Bürgerbegehren und Bürgerentscheid die direktdemokratischen Rechte der Bürger auf kommunaler Ebene wesentlich erweiterte.

5. Neben diesen Reformen auf kommunaler Ebene wurden in Deutschland auch die Beteiligungsmöglichkeiten der Bürger auf Ebene der Bundesländer gestärkt. So hatte vor allem die Novellierung der schleswig-holsteinischen Landesverfassung im Jahr 1990 und die dortige Einführung erweiterter Partizipationsformen eine Anstoß- und Vorbildwirkung. Mit Schleswig-Holstein führte erstmals ein Bundesland direkte Beteiligungsrechte in erheblich erleichterter Form ein. Dieser Trend wurde noch durch die neuen, für eine direkte Volksgesetzgebung offenen Landesverfassungen der ostdeutschen Bundesländer verstärkt.[8]

Es dauerte nicht lange bis auch die westdeutschen Bundesländer entweder die Beteiligungsmöglichkeiten der Volksinitiative, des Volksbegehrens und des Volksentscheids einführten oder, wenn schon vorhanden, die notwendigen Zustimmungs- und Beteiligungsquoren erheblich senkten. Auch in Rheinland-Pfalz führte die Reform der Landesverfassung zu einer Ergänzung und Modernisierung der unmittelbaren Beteiligungsverfahren der Bürger, da neben der Volksinitiative auch das Eintragungsquorum bei Volksbegehren gesenkt wurde.

Rheinland-Pfalz setzt zudem – wie wir heute erfahren haben – neue Akzente im Bereich der unmittelbaren Bürgerbeteiligung. Rheinland-Pfalz ist das erste Bundesland, das im Rahmen einer Kommunal- und Verwaltungsreform von Beginn an versucht, die Bürger als Berater und Teilnehmer über Bürgerkongresse auf dem Reformweg mitzunehmen und zu informieren.[9] Der Bürger wird also ernst genommen. Die politischen Akteure gestehen ihm die Rolle als Berater und Experte vor allem bei kommunalen Belangen zu. Innovation durch Beteiligung, lautet die Devise.

Insgesamt kann man den Kommunen in Deutschland zubilligen, „Schulen der Demokratie" zu sein. Die unmittelbaren Mitwirkungsrechte sind hier seit der Wiedervereinigung am stärksten ausgebaut und finden durchaus rege Anwendung.[10] Auf der lokalen Ebene hat sich in den letzten Jahren sowohl in qualitativer als auch in quantitativer Sicht eine bemerkenswerte Bandbreite von politischen Beteiligungsmöglichkeiten entwickelt.

Ein ganz anderes Bild zeichnet sich jedoch weiterhin auf Landesebene ab: Gerade hier werden die Volksrechte vom Souverän nur selten genutzt bzw. sind plebiszitäre Initiativen aufgrund immer noch zu hoher Hürden a priori zum Scheitern verurteilt. Somit stellt sich die Frage, ob direkte Demokratie auf Lan-

---

8   Vgl. Paulus 2005: 204-227.
9   Vgl. Sarcinelli 2008: 586-594.
10   Kost 2006: 25-32.

desebene weiterhin zwangsläufig bedeuten muss: Rechtlich möglich, praktisch bedeutungslos.

Die Landesverfassungen beinhalten heutzutage zwar durchweg die Volksgesetzgebung als Alternative zur parlamentarischen Gesetzgebung. Jedoch sind die Volksrechte nur in den seltensten Fällen bürgerfreundlich ausgestaltet. Erschwert wird der Erfolg der direkten Volkspartizipation durch zu hohe Antragshürden, zu geringe Eintragungsfristen sowie durch zu hohe Beteiligungs- und Zustimmungsquoren. Zudem müssen die Initiatoren solcher Initiativen auf eine Kostenerstattung, wie sie Parteien nach Wahlkämpfen ganz selbstverständlich erhalten, weiterhin verzichten.[11]

Lediglich in Bayern und Hamburg – wie vor kurzem erst wieder bewiesen – aber auch in Brandenburg kommt es häufiger zu Volksabstimmungen, was auch in der dortigen Ausgestaltung direktdemokratischer Instrumente begründet liegt. Gerade in Bayern ist die Zahl der geforderten Unterschriften eben nicht so prohibitiv hoch wie in anderen Bundesländern.[12]

Daher ist der Vorschlag von Ministerpräsident Kurt Beck nur zu begrüßen, die Hürden für Volksbegehren in Rheinland-Pfalz zu senken. Dies ist der richtige Weg, um es dem Bürger zu ermöglichen, Einfluss auf die Entwicklung seines Landes zu nehmen und am politischen Prozess im Land teilzunehmen. Vielleicht kann Rheinland-Pfalz in dieser Hinsicht Vorbild für andere Bundesländer sein, denen es ebenfalls gut zu Gesicht stünde, ihre direktdemokratischen Instrumente zu reformieren.

6. Richten wir zum Schluss noch einmal den Blick auf die Bundesebene. Ich möchte auf den Brandtschen Leitsatz von 1969 zurückkommen und die Frage aufwerfen, ob es nicht an der Zeit ist, auch auf Bundesebene mehr Demokratie zu wagen. Kann es nicht sein, dass eine direkte Beteiligung des deutschen Volkes ein Ausweg aus sinkenden Wahlbeteiligungen und einer steigenden Parteienverdrossenheit ist? Oder gibt es gute Gründe, warum wir in Deutschland auf nationaler Ebene keine nennenswerten direktdemokratischen Elemente kennen?

Bevor ich auf diese Fragen näher eingehe, ist ein kurzer Exkurs in die deutsche Geschichte geboten. Denn wer auch immer fordern wird, direkte Bürgerbeteiligung auf Ebene des Bundes einzuführen, wird die deutsche Urangst, die Angst vor der vox populi zu spüren bekommen. Wobei es wohl weniger die Angst vor dem Volk, als vielmehr die Angst vor seiner Verführbarkeit ist, welche die bundesrepublikanischen Repräsentanten seit nunmehr 60 Jahren erschau-

---

11   Weixner 2006: 18-24.
12   Vgl. Hahnzog 1999: 159-176.

ern lässt. Wie sagte doch Franz Josef Strauss gerne? „Vox populi, vox Rindvieh". Klar, was er von Volksbegehren (und vom Volk) hielt.

Es ist die Furcht vor der Anfälligkeit des politischen Systems gegenüber einer aufgehetzten Volksseele, welche auf Ebene der Kommunen schon aufgrund der potentiellen Themen eher kontrollierbar erscheint als auf der nationalen Ebene. Aber welche Gründe sprechen wirklich gegen eine Einführung unmittelbarer Partizipationsrechte auf bundesstaatlicher Ebene? Kritiker aller Couleur werden an dieser Stelle wohl auf die „Weimarer Erfahrungen" verweisen. In jeder Diskussion über direkte Demokratie in Deutschland werden in einem Automatismus die „Weimarer Erfahrungen" bemüht. Mit „Weimar" wird regelmäßig erklärt, warum das Grundgesetz für die Bundesebene keine direktdemokratischen Verfahren aufgenommen hat.

Aber wovon reden wir da eigentlich? Hartnäckig hält sich das Gerücht, die Weimarer Republik sei an seinen Volksentscheiden zugrunde gegangen. Entspricht das den historischen Fakten? Die Weimarer Reichsverfassung garantierte zwar erstmals in der deutschen Geschichte eine direkte Einflussnahme der Wähler auf die Gesetzgebung. Trotzdem gab es auf Reichsebene insgesamt nur drei Versuche, politische Interessen in Form eines Volksentscheids durchzusetzen, wobei von den drei zugelassenen Volksbegehren lediglich zwei als Volksentscheid zur Abstimmung standen und als solche scheiterten.

So bleibt zu konstatieren: Die Möglichkeit zu Volksentscheiden lähmte erstens nicht die Weimarer Demokratie und führte zweitens auch nicht zum Aufstieg Hitlers. Um es mit Adolf Arndt zu sagen:

„Nicht das deutsche Volk hat jemals Hitler die Mehrheit gegeben, auch nicht bei den schon unfreien Wahlen 1933, sondern es sind Parlamentarier gewesen."[13]

Auch das Argument, dass Volksentscheide den radikalen Parteien Mobilisierungschancen eröffnen, verblasst, wenn man bedenkt, dass dies auch für andere demokratische Rechte gilt. Trotzdem stellt heutzutage niemand Grundrechte wie die Presse- und Versammlungsfreiheit oder das Wahlrecht unter Verweis auf die Weimarer Erfahrungen in Frage.

Doch selbst Papa Heuss konnte sich des Eindrucks nicht erwehren, dass direktdemokratische Elemente eine Gefahr für das politische System seien. Volksbegehren und Volksentscheid waren für ihn „die Prämie für jeden Demagogen"[14]. Thilo Sarrazin lässt grüßen. Die Angst vor dem Volk verdrängte den Anspruch auf direkte Demokratie. So gelangte auch noch die Enquetekommission Verfassungsreform in ihrem Abschlussbericht von 1976 zu dem Urteil, dass

---

13   Arndt, Adolf zitiert nach: Kirchgässner/Feld/Savoiz 1999: 154.
14   Heuss, Theodor zitiert nach: Becker 2009: 63.

plebiszitäre Instrumente kein geeigneter Weg seien das repräsentativ-
demokratische System auf Bundesebene zu festigen.

Jedoch bewirkten die positiven Erfahrungen des bürgerlichen Protests in der
DDR und die Reformen der Landesverfassungen, dass zu Beginn der 1990er die
Debatte über direkte Demokratie auch auf Ebene des Bundes laut und offensiv
geführt wurde. So sprach sich 1993 schließlich auch die Gemeinsame Verfas-
sungskommission von Bundestag und Bundesrat eindeutig für die Einführung
von Volksinitiative, Volksbegehren und Volksentscheid auf Bundesebene aus.
Allerdings fand dieser Vorschlag trotz aller Unterstützung nicht die notwendige
2/3-Mehrheit im Bundestag.[15] Auch dieses Mal gelang es den Befürwortern
direkter Demokratie nicht, die Grundentscheidung des Parlamentarischen Rates
zu revidieren und das Gespenst von Weimar zu verjagen.

Wenn auch spätestens alle fünf Jahre die Debatte um eine Direktwahl des
Bundespräsidenten dazu führt, dass wieder mehr unmittelbare Bürgerbeteiligung
gefordert wird, scheint sich doch auf absehbare Zeit keine verfassungsändernde
Mehrheit für eine solche Reform zu finden. So waren auch die rot-grünen Bemühungen unter Bundeskanzler Gerhard Schröder, 2002 das Grundgesetz um direktdemokratische Elemente zu ergänzen, letztlich nicht von Erfolg gekrönt.

7. Aus meiner Sicht scheint es insgesamt das Beste, wenn Volksbegehren und
Volksentscheide als Reservemacht des Souveräns auch auf Bundesebene einge-
führt würden, jedoch sollten sie keineswegs den Alltag bestimmen. Ziel muss es
sein, nicht eine genuine Basisdemokratie einzuführen, die auf repräsentative
Organe verzichtet, sondern ein zusätzliches Verfahren zu etablieren, um die
Bürger in das politische System mehr einzubinden und mehr am politischen
Prozess teilnehmen zu lassen, und somit mehr Demokratie zu wagen.

Direktdemokratische Elemente sollten ergänzen, nicht ersetzen. Sie sollten
dort als Korrektiv wirken, wo parteipolitische Konstellationen eine allein am
Gemeinwohl orientierte Sichtweise verdecken.[16] Eine allumfassende Beteiligung
aller Bürger an allen staatlichen Angelegenheiten ist daher wohl eher eine ro-
mantische Vorstellung als eine Grundlage für effektive Politik. Eine Erweiterung
direktdemokratischer Bürgerrechte ist zwar ein hehres Ziel ist, der genuine, Legitimation vermittelnde Akt der Wahl, sollte aber nicht an Bedeutung einbüßen. Im
Übrigen haben Referenden nicht mehr, sonder weniger Wahlbeteiligung in Folge. Auch die ach so bösen Parteien kriegt man so nicht weg. In der Regel sind
diese – gerade aus der Opposition – an Volksbegehren beteiligt.

---

15   Vgl. Schiller/Mittendorf 2002b: 7-21.
16   Vgl. Weixner 2006: 18-24.

Ein breiter Ausbau an direkter Demokratie scheint mir am ehesten auf kommunaler Ebene sinnvoll, um dort Strukturdefizite der repräsentativen Demokratie zu überwinden. Die Gemeindeebene ist die beste Arena, um mehr direkte Demokratie zu wagen, da hier alle Bürger unmittelbar betroffen sind und zugleich motiviert und informiert werden können. Nur: Auch dort die ist Wahlbeteiligung deplorabel.

Interessant wird es sein, wie in Zukunft die neuen Partizipationsmöglichkeiten des Social Web – deren Effektivität wir alle bei dem letzten Präsidentschaftswahlkampf in den USA sehen konnten – genutzt werden können, um die Bürger stärker in den politischen Prozess einzubinden. Die Kommunikation im Web 2.0 eignet sich gerade dazu, Bürger an politischen Entscheidungen direkt und ohne viel Aufwand zu beteiligen. Entscheidend für den Erfolg solcher Bürgerkommunikation wird jedoch die Bereitschaft der Bürger und der politischen Akteure sein, die neuen Instrumente zu kennen und sich auf diese neuen Kommunikationsformen einzulassen. Also keine Euphorie über ein neues Web-Zeitalter.

Insgesamt wird es spannend bleiben, inwieweit die Bundesrepublik ihre Bürger in Zukunft an politischen Entscheidungen beteiligen wird. Somit lautet auch weiterhin die Frage, die seit nunmehr 40 Jahren das politische Leben und die öffentliche Debatte in unserem Land bestimmt: Wie viel direktdemokratische Beteiligungsformen traut der Staat dem Bürger, dem Souverän, eigentlich zu? Der Brandtsche Ausspruch hat nichts an seiner Aktualität eingebüßt: Die Demokratie bleibt ein Wagnis. Wagen wir doch mehr Demokratie!

Literaturverzeichnis

Alemann, Ulrich von (Hrsg.) (1978): Partizipation – Demokratisierung – Mitbestimmung. Problemstand und Literatur in Politik, Wirtschaft, Bildung und Wissenschaft. Eine Einführung. Opladen: Westdeutscher Verlag

Bartsch, Matthias u.a. (2010): Volk der Widerborste. In: DER SPIEGEL. Heft 35: 64

Becker, Ernst Wolfgang (Hrsg.) (2009): Theodor Heuss: Vater der Verfassung. München: Saur

Hahnzog, Klaus (1999): Bayern als Motor für unmittelbare Demokratie. In: Keußner/Jung (1999): 159-176

Hennis, Wilhelm (1970): Demokratisierung – Zur Problematik eines Begriffs. Opladen: Westdeutscher Verlag

Hennis, Wilhelm (2000): Politikwissenschaft und politisches Denken. Tübingen: Mohr Siebeck

Keußner, Hermann K./Jung, Otmar (Hrsg.) (1999): Mehr direkte Demokratie wagen. München: Olzog

Kirchgässner, Gebhard/Feld, Lars P./Savoiz, Marcel R. (1999): Die direkte Demokratie. Basel/Genf/München: Helbing & Lichtenhahn

Knemeyer, Franz-Ludwig (1997): Bürgerbeteiligung und Kommunalpolitik. 2. Aufl. Landsberg am Lech: Olzog

Kost, Andreas (Hrsg.) (2005): Direkte Demokratie in den deutschen Ländern. Eine Einführung. Wiesbaden: VS Verlag

Kost, Andreas (2006): Bürgerbegehren und Bürgerentscheid in Deutschland. In: Aus Politik und Zeitgeschichte. Band 10: 25-32

Paulus, Petra (2005): Direkte Demokratie in Rheinland-Pfalz. In: Kost (2005): 204-227

Sarcinelli, Ulrich et al. (2008): Bürgerbeteiligung als Politikberatung? In: Zeitschrift für Politikberatung. Heft 1. 586-594

Schiller, Theo/Mittendorf, Volker (Hrsg.) (2002a): Direkte Demokratie. Forschung und Perspektiven. Wiesbaden: Westdeutscher Verlag

Schiller, Theo/Mittendorf, Volker (2002b): Neue Entwicklungen der direkten Demokratie. In: Schiller/Mittendorf (2002a): 7-21

Vetter, Angelika (Hrsg.) (2008a): Erfolgsbedingungen lokaler Bürgerbeteiligung. Wiesbaden: VS Verlag

Vetter, Angelika (Hrsg.) (2008b): Lokale Bürgerbeteiligung: Ein wichtiges Thema mit offenen Fragen. In: Vetter (2008a): 9-27

Weixner, Bärbel Martina (2006): Direkte Demokratie in den Bundesländern. In: Aus Politik und Zeitgeschichte. Band 10: 18-24

Autorenverzeichnis

Prof. Dr. Ulrich von Alemann, Heinrich-Heine-Universität Düsseldorf, Prorektor für Lehre und Studienqualität, Düsseldorf

Kurt Beck, Ministerpräsident des Landes Rheinland-Pfalz, Mainz

Karl Peter Bruch, Minister des Innern und für Sport des Landes Rheinland-Pfalz, Mainz

Dr. Michael Bürsch, MdB a.D., Centrum für Corporate Citizenship Deutschland, Berlin

Dr. Warnfried Dettling, freier Publizist und Politikberater, Berlin

Dr. Hans-Liudger Dienel, Direktor des nexus-Instituts für Kooperationsmanagement und interdisziplinäre Forschung GmbH, Berlin

Andreas Gross, Mitglied der Parlamentarischen Versammlung des Europarats und des Schweizer Nationalrats, Zürich

Birger Hartnuß, Referent in der Leitstelle „Bürgergesellschaft und Ehrenamt" in der Staatskanzlei Rheinland-Pfalz, Mainz

Dr. Frank W. Heuberger, Leiter der Leitstelle „Bürgergesellschaft und Ehrenamt" in der Staatskanzlei Rheinland-Pfalz, Mainz

Prof. Dr. Hermann Hill, Deutsches Forschungsinstitut für öffentliche Verwaltung, Speyer

Prof. Dr. Helmut Klages, Deutsches Forschungsinstitut für öffentliche Verwaltung, Speyer

Privatdozent Dr. Ansgar Klein, Geschäftsführer des Bundesnetzwerks Bürgerschaftliches Engagement (BBE), Berlin

Ute Kumpf, MdB, stellv. Vorsitzende des Unterausschusses „Bürgerschaftliches Engagement" des Deutschen Bundestages; Leiterin der Arbeitsgruppe „Bürgerschaftliches Engagement" der SPD-Bundestagsfraktion, Berlin

Prof. Dr. Thomas Olk, Vorsitzender des Sprecherrats des Bundesnetzwerks Bürgerschaftliches Engagement (BBE), Martin-Luther-Universität Halle-Wittenberg, Halle

Prof. Dr. Roland Roth, Hochschule Magdeburg-Stendal, Magdeburg

Prof. Dr. Ulrich Sarcinelli, Vizepräsident der Universität Koblenz-Landau, Landau

Privatdozentin Dr. Heike Walk, Technische Universität Berlin, Zentrum Technik und Gesellschaft, Berlin

Prof. Dr. Hellmut Wollmann, Humboldt-Universität zu Berlin, Berlin

Prof. Dr. Jan Ziekow, Direktor des Deutschen Forschungsinstituts für öffentliche Verwaltung, Speyer

VS Forschung | VS Research
Neu im Programm Politik

Cornelia Altenburg
Kernenergie und Politikberatung
Die Vermessung einer Kontroverse
2010. 315 S. Br. EUR 39,95
ISBN 978-3-531-17020-6

Markus Gloe / Volker Reinhardt (Hrsg.)
Politikwissenschaft und Politische Bildung
Nationale und internationale Perspektiven
2010. 269 S. Br. EUR 39,95
ISBN 978-3-531-17361-0

Farid Hafez
Islamophober Populismus
Moschee- und Minarettbauverbote
österreichischer Parlamentsparteien
2010. Mit einem Geleitwort von Prof.
Dr. Anton Pelinka. 212 S. Br. EUR 34,95
ISBN 978-3-531-17152-4

Annabelle Houdret
Wasserkonflikte sind Machtkonflikte
Ursachen und Lösungsansätze
in Marokko
2010. 301 S. Br. EUR 34,95
ISBN 978-3-531-16982-8

Jens Maßlo
Jugendliche in der Politik
Chancen und Probleme einer
institutionalisierten Jugendbeteiligung
2010. 477 S. Br. EUR 49,95
ISBN 978-3-531-17398-6

Torsten Noe
Dezentrale Arbeitsmarktpolitik
Die Implementierung der Zusammenlegung von Arbeitslosen- und Sozialhilfe
2010. 274 S. Br. EUR 39,95
ISBN 978-3-531-17588-1

Stefan Parhofer
Die funktional-orientierte Demokratie
Ein politisches Gedankenmodell
zur Zukunft der Demokratie
2010. 271 S. Br. EUR 29,95
ISBN 978-3-531-17521-8

Alexander Wolf
Die U.S.-amerikanische Somaliaintervention 1992-1994
2010. 133 S. Br. EUR 29,95
ISBN 978-3-531-17298-9

Erhältlich im Buchhandel oder beim Verlag.
Änderungen vorbehalten. Stand: Juli 2010.

www.vs-verlag.de

VS VERLAG

Abraham-Lincoln-Straße 46
65189 Wiesbaden
Tel. 0611.7878-722
Fax 0611.7878-400

.

MIX
Papier aus verantwortungsvollen Quellen
Paper from responsible sources
FSC® C105338

If you have any concerns about our products,
you can contact us on
ProductSafety@springernature.com

In case Publisher is established outside the EU,
the EU authorized representative is:
Springer Nature Customer Service Center GmbH
Europaplatz 3, 69115 Heidelberg, Germany

Printed by Libri Plureos GmbH
in Hamburg, Germany